Original en couleur

NF Z 43-120-8

J.-K. HUYSMANS

Pages Catholiques

Préface de
M. l'Abbé A. MUGNIER

PARIS
P.-V. STOCK, ÉDITEUR
8, 9, 10, 11, Galerie du Théâtre-Français

1900

Droits de reproduction et de traduction réservés pour tous pays, y compris la Suède et la Norvège.

DU MÊME AUTEUR

EN PRÉPARATION :

SAINTE LYDWINE DE SCHIEDAM . . . . . 1 volume.
L'OBLAT . . . . 1 volume.

DIJON, IMPRIMERIE DARANTIERE.

PAGES CATHOLIQUES

L'auteur et l'éditeur déclarent réserver leurs droits de traduction et de reproduction pour tous pays, y compris la Suède et la Norvège.

Ce volume a été déposé au Ministère de l'Intérieur (section de la librairie) en novembre 1899.

DU MÊME AUTEUR

EN PRÉPARATION :

SAINTE LYDWINE DE SCHIEDAM . . . . 1 volume.
L'OBLAT . . . . 1 volume.

DIJON, IMPRIMERIE DARANTIERE.

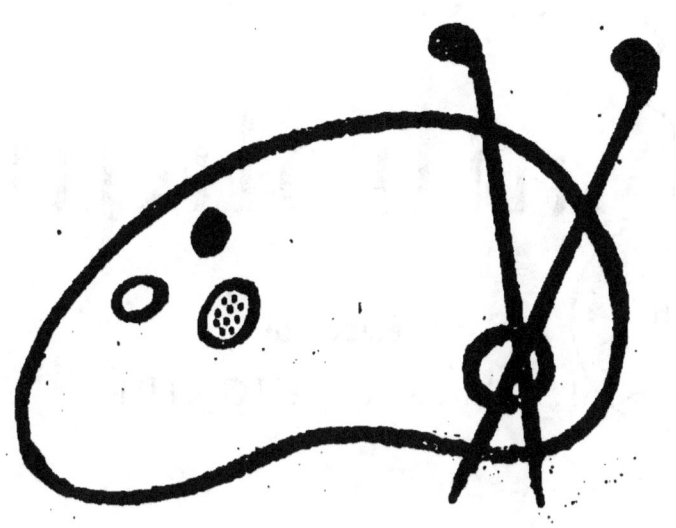

Original en couleur
NF Z 43-120-8

J.-K. HUYSMANS

Pages Catholiques

Préface de
M. l'Abbé A. MUGNIER

PARIS
P.-V. STOCK, ÉDITEUR
8, 9, 10, 11, Galerie du Théâtre-Français

1899

Droits de reproduction et de traduction réservés pour tous pays, y compris
la Suède et la Norvège.

De cet ouvrage il a été tiré à part, numérotés à la presse : treize exemplaires sur papier de Chine ; dix exemplaires sur papier du Japon et trente exemplaires sur papier de Hollande.

PRÉFACE

PRÉFACE

I

La publication de ce recueil vise un double but : satisfaire le désir d'un grand nombre de catholiques et achever de dissiper certains doutes.

On a souvent regretté que, pour des motifs d'ordre divers, les derniers ouvrages de M. Huysmans ne pussent trouver place dans toutes les bibliothèques.

En voici un du moins qui fera exception, par la sévérité qui a présidé à sa composition, par la qualité des morceaux qu'il renferme. C'est ainsi que, dans une forêt dense, on pratique certaine coupe qui permet de voir plus de ciel et de respirer librement. Devons-nous ajouter que le romancier s'est fait son propre bûcheron, avec une bonne volonté qui n'a d'égale que celle de Lamartine dans ses *Lectures pour tous* ?

Ce premier résultat obtenu, nous en espérons un

second. Ceux qui doutent encore de la conversion de M. Huysmans finiront peut-être par y croire, quand ils auront, sous les yeux, non plus isolément, mais rapprochées et comme fondues, les pages où cette foi s'affirme.

Tout écrivain peut sans doute tromper l'opinion, mais il ne la trompera ni entièrement, ni longtemps. Les lecteurs exercés reconnaissent tout de suite s'il y a un écart entre l'expression et la pensée, et dans quelle mesure il est coupable. La masse plus lente à s'éclairer aboutit cependant aux mêmes conclusions. M. Huysmans est, sous ce rapport, de ceux qui ne craignent ni le flair des uns, ni l'enquête tardive des autres. Rarement, en effet, l'auteur et l'homme se sont identifiés davantage. C'est à peine si le romancier se distingue des types qu'il a créés. Sa sincérité est la forme même de son talent : il lui doit ses qualités et ses défauts, ses admirateurs et ses ennemis. Or, si elle nous intéresse, comme un fait psychologique, dans l'ensemble de ses productions, elle nous émeut du jour où la grâce l'a conquis et où il raconte sa vie nouvelle. Que certaines irrévérences et bizarreries de langage aient pu suspendre ou égarer le jugement de plusieurs, il n'y a rien d'étonnant ; mais ceux qui s'en tiennent à l'esprit plus qu'à la lettre et qui savent combien les voies de Dieu sont parfois peu classiques, ne s'y sont pas trompés. On ne joue pas à ce point le repentir ! On ne fait pas jaillir artificiellement de telles larmes ! Décrire, avec cette précision, les effets de certains sacrements, c'est les avoir ressentis, à deux genoux, comme un croyant. Et il faut être encore pratiquant pour se plaire aux mystiques, pour se nourrir de la liturgie, pour s'approprier la pensée des saints, pour glorifier l'Eglise avec des accents qui n'appartiennent qu'à ses fils.

Cette démonstration sortira d'elle-même du livre que nous publions. De là son titre de : *Pages catholiques*, qui en marque le caractère et en souligne la portée. On nous permettra d'y joindre, avec la biographie résumée de l'auteur, une courte appréciation de ses œuvres qui servira de préface.

II

L'ironie particulière à M. Joris-Karl Huysmans, sa recherche des coins intimes et ses goûts invétérés d'artiste s'expliquent assez par ses origines. Il est né le 5 février 1848, à Paris, au n° 11 de la rue Suger, d'une famille de peintres hollandais. Son père, Godfried Huysmans, était en effet de Bréda.

Son oncle professa la peinture à l'académie de cette ville, puis à celle de Tilburg.

On peut admirer, au Louvre, quelques paysages d'un ancêtre signés Cornélis Huysmans.

Si Montalembert a pu dire : « Je suis le premier de mon sang qui n'ait guerroyé qu'avec la plume, mais que ma plume elle-même devienne un glaive ! » M. Huysmans pourrait se vanter de n'avoir changé de vocation qu'en apparence, car sa plume vaut un pinceau.

Il reçut le baptême dans cette église de Saint-Séverin qu'il décrira plus tard, à plusieurs reprises, avec « sa futaie de palmiers dont un fruit tombe en une goutte de sang, en un rubis de veilleuse, devant le tabernacle (1) ».

Nous rappelons qu'il fut, comme François Coppée, élève de la pension Hortus et externe au lycée Saint-Louis. Tristes années qu'il n'évoque, çà et là, même dans ses pires ouvrages, que pour opposer l'éducation laïque aux maisons congréganistes et déclarer hautement l'excellence de ces dernières. On trouve, dans *A Rebours*, tout un éloge des collèges dirigés par les Jésuites et de la méthode qu'on y suit. « Il (des Esseintes) se rappela ce joug paternel qui s'accommodait mal des punitions... entourait l'enfant d'une surveillance active, mais douce, cherchant à lui être agréable... un joug paternel, qui consistait à ne pas abrutir l'élève, à discuter avec lui, à le traiter déjà en homme, tout en lui conservant le dorlotement d'un bambin gâté (2). » Il commença ses études de droit pour les interrompre aussitôt et entrer au ministère de l'Intérieur, où il est resté 32 ans. Un autre converti l'y avait précédé, en 1838 ; mais tandis que Louis Veuillot acceptait l'emploi de chef de bureau, après avoir écrit *Rome et Lorette*, M. Huysmans dut résigner ses fonctions, au lendemain de la *Cathédrale*.

Il est chevalier de la Légion d'honneur, depuis le mois

---

(1) *La Bièvre et Saint-Séverin*, p. 180.
(2) *A Rebours*, p. 101.

de septembre 1893. C'est à Paris qu'il a toujours demeuré et si l'on excepte quelques voyages aux pays des Primitifs, en Allemagne, en Belgique et en Hollande, et dans ces derniers temps, plusieurs excursions dans les cloîtres de Saint-Wandrille, de Saint-Maur de Glanfeuil et de Solesmes, on peut dire que rarement Parisien a été plus fidèle à la même rive, au même quartier, que dis-je ? à la même maison. Qui ne connaît, pour en avoir lu cent fois la description, le n° 11 de la rue de Sèvres, ancien couvent de Prémontrés « aux gigantesques corridors, au large escalier dans lequel un régiment défilerait à l'aise, aux caves taillées en ogive, pareilles à des églises ». M. Huysmans s'est établi, à l'aile opposée, dans un appartement presque aérien où sur des murs tendus d'andrinople, se détache, malgré l'exiguité du lieu, tout un monde de gravures, de bibelots et de livres. C'est là qu'il a composé la plupart de ses œuvres. C'est là qu'il a reçu tour à tour les gens de lettres et les hommes d'église. C'est là que quelques amis jouissaient, chaque dimanche, de sa conversation pleine d'humour et de son cœur simple et bon. Ils devront bientôt le chercher ailleurs. Quand ces lignes paraîtront, M. Huysmans sera un déraciné de plus : il aura émigré en Poitou, dans cet ermitage qu'il vient de faire construire, à Ligugé, entre un monastère bénédictin et des bois, pour y écrire les livres de ses rêves : la *Vie de sainte Lydwine* et l'*Oblat*.

III

On peut partager, en trois étapes, la vie littéraire de M. Huysmans. La première comprend les débuts qui remontent à l'année 1874. C'est d'abord le *Drageoir aux Epices* que Théodore de Banville compare à « un joyau de savant orfèvre ». Puis des romans se succèdent : *Marthe*, les *Sœurs Vatard*, *En ménage*, avec une nouvelle : *Sad au dos*, insérée dans les *Soirées de Médan*. L'auteur, en effet, s'est rangé à la suite d'Emile Zola, sans toutefois l'imiter, car, tout soumis qu'il soit aux doctrines du maître, il les applique à sa manière. Il a l'œil plus aigu, la main plus patiente, la langue plus raffinée. Ajoutez à cela un pessimisme de détail, une sorte de jeu maladif à trouver tout en défaut, le ridicule jeté complaisamment sur les moindres actes de la vie.

A vau l'eau, paru vers cette époque, résume bien cet état d'esprit. Qu'on s'imagine un vieil employé qui maudit la destinée, à propos d'une lampe qui fume ou d'un plat manqué : tel est M. Folantin, un Schopenhaüer de bureau, de chambre garnie et de table d'hôte.

Malgré le talent qu'ils renferment et bien que le vice y soit toujours présenté sous les couleurs les plus moroses, ces premiers ouvrages et la plupart de ceux qui suivront encourent, sans qu'on y puisse contredire, la réprobation des théologiens et des moralistes.

A Rebours inaugure la deuxième étape et se distingue

de la manière précédente par les idées, le cadre et le plan. Plus d'action au sens classique du mot, mais un long monologue coupé de descriptions et de critique d'art. Si la vision des choses n'a pas changé, l'esprit du moins est nouveau. L'auteur commence à secouer le matérialisme qui pesait sur son œuvre et il doit ce courage au dégoût que le monde lui inspire et au sentiment de l'art qui ne l'a jamais quitté. Pour la première fois aussi l'idée chrétienne apparaît, agrandissant du même coup l'horizon de l'auteur et purifiant son style, comme dans ce passage : « Il (Des Esseintes) vit, en quelque sorte, du haut de son esprit, le panorama de l'Eglise, son influence héréditaire sur l'humanité, depuis des siècles ; il se la représenta désolée et grandiose, énonçant à l'homme l'horreur de la vie, l'inclémence de la destinée, prêchant la patience, la contrition, l'esprit de sacrifice, tâchant de panser les plaies, en montrant les blessures saignantes du Christ, assurant des privilèges divins, promettant la meilleure part du paradis aux affligés, exhortant la créature humaine à souffrir, à présenter à Dieu, comme un holocauste, ses tribulations et ses offenses, ses vicissitudes et ses peines. Elle devenait véritablement éloquente, maternelle aux misérables, pitoyable aux opprimés, menaçante pour les oppresseurs et les despotes. »

Ce n'est pas que M. Huysmans ait jamais poursuivi la Religion et ses prêtres d'une haine de sectaire, mais il était indifférent et passait à côté de ce qui l'attirera désormais.

Chose étonnante! ce livre d'inspiration si complexe,

d'où procède la littérature décadente et qui restera comme le bréviaire de la névrose contemporaine, est aussi le point de départ de toute une évolution catholique. *En Route* sera le développement d'un germe déposé dans *A Rebours* et Durtal peut être défini : un des Esseintes convalescent que la grâce a touché.

Tandis que les dilettantes se bornaient à cataloguer les fantaisies du duc Floressas : l'orgue à bouche, les accords de parfums, les serres d'orchidées et la tortue glacée d'or, Édouard Drumont et Barbey d'Aurévilly ramassaient sans peine la philosophie éparse dans ce poème et la formulaient puissamment.

Le premier y découvrait « cette poignante inquiétude sur la destinée de l'âme humaine, cette souffrance de ne plus croire que démentaient de la façon la plus expressive certaines attaques contre ceux qui croient. » Et il terminait cet article par cette déclaration : « N'est-il pas curieux de voir cette question religieuse être l'unique, la constante préoccupation de toutes les intelligences de quelque valeur ? Le catholicisme était fini, au dire de certains, et on ne parle que de lui !... » (*Le Livre*, 10 juin 1884).

Barbey d'Aurévilly est plus explicite encore. Il prend place parmi les « Prophètes du passé », quand il écrit, dans un feuilleton du *Constitutionnel* portant la date du 29 juillet 1884 :

« C'est à une prière qu'aboutit *A Rebours* » et après l'avoir citée : « Ah ! le courage me fait défaut et le cœur me lève. Seigneur, prenez pitié du chrétien qui doute, de l'incrédule qui voudrait croire, du forçat de la vie qui s'embarque dans la nuit, sous un firmament que n'éclairent plus les consolants fanaux du vieil espoir », le merveilleux écrivain ajoute :

« Est-ce assez humble et assez soumis ! Baudelaire, le satanique Baudelaire, qui mourut chrétien, doit être une des admirations de M. Huysmans... Eh bien, un jour, je défiai l'originalité de Baudelaire de recommencer les *Fleurs du Mal* et de faire un pas de plus dans le sens épuisé du blasphème. Aujourd'hui, je serais bien capable de porter à l'auteur d'*A Rebours* le même défi. Après les *Fleurs du Mal*, dis-je à Baudelaire, il ne vous reste plus logiquement que la bouche d'un pistolet ou les pieds de la croix... Mais l'auteur d'*A Rebours* les choisira-t-il ? »

Regrettons que Barbey d'Aurévilly soit mort avant d'avoir eu la consolation et la fierté d'applaudir au choix de M. Huysmans.

Nous ne ferons que citer *En Rade* et *Certains*, en signalant, dans le premier ouvrage, une monographie des paysans de Seine-et-Marne des plus vigoureuses, et dans le second une campagne qui est devenue une victoire, en faveur de Gustave Moreau, de Monet, de Pissaro et de Wisthler.

Il nous tarde d'arriver à *Là-Bas* qui complète *A Rebours* et annonce *En Route*. L'auteur y a rassemblé toute une série de documents sur le satanisme tel que le passé l'a pratiqué, tel que le présent le perpétue sous nos yeux. Il se promène du XVe siècle au XIXe, du château de Tiffauges, qui fut le repaire de Gilles de Rais, aux endroits mystérieux où se célèbre aujourd'hui la messe noire, et partout on croit entendre non pas un érudit qui déchiffre des textes, mais un témoin oculaire qui a souffert de ce qu'il raconte et dont le frisson est contagieux.

Des protestations accueillirent de toutes parts cet *Enfer* d'un autre Dante.

Les incroyants accusèrent M. Huysmans de cléricalisme; les catholiques crièrent au scandale. Il est certain qu'en affirmant et en détaillant sa croyance aux esprits, M. Huysmans rompait du même coup avec la libre-pensée. Le surnaturel est en effet tout d'une pièce, et Tertullien a raison de dire que le démon est le singe de Dieu.

Il n'est pas moins certain non plus que pour mieux atteindre son but qui était de détourner ses contemporains de ces odieuses pratiques, M. Huysmans a multiplié des peintures qu'il faut condamner avec énergie.

Ces réserves nettement articulées, il convient d'ajouter que si l'histoire religieuse de M. Huysmans est une chaîne, *A Rebours* en est le premier anneau et *Là-Bas* le second.

Au positiviste d'hier a succédé un spiritualiste qui, loin de rester dans le vague de son nouveau symbole, tend à le préciser davantage et à le mettre en harmonie avec celui de l'Église.

C'est ce qu'Edmond Biré constatait lui-même, dans la *Revue de France* du 9 mai 1891, en faisant ressortir la figure de Carhaix, le bon sonneur qui aime ses cloches comme le berger ses brebis. Que nous sommes loin du monstrueux profil de Quasimodo et qui donc, une fois monté aux tours de Saint-Sulpice, en voudrait redescendre, tant est douce la compagnie de cet humble à la foi robuste, qui remplit ses fonctions comme un sacerdoce!

Encore quelque temps et Durtal, vaincu par l'exemple, de se soumettre à cette Religion autour de laquelle « il rôdait constamment » et qui avait agi sur lui « par son art extatique et intime, par la splendeur de ses légendes, par la rayonnante naïveté de ses vies de saints. »

IV

Les journaux annonçaient, au mois de juillet 1892, que l'auteur de *Là-Bas* s'était résolu à quitter le monde et à se faire trappiste. Voici la vérité. A M. Huysmans fatigué de ses doutes et désireux de « blanchir » son âme, un ami avait indiqué, pour ce genre de cure, la petite Trappe de Notre-Dame d'Igny, située, près de Fismes, sur les confins de l'Aisne et de la Marne. Le romancier y partit « comme un chien qu'on fouette, » fit une retraite, s'y confessa, communia, et c'est cette conversion accomplie, à 45 ans, sans autre pression que celle de la grâce, qu'il se décida, dès son retour à Paris, à raconter dans *En Route*.

Le livre fut mis en vente au mois de février 1895. Les commentaires dont il fut immédiatement l'objet ne tiendraient pas dans un volume. Ajoutons qu'ils varièrent infiniment. Tout d'abord les libres-penseurs pardonnèrent au néophyte, en faveur de l'artiste, tandis que les catholiques, justement blessés par des pages qu'ils auraient voulu déchirer, repoussaient celui qui venait à eux, d'un air insoumis et avec un langage qui n'était pas le leur. Bientôt cependant ces derniers, en grand nombre, comprenaient vaguement que tous les pénitents ne sont pas façonnés sur le même modèle, et la presse religieuse commençait à être hospitalière à l'homme et au livre. M. l'abbé Klein fut l'un des premiers à accentuer la note favorable : « C'est une conversion sérieuse que celle de l'écrivain Durtal. D'abord il se montre logique et suit jusqu'au terme le chemin de la vérité. Il ne se contente pas, suivant une mode assez reçue, de découvrir et de célébrer la morale chrétienne, en la dégageant à la fois des dogmes qui en forment la charpente et de la pratique réelle, sans laquelle ce n'est qu'un beau rêve. Il ne fait pas son choix dans l'Évangile. C'est pourquoi il prie, le Christ ayant dit : Priez ; il se repent, le Christ ayant dit : Faites pénitence ; il se confesse et il communie, le Christ ayant dit à ses apôtres de remettre les péchés et ayant affirmé, sans nul égard pour l'étonnement des auditeurs : si vous ne mangez ma chair et ne buvez mon sang, vous n'aurez pas la vie en vous (1). »

Les *Études Religieuses* (31 août 1895) se montrent plus sévères, en déclarant toutefois que « dans ce livre curieux,

(1) *Le Monde*, 12 mars 1895. Cf. *Autour du dilettantisme*, chez Lecoffre.

profond, émouvant, il y a l'histoire d'une âme qui hait le mal, qui en triomphe et qui remonte à la vraie lumière ».

La *Revue Thomiste* (mai 1895) énonçait un jugement identique. « L'ensemble du recueil est digne de louange et les lecteurs un peu initiés à la littérature y prendront un vif intérêt. »

A ceux qui accusaient M. Huysmans de jouer je ne sais quelle comédie indigne d'un honnête homme et d'un grand talent, Mgr d'Hulst répondait, d'un mot, qu'il y a « des états d'âme qu'on n'invente pas », et M. Pierre Veuillot, dans l'*Univers*, du 6 mars, M. G. Bois dans la *Vérité*, du 11 du même mois, faisaient écho à cette parole.

Nous invitons ceux que sept ans de persévérance chrétienne n'ont pu désarmer à lire attentivement l'étude que le R. P. Pacheu, de la Compagnie de Jésus, a consacrée à *En Route*, dans un volume intitulé : *De Dante à Verlaine* et dont voici un extrait important :

« Confondre la droiture de Durtal avec les fumisteries d'un sauteur, ne mérite pas un brevet de perspicacité surnaturelle.

« S'acharner, deux ans après *En Route*, à mettre en doute la sincérité personnelle de l'auteur, c'est étrange et si j'osais dire en toute carrure de franchise, cela manque absolument de sens... n'est-il pas avéré que, depuis six ans, il est un converti pratiquant, priant, édifiant — que ses amis bénédictins l'ont souvent reçu, — que la Trappe l'a vu de nouveau plus d'une fois raviver, dans la solitude, son âme et son talent ? Il a fait de mauvais livres !

Bien sûr, puisqu'il se convertit, on se doutait qu'il y eut quelques accrocs à quelques vertus. — Ces livres se vendent encore — mais, charitable et pudibond samaritain, ne les achetez pas, ne les lisez pas, ne les conseillez pas et de grâce, songez qu'avec les libraires comme avec d'autres contractants, il est des conventions synallagmatiques qu'on ne déchire pas à son gré... (1). »

Citerons-nous enfin la brave phalange des jeunes catholiques belges, le député Carton de Wiart, l'abbé Mœller, Pol Demade, Firmin Van den Bosche, Arnold Goffin qui, dans la *Durandal*, le *Magasin littéraire de Gand*, la *Revue générale*, la *Jeune Belgique*, ont été les amis de la première heure ?

Mais toutes ces appréciations doivent faire place à des témoignages qui, pour être inédits, n'en sont pas moins décisifs. Il s'agit des âmes qu'*En Route* a remuées et orientées vers Dieu. « Ce livre fera du bien à ceux qui n'en lisent pas ordinairement de bons », m'écrivait Dom Augustin, abbé de la Trappe d'Igny. Cette prédiction s'est réalisée à la lettre. Ce fut, en effet, d'un bout de l'Europe à l'autre, comme un tressaillement dans le monde des pécheurs. Beaucoup, qui gisaient au fond de l'abîme, comprenaient enfin qu'ils pouvaient en sortir, que Durtal leur tendait une main fraternelle et que sa conversion était pour eux une promesse de salut. S'il est vrai que l'arbre se juge par ses fruits, que dirons-nous d'un livre qui, malgré tant d'imperfections, a valu, à lui

(1) *De Dante à Verlaine*, par le P. Pacheu S. J., p. 179.

tout seul, toute une armée de missionnaires et qui, chaque jour encore, en France et à l'étranger, détermine des retours à Dieu et fait éclore des vocations ?

Quelques mois s'écoulent et M. Huysmans est sollicité d'écrire une préface pour le catéchisme liturgique de M. l'abbé Dutillet, revu par M. l'abbé Vigourel, directeur au séminaire de Saint-Sulpice. M. le marquis de Ségur saisissait cette occasion de dire, dans l'*Univers* du 20 novembre 1897, ce qu'il pensait du nouveau converti.

Enfin, au mois de février 1898, paraissait *la Cathédrale* annoncée depuis longtemps et dont le *Correspondant*, toujours fidèle aux larges traditions qui justifient son succès, avait publié le premier chapitre. Tout le monde se souvient que le livre était dédié à M. l'abbé Ferret, prêtre de la communauté de Saint-Sulpice, frappé en pleine carrière apostolique. Nous avons essayé d'analyser *la Cathédrale,* avec ses qualités et ses défauts, dans la revue que nous citions tout à l'heure et nous prenons la liberté d'y renvoyer le lecteur des *Pages catholiques* (1).

Contentons-nous de faire remarquer ici que ce nouveau roman, si différent des autres et où M. Huysmans s'était, non sans mérite, amendé sur tant de points, déchaîna peut-être plus de colères qu'*En Route*. En voulait-on à l'écrivain d'avoir été trop docile à certaines critiques et, en s'affermissant dans le bien, de démentir plus d'un présage ?

On nous saura gré de ne pas répondre, mais de citer

---

(1) *Correspondant* du 10 mars 1898.

plutôt quelques-uns des témoignages les plus considérables qui honorent M. Huysmans et leurs auteurs.

Dans la *Quinzaine* du 1ᵉʳ mars 1898, M. l'abbé Broussolle, du clergé de Paris, écrit une longue et pénétrante étude dont nous détachons ces mots :

« C'est du Chateaubriand mais plus profond, plus intime, plus vrai, une page détachée d'un nouveau *Génie du Christianisme*, écrit, cette fois, non plus avec la seule imagination d'un poète, mais avec l'âme tout entière d'un artiste chrétien, et pour en célébrer la beauté totale, non plus le luxe d'apparat. » Dans les *Études Religieuses*, nous trouvons un substantiel travail du R. P. Noury, qui débute ainsi :

« La *Cathédrale* est le livre le plus sérieux qui soit sorti de la plume de M. Huysmans. C'est une œuvre artistique, archéologique et mystique. »

Il faudrait enfin reproduire ici le magistral article de M. Claude des Roches paru dans la *Revue Thomiste* du mois de septembre 1898, sous ce titre : *Le Cas Durtal*.

C'est un théologien qui analyse un romancier et jamais l'itinéraire de la grâce en l'âme de M. Huysmans n'a été décrit avec plus d'exactitude et de délicatesse.

Moins affirmatifs que les Revues, les journaux catholiques finirent cependant par se prononcer à leur tour. C'est, dans l'*Univers*, un article sympathique, malgré les restrictions, de M. François Veuillot et un autre que M. le marquis de Ségur a signé avec son cœur d'apôtre. Ce dernier se porte garant du « retour progressif à Dieu de M. Huysmans, de sa fidélité sans défaillances à la foi chrétienne, depuis sa conversion, de sa foi d'enfant, de son ardente dévotion à la Vierge Marie, de l'austérité pénitente et laborieuse de sa vie, cachée tantôt dans un cloître, tantôt dans sa cellule de la rue de Sèvres, à Paris ».

M. Loth s'exprime, comme il suit, dans la *Vérité* (14 mars 1898) : « Quel enthousiasme fort, quel sentiment profond de cette incomparable cathédrale de Chartres ! »

Terminons enfin par le très éloquent et affectueux article de M. François Coppée, publié dans le *Journal* du 10 mars 1898 et porté, par la *Bonne Souffrance*, à la connaissance du monde entier.

Le roman obtint un autre succès dont se réjouit fort la piété de l'auteur. Il attira vers la cathédrale de Chartres un plus grand nombre de pèlerins. On vit même le président Faure venir exprès de Rambouillet pour la visiter, accompagné de sa fille, le livre de M. Huysmans à la main.

C'est à Chartres, en effet, au pied des deux clochers, qu'il faut lire cette œuvre de conscience autant que de style.

Le livre explique le monument, dont il sera désormais le seul guide, mais le monument aide aussi à l'intelligence du livre qui a moins pour but de nous intéresser aux hésitations de Durtal que de célébrer l'art catholique et d'exalter la Mère du Sauveur.

Quand M. Huysmans aura fait paraître l'*Oblat*, la trilogie annoncée sera complète. *En Route* contient la mystique ; la *Cathédrale* la symbolique ; l'*Oblat* résumera la liturgie. Ainsi doit s'achever l'acte de foi le plus sincère en la divinité de l'Église dont un artiste soit capable, et formulé dans une langue qui n'était pas habituée à s'élever jusqu'à de pareils sentiments. Qui aurait jamais pensé que le naturalisme se transformerait un jour et qu'en la personne d'un de ses représentants les plus obstinés, il contribuerait, à sa manière, à renouveler l'apologétique ?

Et maintenant, j'ai hâte de conclure. Puissent les *Pages Catholiques*, en pénétrant dans des milieux nouveaux, continuer et propager le bien qu'elles ont fait ailleurs !

Ceux qui ont pris parti pour M. Huysmans, dès le commencement, n'auront qu'à les relire, pour lui être fidèles. C'est être en même temps fidèle à l'esprit du Christ. Le *Compelle intrare* restera jusqu'à la fin le geste évangélique, par excellence, et s'il est défendu d'éteindre la mèche qui fume encore, à plus forte raison doit-on protéger l'étincelle qui se rallume et qui peut devenir un foyer.

Abbé A. Mugnier.

EN ROUTE

EN ROUTE

En Route est, comme nous l'avons dit, l'histoire d'une conversion. Durtal, le personnage principal de « Là-Bas », touché par la grâce et secondé par un vieux prêtre du nom de Gévresin, part pour renier sa vie et se confesser et communier dans une Trappe. Ce livre nous raconte ses débats d'âme, ses souffrances, ses joies, et il contient en outre d'intéressantes pages sur la liturgie, sur la mystique, sur le plain-chant dont nous donnerons de longs et de savoureux extraits.

I

L'ART DE L'ÉGLISE. — LE PLAIN-CHANT. — LE DE PROFUNDIS. — LE DIES IRÆ. — LA MUSIQUE RELIGIEUSE.

Dans un grand silence, l'orgue préluda, puis s'effaça, soutint seulement l'envolée des voix.

Un chant lent, désolé, montait, le « De Profundis ». Des gerbes de voix filaient sous les voûtes, fusaient avec les sons presque verts des harmonicas, avec les timbres pointus des cristaux qu'on brise.

Appuyées sur le grondement contenu de l'orgue, étayées par des basses si creuses qu'elles semblaient comme descendues en elles-mêmes, comme souterraines, elles jaillissaient, scandant le verset, « De profundis ad te clamavi, Do », puis elles s'arrêtaient exténuées, laissaient tomber ainsi qu'une lourde larme la syllabe finale, « mine » ; — et ces voix d'enfants proches de la mue reprenaient le deuxième verset du psaume « Domine exaudi vocem meam » et la seconde moitié du dernier mot restait encore en suspens, mais au lieu de se détacher, de tomber à terre, de s'y écraser telle qu'une goutte, elle semblait se redresser d'un suprême effort et darder jusqu'au ciel le cri d'angoisse de l'âme désincarnée, jetée nue, en pleurs, devant son Dieu.

Et, après une pause, l'orgue assisté de deux contrebasses mugissait emportant dans son torrent toutes les voix, les barytons, les ténors et les basses, ne servant plus seulement alors de gaînes aux lames aiguës des gosses, mais sonnant découvertes, donnant à pleine gorge et l'élan des petits soprani les perçait quand même, les traversait, pareil à une flèche de cristal, d'un trait.

Puis une nouvelle pause; — et dans le silence de l'église, les strophes gémissaient à nouveau, lancées, ainsi que sur un tremplin, par l'orgue. En les écoutant avec attention, en tentant de les décomposer, en fermant les yeux, Durtal les voyait d'abord presque horizontales, s'élever peu à peu, s'ériger à la fin, toutes droites, puis vaciller en pleurant et se casser du bout.

Et soudain, à la fin du psaume, alors qu'arrivait le répons de l'antienne « Et lux perpetua luceat eis », les voix enfantines se déchiraient en un cri douloureux de soie, en un sanglot affilé, tremblant sur le mot « eis » qui restait suspendu, dans le vide.

Ces voix d'enfants tendues jusqu'à éclater, ces voix claires et acérées mettaient dans la ténèbre du chant des blancheurs d'aube ; alliant leurs sons de pure mousseline au timbre retentissant des bronzes, forant avec le jet comme en vif argent de leurs eaux, les cataractes sombres des gros chantres, elles aiguillaient les plaintes, renforçaient jusqu'à l'amertume le sel ardent des pleurs, mais elles insinuaient aussi une sorte de caresse tutélaire, de fraîcheur balsamique, d'aide lustrale ; elles allumaient dans l'ombre ces brèves clartés que tintent au petit jour, les angelus ; elles évoquaient, en devançant les prophéties du texte, la compatissante image de la Vierge passant, aux pâles lueurs de leurs sons, dans la nuit de cette prose.

C'était incomparablement beau, le « De profundis » ainsi chanté. Cette requête sublime finissant dans les sanglots, au moment où l'âme des voix allait franchir les frontières humaines, tordit les nerfs de Durtal, lui tressailla le cœur. Puis il voulut s'abstraire, s'attacher surtout au sens de la morne plainte où l'être déchu, lamentablement, implore, en gémissant, son Dieu. Et ces cris de la troisième strophe lui revenaient, ceux, où suppliant, désespéré, du fond de l'abîme, son Sauveur, l'homme, maintenant qu'il se sait écouté, hésite, honteux, ne sachant plus que dire. Les excuses qu'il prépara lui paraissent vaines, les arguments qu'il ajusta lui semblent nuls et alors il balbutie : « si vous tenez compte des iniquités, Seigneur, Seigneur, qui trouvera grâce ? »

Le « De Profundis » avait cessé ; — après un silence — la maîtrise entonna un motet du XVIIIe siècle, mais Durtal ne s'intéressait que médiocrement à la musique humaine dans les églises. Ce qui lui semblait supérieur aux œuvres les plus vantées de la musique théâtrale ou mondaine, c'était le vieux plain-chant, cette mélodie plane et nue, tout à la fois aérienne et tombale ; c'était ce cri solennel des tristesses et altier des joies, c'étaient ces hymnes grandioses de la foi de l'homme qui semblent sourdre dans les cathédrales, comme d'irrésistibles geysers, du pied même des piliers romans. Quelle musique, si ample ou si douloureuse ou si tendre qu'elle fût, valait le « De Profundis » chanté en faux-bourdon, les solennités du « Magnificat », les verves augustes du « Lauda Sion », les enthousiasmes du « Salve Regina », les détresses du « Miserere » et du « Stabat » les omnipotentes majestés du « Te Deum » ? Des artistes de génie s'étaient évertués à traduire les textes sacrés : Vittoria, Josquin De Près, Palestrina, Orlando Lassus, Haendel, Bach, Haydn, avaient écrit de merveilleuses pages ; souvent même, ils avaient été soulevés par l'effluence mystique, par l'émanation même du Moyen Age, à jamais perdue ; et leurs œuvres gardaient pourtant un certain apparat, demeuraient, malgré tout, orgueilleuses, en face de l'humble magnificence, de la sobre splendeur du chant grégorien et après ceux-là ç'avait été fini, car les compositeurs ne croyaient plus.

Dans le moderne, l'on pouvait cependant citer quelques morceaux religieux de Lesueur, de Wagner, de Berlioz, de César Franck, et encore sentait-on chez eux l'artiste tapi sous son œuvre, l'artiste tenant à exhiber sa science, pensant à exalter sa gloire et par conséquent omettant Dieu. L'on se trouvait en face d'hommes supérieurs, mais d'hommes, avec leurs faiblesses, leur inaliénable vanité, la tare même de leurs sens. Dans le chant liturgique créé presque toujours anonymement au fond des cloîtres, c'était une source extraterrestre, sans filon de péchés, sans trace d'art. C'était une surgie d'âmes déjà libérées du servage des chairs, une explosion de tendresses surélevées et de joies pures ; c'était aussi l'idiome de l'Eglise, l'Evangile musical accessible, comme l'Evangile même, aux plus raffinés et aux plus humbles.

Ah ! la vraie preuve du Catholicisme, c'était cet art

qu'il avait fondé, cet art que nul n'a surpassé encore ! c'était, en peinture et en sculpture, les Primitifs ; les mystiques dans les poésies et dans les proses ; en musique, c'était le plain-chant ; en architecture, c'était le roman et le gothique. Et tout cela se tenait, flambait en une seule gerbe, sur le même autel ; tout cela se conciliait en une touffe de pensées unique : révérer, adorer, servir le Dispensateur, en lui montrant, réverbéré dans l'âme de sa créature, ainsi qu'en un fidèle miroir, le prêt encore immaculé de ses dons.

Alors dans cet admirable Moyen Age où l'art, allaité par l'Eglise, anticipa sur la mort, s'avança jusqu'au seuil de l'éternité, jusqu'à Dieu, le concept divin et la forme céleste furent devinés, entr'aperçus, pour la première et peut-être pour la dernière fois, par l'homme. Et ils se correspondaient, se répercutaient, d'arts en arts.

Les Vierges eurent des faces en amandes, des visages allongés comme ces ogives que le gothique amenuisa pour distribuer une lumière acétique, un jour virginal, dans la châsse mystérieuse de ses nefs. Dans les tableaux des Primitifs, le teint des saintes femmes devient transparent comme la cire paschale et leurs cheveux sont pâles comme les miettes dédorées des vrais encens ; leur corsage enfantin renfle à peine, leurs fronts bombent comme le verre des custodes, leurs doigts se fusèlent, leurs corps s'élancent ainsi que de fins piliers. Leur beauté devient, en quelque sorte, liturgique. Elles semblent vivre dans le feu des verrières, empruntant aux tourbillons en flammes des rosaces la roue de leurs auréoles, les braises bleues de leurs yeux, les tisons mourants de leurs lèvres, gardant, pour leurs parures, les couleurs dédaignées de leurs chairs, les dépouillant de leurs lueurs, les muant, lorsqu'elles les transportent sur l'étoffe, en des tons opaques qui aident encore par leur contraste à attester la clarté séraphique du regard, la dolente candeur de la bouche que parfume, suivant le Propre du Temps, la senteur de lys des cantiques, ou la pénitentielle odeur de la myrrhe des psaumes.

Il y eut alors, entre artistes, une coalition de cervelles, une fonte d'âmes. Les peintres s'associèrent dans un même idéal de beauté avec les architectes ; ils affilièrent en un indestructible accord les cathédrales et les Saintes ; seulement, au rebours des usages connus, ils sertirent le bijou d'après l'écrin, modelèrent les reliques d'après la châsse.

De leur côté, les proses chantées de l'Eglise eurent de subtiles affinités avec les toiles des Primitifs.

Les répons de Ténèbres de Vittoria ne sont-ils pas d'une inspiration similaire, d'une altitude égale à celles du chef-d'œuvre de Quentin Metsys, l'ensevelissement du Christ ? Le « Regina Cœli » du musicien flamand Lassus n'a-t-il pas la bonne foi, l'allure candide et baroque de certaines statues de retables ou des tableaux religieux du vieux Brueghel ? Enfin le « Miserere » du maître de chapelle de Louis XII, de Josquin De Près, n'a-t-il pas, de même que les panneaux des Primitifs de la Bourgogne et des Flandres, un essor un peu patient, une simplesse filiforme un peu roide, mais n'exhale-t-il point, comme eux aussi, une saveur vraiment mystique, ne se contourne-t-il pas en une gaucherie vraiment touchante ?

L'idéal de toutes ces œuvres est le même et par des moyens différents, atteint.

Quant au plain-chant, l'accord de sa mélodie avec l'architecture est certain aussi ; parfois, il se courbe ainsi que les sombres arceaux romans, surgit, ténébreux et pensif, tel que les pleins cintres. Le « De Profundis », par exemple, s'incurve semblable à ces grands arcs qui forment l'ossature enfumée des voûtes ; il est lent et nocturne comme eux ; il ne se tend que dans l'obscurité, ne se meut que dans la pénombre marrie des cryptes.

Parfois, au contraire, le chant grégorien semble emprunter au gothique ses lobes fleuris, ses flèches déchiquetées, ses rouets de gaze, ses trémies de dentelles, ses guipures légères et ténues comme des voix d'enfants. Alors il passe d'un extrême à l'autre, de l'ampleur des détresses à l'infini des joies. D'autres fois encore, la musique plane et la musique chrétienne qu'elle enfanta, se plient de même que la sculpture à la gaieté du peuple ; elles s'associent aux allégresses ingénues, aux rires sculptés des vieux porches ; elles prennent ainsi que dans le chant de la Noël, « l'Adeste fideles », et dans l'hymne paschale « l'O filii et filiæ », le rythme populacier des foules ; elles se font petites et familières telles que les Évangiles, se soumettent aux humbles souhaits des pauvres, en leur prêtant un air de fête facile à retenir, un véhicule mélodique qui les emporte en de pures régions où ces âmes naïves s'ébattent aux pieds indulgents du Christ.

Créé par l'Eglise, élevé par elle, dans les psallettes du Moyen Age, le plain-chant est la paraphrase aérienne et mouvante de l'immobile structure des cathédrales ; il est l'interprétation immatérielle et fluide des toiles des Primitifs ; il est la traduction ailée et il est aussi la stricte et la flexible étole de ces proses latines qu'édifièrent les moines, exhaussés, jadis, hors des temps, dans des cloîtres.

Il est maintenant altéré et décousu, vainement dominé par le fracas des orgues, et il est chanté Dieu sait comme !

La plupart des maîtrises, lorsqu'elles l'entonnent, se plaisent à simuler les borborygmes qui gargouillent dans les conduites d'eaux ; d'autres se délectent à imiter le grincement des crécelles, le hiement des poulies, le cri des grues ; malgré tout, son imperméable beauté subsiste, sourd quand même de ces meuglements égarés de chantres.

Le silence subit de l'église dispersa Durtal. Il se leva, regarda autour de lui ; dans son coin, personne, sinon deux pauvresses endormies, les pieds sur des barreaux de chaises, la tête sur leurs genoux. En se penchant un peu, il aperçut en l'air, dans une chapelle noire, le rubis d'une veilleuse brûlant dans un verre rouge ; aucun bruit, sauf le pas militaire d'un suisse, faisant sa ronde, au loin.

Durtal se rassit ; la douceur de cette solitude qu'aromatisait le parfum des cires mêlé aux souvenirs déjà lointains à cette heure des fumées d'encens, s'évanouit d'un coup. Aux premiers accords plaqués sur l'orgue, Durtal reconnut le « Dies iræ », l'hymne désespérée du Moyen Age ; instinctivement, il baissa le front et écouta.

Ce n'était plus, ainsi que dans le « De Profundis », une supplique humble, une souffrance qui se croit entendue, qui discerne pour cheminer dans sa nuit un sentier de lueurs ; ce n'était plus la prière qui conserve assez d'espoir pour ne pas trembler ; c'était le cri de la désolation absolue et de l'effroi.

Et, en effet, la colère divine soufflait en tempête dans ces strophes. Elles semblaient s'adresser moins au Dieu de miséricorde, à l'exorable Fils qu'à l'inflexible Père, à Celui que l'Ancien Testament nous montre, bouleversé de fureur, mal apaisé par les fumigations des bûchers, par les incompréhensibles attraits des holocaustes. Dans ce chant, Il se dressait, plus farouche encore, car il menaçait d'affoler les eaux, de fracasser les monts, d'éventrer, à coups de foudre, les océans du ciel. Et la terre épouvantée criait de peur.

C'était une voix cristalline, une voix claire d'enfant qui clamait dans le silence de la nef l'annonce des cataclysmes ; et après elle, la maîtrise chantait de nouvelles strophes où l'implacable Juge venait, dans les éclats déchirants des trompettes, purifier par le feu la sanie du monde.

Puis, à son tour, une basse profonde, voûtée, comme issue des caveaux de l'église, soulignait l'horreur de ces prophéties, aggravait la stupeur de ces menaces ; et après une courte reprise du chœur, un alto les répétait, les détaillait encore et alors que l'effrayant poème avait épuisé le récit des châtiments et des peines, dans le timbre suraigu, dans le fausset d'un petit garçon, le nom de Jésus passait et c'était une éclaircie dans cette trombe ; l'univers haletant criait grâce, rappelait, par toutes les voix de la maîtrise, les miséricordes infinies du Sauveur et ses pardons, le conjurait de l'absoudre, comme jadis il épargna le larron pénitent et la Madeleine.

Mais, dans la même mélodie désolée et têtue, la tempête sévissait à nouveau, noyait de ses lames les plages entrevues du ciel, et les solos continuaient, découragés, coupés par les rentrées éplorées du chœur incarnant tour à tour, avec la diversité des voix, les conditions spéciales des hontes, les états particuliers des transes, les âges différents des pleurs.

A la fin, alors que mêlées encore et confondues, ces voix avaient charrié, sur les grandes eaux de l'orgue, toutes les épaves des douleurs humaines, toutes les bouées des prières et des larmes, elles retombaient exténuées, paralysées par l'épouvante, gémissaient en des soupirs d'enfant qui se cache la face, balbutiaient le « Dona eis requiem », terminaient, épuisées, par un amen si plaintif qu'il expirait ainsi qu'une haleine, au-dessus des sanglots de l'orgue.

Quel homme avait pu imaginer de telles désespérances, rêver à de tels désastres ? et Durtal se répondait : personne.

Le fait est que l'on s'était vainement ingénié à découvrir l'auteur de cette musique et de cette prose. On les avait attribuées à Frangipani, à Thomas de Celano, à saint Bernard, à un tas d'autres, et elles demeuraient anonymes, simplement formées par les alluvions douloureuses des temps. Le « Dies iræ » semblait être tout d'abord tombé, ainsi qu'une semence de désolation, dans les âmes éperdues du XIe siècle ; il y avait germé, puis lentement poussé, nourri par la sève des angoisses, arrosé par la pluie des larmes. Il avait été enfin taillé lorsqu'il avait paru mûr et il avait été trop ébranché peut-être, car dans l'un des premiers textes que l'on connaît, une strophe, depuis disparue, évoquait la magnifique et barbare image de la terre qui tournait en crachant des flammes, tandis que les constellations volaient en éclats, que le ciel se ployait en deux comme un livre !

Tout cela n'empêche, conclut Durtal, que ces tercets tramés d'ombre et de froid, frappés de rimes se répercutant en de durs échos, que cette musique de toile rude qui enrobe les phrases telle qu'un suaire et dessine les contours rigides de l'œuvre ne soient admirables ! — Et pourtant ce chant qui étreint, qui rend avec tant d'énergie l'ampleur de cette prose, cette période mélodique qui parvient, tout en ne variant pas, tout en restant la même, à exprimer tour à tour la prière et l'effroi, m'émeut, me poigne moins que le « De Profundis » qui n'a cependant ni cette grandiose envergure, ni ce cri déchirant d'art.

Mais, chanté en faux-bourdon, ce psaume est terreux et suffocant. Il sort du fond même des sépulcres, tandis que « le Dies iræ » ne jaillit que du seuil des tombes. L'un est la voix même du trépassé, l'autre celles des vivants qui l'enterrent, et le mort pleure mais reprend un peu courage, quand déjà ceux qui l'ensevelissent désespèrent.

En fin de compte, je préfère le texte du « Dies iræ » à celui du « De Profundis », et la mélodie du « De Profundis » à celle du « Dies iræ ». Il est vrai de dire aussi que cette dernière prose est modernisée, chantée théâtralement ici, sans l'imposante et la nécessaire marche d'un unisson, conclut Durtal.

II

LA PSYCHOLOGIE D'UNE CONVERSION. — L'ÉGLISE HOPITAL DES AMES. — L'ÉGLISE SAINT-SÉVERIN

COMMENT était-il redevenu catholique, comment en était-il arrivé là?

Et Durtal se répondait : je l'ignore, tout ce que je sais, c'est qu'après avoir été pendant des années incrédule, soudain je crois.

Voyons, se disait-il, tâchons cependant de raisonner si tant est que dans l'obscurité d'un tel sujet, le bon sens subsiste.

En somme, ma surprise tient à des idées préconçues sur les conversions. J'ai entendu parler du bouleversement subit et violent de l'âme, du coup de foudre, ou bien de la Foi faisant à la fin explosion dans un terrain lentement et savamment miné. Il est bien évident que les conversions peuvent s'effectuer suivant l'un ou l'autre de ces deux modes, car Dieu agit comme bon lui semble, mais il doit y avoir aussi un troisième moyen qui est sans doute le plus ordinaire, celui dont le Sauveur s'est servi pour moi. Et celui-là consiste en je ne sais quoi ; c'est quelque chose d'analogue à la digestion d'un estomac qui travaille, sans qu'on le sente. Il n'y a pas eu de chemin de Damas, pas d'événements qui déterminent une crise ; il n'est rien survenu et l'on se réveille un beau matin, et sans que l'on sache ni comment, ni pourquoi, c'est fait.

Oui, mais cette manœuvre ressemble, fort, en somme, à celle de cette mine qui n'éclate qu'après avoir été profondément creusée. Eh ! non, car, dans ce cas, les opérations sont sensibles ; les objections qui embarrassaient la route sont résolues ; j'aurais pu raisonner, suivre la marche de l'étincelle le long du fil et, ici, pas. J'ai sauté à l'improviste, sans avoir été prévenu, sans même m'être douté que j'étais si studieusement sapé. Et ce n'est pas davantage le coup de foudre, à moins que je n'admette un coup de foudre qui serait occulte et taciturne, bizarre et doux. Et ce serait encore faux, car ce bouleversement brusque de l'âme vient presque toujours à la suite d'un malheur ou d'un crime, d'un acte enfin que l'on connaît.

Non, la seule chose qui me semble sûre c'est qu'il y a eu, dans mon cas, prémotion divine, grâce.

Mais, fit-il, alors la psychologie de la conversion serait nulle ? et il se répondit :

Ça m'en a tout l'air, car je cherche vainement à me retracer les étapes par lesquelles j'ai passé ; sans doute, je peux relever sur la route parcourue, çà et là, quelques bornes : l'amour de l'art, l'hérédité, l'ennui de vivre ; je peux même me rappeler des sensations oubliées d'enfance, des cheminements souterrains d'idées suscitées par mes stations dans les églises ; mais ce que je ne puis faire c'est relier ces fils, les grouper en faisceau, ce que je ne puis comprendre c'est la soudaine et la silencieuse explosion de lumière qui s'est faite en moi. Quand je cherche à m'expliquer comment, la veille, incrédule, je suis devenu, sans le savoir, en une nuit, croyant, eh bien je ne découvre rien, car l'action céleste à disparu, sans laisser de traces.

Il est bien certain, reprit-il, après un silence de pensée, que c'est la Vierge qui agit dans ces cas-là sur nous ; c'est elle qui vous pétrit et vous remet entre les mains du Fils ; mais ses doigts sont si légers, si fluides, si caressants que l'âme qu'ils ont retournée n'a rien senti.

Par contre, si j'ignore la marche et les relais de ma conversion, je puis au moins deviner quels sont les motifs qui, après une vie d'indifférence, m'ont ramené dans les parages de l'Eglise, m'ont fait errer dans ses alentours, m'ont enfin poussé par le dos pour m'y faire entrer.

Et il se disait sans ambages, il y a trois causes :

D'abord un atavisme d'ancienne famille pieuse éparse dans des monastères ; et des souvenirs d'enfance lui revenaient, de cousines, de tantes, entrevues dans des parloirs, des femmes douces et graves, blanches comme des oublies, qui l'intimidaient, en parlant bas, qui l'inquiétaient presque lorsqu'en le regardant, elles demandaient s'il était sage.

Il éprouvait une sorte de peur, se réfugiait dans les jupes de sa mère, tremblant quand, en partant, il fallait apporter son front au-devant de lèvres décolorées pour subir le souffle d'un baiser froid.

De loin, alors qu'il y songeait maintenant, ces entrevues qui l'avaient tant gêné dans son enfance, lui semblaient exquises. Il y mettait toute une poésie de cloître, enveloppait ces parloirs si nus d'une odeur effacée de boiseries et de cire ; et il revoyait aussi les jardins qu'il avait traversés dans ces couvents, des jardins embaumant le parfum amer et salé du buis, plantés de charmilles, semés de treilles dont les raisins toujours verts ne mûrissaient point, espacés de bancs dont la pierre rongée gardait des anciennes ondées des œils d'eau ; et mille détails lui revenaient de ces allées de tilleuls, si tranquilles, de ces sentiers où il courait dans la guipure noire que dessinait sur le sol l'ombre tombée des branches. Il conservait de ces jardins qui lui paraissaient devenir plus grands à mesure qu'il avançait en âge un souvenir un peu confus où tremblait l'image embrouillée d'un vieux parc aulique et d'un verger de presbytère, situé au Nord, resté, même quand le soleil l'échauffait, un peu humide.

Il n'était pas surprenant que ces sensations déformées par le temps eussent laissé en lui des infiltrations d'idées pieuses qui se creusaient alors qu'il les embellissait, en y songeant ; tout cela pouvait avoir sourdement fermenté pendant trente années et se lever maintenant.

Mais les deux autres causes qu'il connaissait avaient dû être encore plus actives.

C'était son dégoût de l'existence et sa passion de l'art: et ce dégoût s'aggravait certainement de sa solitude et de son oisiveté.

Après avoir autrefois logé ses amitiés au hasard des gens et essuyé les plâtres d'âmes qui n'avaient aucun rapport avec la sienne, il s'était, après tant d'inutile vagabondage, enfin fixé ; il avait été l'intime ami d'un D^r des Hermies, un médecin épris de démonomanie et de mystique et du sonneur de cloches de Saint-Sulpice, du breton Carhaix.

Ces affections-là n'étaient plus comme celles qu'il avait connues, tout en superficie et en façade ; elles étaient spacieuses et profondes, basées sur des similitudes de pensées, sur des ligues indissolubles d'âmes ; et celles-là avaient été brusquement rompues ; à deux mois de distance, des Hermies et Carhaix mouraient, tués, l'un, par une fièvre typhoïde, l'autre par un refroidissement qui l'alita, après qu'il eut sonné l'angelus du soir, dans sa tour.

Ce furent pour Durtal d'affreux coups. Son existence qu'aucun lien n'amarra plus partit à la dérive ; il erra, dispersé, se rendant compte que cet abandon était définitif, que, pour lui, l'âge n'était plus où l'on s'unit encore.

Aussi vivait-il, seul, à l'écart dans ses livres, mais la solitude qu'il supportait bravement quand il était occupé, quand il préparait un livre, lui devenait intolérable lorsqu'il était oisif. Il s'acagnardait des après-midi dans un fauteuil, s'essorait dans des songes.

Chassons par le travail tous ces phantasmes, se criait-il, mais travailler à quoi ? après avoir fait paraître une histoire de Gilles de Rais qui avait pu intéresser quelques artistes, il demeurait sans sujet, à l'affût d'un livre. Comme il était, en art, un homme d'excès, il sautait aussitôt d'un extrême à l'autre, et, après avoir fouillé le Satanisme au Moyen Age, dans son récit du maréchal de Rais, il ne voyait plus d'intéressant à forer qu'une vie de Sainte et quelques lignes découvertes dans les études sur la Mystique de Gœrres et de Ribet l'avaient lancé sur la piste d'une Bienheureuse Lydwine, en quête de documents neufs.

Mais en admettant même qu'il en déterrât, pouvait-il ouvrer une vie de Sainte ? Il ne le croyait pas et les arguments sur lesquels il étayait son avis semblaient plausibles.

L'hagiographie était une branche maintenant perdue de l'art ; il en était d'elle ainsi que de la sculpture sur bois et des miniatures des vieux missels. Elle n'était plus aujourd'hui traitée que par des commissionnaires de style qui semblent toujours, lorsqu'ils écrivent, charger leurs fétus d'idées sur des camions ; et elle était entre leurs mains, devenue un des lieux communs de la bondieuserie, une transposition dans le livre des statuettes des Froc-Robert, des images en chromo des Bouasse.

La voie était donc libre et il paraissait tout d'abord aisé de la planer ; mais pour extraire le charme des légendes, il fallait la langue naïve des siècles révolus, le verbe ingénu des âges morts. Comment arriver à exprimer aujourd'hui le suc dolent et le blanc parfum des très anciennes traductions de la Légende dorée de Voragine ? comment lier en une candide gerbe ces fleurs plaintives que les moines cultivèrent dans les pourpris des cloîtres alors que l'hagiographie était la sœur de l'art barbare et charmant des enlumineurs et des verriers, de l'ardente et de la chaste peinture des Primitifs ?

On ne pouvait cependant songer à se livrer à de studieux pastiches, s'efforcer de singer froidement de telles œuvres. Restait alors la question de savoir si, avec les ressources de l'art contemporain, l'on parviendrait à dresser l'humble et la haute figure d'une Sainte ; et c'était pour le moins douteux, car le manque de simplesse réelle, le fard trop ingénieux du style, les ruses d'un dessin attentif et la frime d'une couleur madrée transformeraient probablement l'élue en une cabotine. Ce ne serait plus une Sainte mais une actrice qui en jouerait plus ou moins adroitement le rôle ; et alors, le charme serait détruit, les miracles paraîtraient machinés, les épisodes seraient absurdes !... puis... puis... encore faudrait-il avoir une foi qui fût vraiment vive et croire à la sainteté de son héroïne, si l'on voulait tenter de l'exhumer et de la faire revivre dans une œuvre.

Cela est si exact que voici Gustave Flaubert qui a écrit d'admirables pages sur la légende de saint Julien-l'Hospitalier. Elles marchent en un tumulte éblouissant et réglé, évoluent en une langue superbe dont l'apparente simplicité n'est due qu'à l'astuce compliquée d'un art inouï. Tout y est, tout, sauf l'accent qui eût fait de cette nouvelle un vrai chef-d'œuvre. Etant donné le sujet, il y manque, en effet, la flamme qui devrait circuler sous ces magnifiques phrases ; il y manque le cri de l'amour qui défaille, le don de l'exil surhumain, l'âme mystique !

D'un autre côté, les « Physionomies de Saints » d'Hello valent qu'on les lise. La Foi jaillit dans chacun de ses portraits, l'enthousiasme déborde des chapitres, des rapprochements inattendus creusent d'inépuisables citernes de réflexions entre les lignes ; mais quoi ! Hello était si peu artiste que d'adorables légendes déteignent dans ses doigts quand il y touche ; la lésine de son style appauvrit les miracles et les rend inermes. Il y manque l'art qui sortirait ce livre de la catégorie des œuvres blafardes, des œuvres mortes!

L'exemple de ces deux hommes, opposés comme jamais écrivains ne le furent, et n'ayant pu atteindre la perfection, l'un, dans la légende de saint Julien parce que la Foi lui faisait défaut et l'autre parce qu'il possédait une inextensible indigence d'art, décourageait complètement Durtal. Il faudrait être, en même temps les deux, et rester encore soi, se disait-il, sinon à quoi bon s'atteler à de telles tâches ? mieux vaut se taire ; et il se renfrognait, désespéré, dans son fauteuil.

Alors le mépris de cette existence déserte qu'il menait s'accélérait en lui et, une fois de plus, il se demandait l'intérêt que la Providence pouvait bien avoir à torturer ainsi les descendants de ses premiers convicts ? et s'il n'obtenait pas de réponse, il était pourtant bien obligé de se dire qu'au moins l'Eglise recueillait, dans ses désastres, les épaves, qu'elle abritait les naufragés, les rapatriait, leur assurait enfin un gîte.

Pas plus que Schopenhauer dont il avait autrefois raffolé, mais dont la spécialité d'inventaires avant décès et les herbiers de plaintes sèches l'avaient lassé, l'Eglise ne décevait l'homme et ne cherchait à le leurrer, en lui vantant la clémence d'une vie qu'elle savait ignoble.

Par tous ses livres inspirés, elle clamait l'horreur de la destinée, pleurait la tâche imposée de vivre. L'Ecclésiastique, l'Ecclésiaste, le livre de Job, les Lamentations de Jérémie attestaient cette douleur à chaque ligne et le Moyen Age avait, lui aussi, dans l'Imitation de Jésus-Christ, maudit l'existence et appelé à grands cris la mort.

Plus nettement que Schopenhauer, l'Eglise déclarait qu'il n'y avait rien à souhaiter ici-bas, rien à attendre; mais là où s'arrêtaient les procès-verbaux du philosophe, elle, continuait, franchissait les limites des sens, divulguait le but, précisait les fins.

Puis, se disait-il, tout bien considéré, l'argument de Schopenhauer tant prôné contre le Créateur et tiré de la misère et de l'injustice du monde, n'est pas, quand on y réfléchit, irrésistible, car le monde n'est pas ce que Dieu l'a fait, mais bien ce que l'homme en a fait.

Avant d'accuser le ciel de nos maux, il conviendrait sans doute de rechercher par quelles phases consenties, par quelles chutes voulues, la créature a passé, avant que d'aboutir au sinistre gâchis qu'elle déplore. Il faudrait maudire les vices de ses ancêtres et ses propres passions qui engendrèrent la plupart des maladies dont on souffre; il faudrait vomir la civilisation qui a rendu l'existence intolérable aux âmes propres et non le Seigneur qui ne nous a peut-être pas créés, pour être pilés à coup de canons, en temps de guerre, pour être exploités, volés, dévalisés, en temps de paix, par les négriers du commerce et les brigands des banques.

Ce qui reste incompréhensible, par exemple, c'est l'horreur initiale, l'horreur imposée à chacun de nous, de vivre; mais c'est là un mystère qu'aucune philosophie n'explique.

Ah! reprenait-il, quand je songe à cette horreur, à ce dégoût de l'existence qui s'est, d'années en années, exaspéré en moi, comme je comprends que j'aie forcément cinglé vers le seul port où je pouvais trouver un abri, vers l'Eglise.

Jadis, je la méprisais, parce que j'avais un pal qui me soutenait lorsque soufflaient les grands vents d'ennui; je croyais à mes romans, je travaillais à mes livres d'histoire, j'avais l'art. J'ai fini par reconnaître sa parfaite insuffisance, son inaptitude résolue à rendre heureux. Alors j'ai compris que le Pessimisme était tout au plus bon à réconforter les gens qui n'avaient pas un réel besoin d'être consolés; j'ai compris que ses théories, alléchantes quand on est jeune et riche et bien portant, deviennent singulièrement débiles et lamentablement fausses, quand l'âge s'avance, quand les infirmités s'annoncent, quand tout s'écroule !

Je suis allé à l'hôpital des âmes, à l'Église. On vous y reçoit au moins, on vous y couche, on vous y soigne; on ne se borne pas à vous dire, en vous tournant le dos, ainsi que dans la clinique du Pessimisme, le nom du mal dont on souffre !

Enfin Durtal avait été ramené à la religion par l'art. Plus que son dégoût de la vie même, l'art avait été l'irrésistible aimant qui l'avait attiré vers Dieu.

Le jour où, par curiosité, pour tuer le temps, il était entré dans une église et, après tant d'années d'oubli, y avait écouté les Vêpres des morts tomber lourdement, une à une, tandis que les chantres alternaient et jetaient, l'un après l'autre, comme des fossoyeurs, des pelletées de versets, il avait eu l'âme remuée jusque dans ses combles. Les soirs où il avait entendu les admirables chants de l'octave des trépassés, à Saint-Sulpice, il s'était senti pour jamais capté; mais ce qui l'avait pressuré, ce qui l'avait asservi mieux encore, c'étaient les cérémonies, les chants de la semaine sainte.

Il les avait visitées les églises, pendant cette semaine ! Elles s'ouvraient ainsi que des palais dévastés, ainsi que des cimetières ravagés de Dieu. Elles étaient sinistres avec leurs images voilées, leurs crucifix enveloppés d'un losange violet, leurs orgues taciturnes, leurs cloches muettes. La foule s'écoulait, affairée, sans bruit, marchait par terre, sur l'immense croix que dessinent la grande allée et les deux bras du transept et, entrée par les plaies que figurent les portes, elle remontait jusqu'à l'autel, là où devait poser la tête ensanglantée du Christ et elle baisait avidement, à genoux, le crucifix qui barrait la place du menton, au bas des marches.

Et cette foule devenait elle-même, en se coulant dans ce monde crucial de l'église, une énorme croix vivante et grouillante, silencieuse et sombre.

A Saint-Sulpice où tout le séminaire assemblé pleurait l'ignominie de la justice humaine et la mort décidée d'un Dieu, Durtal avait suivi les incomparables offices de ces jours luctueux, de ces minutes noires, écouté la douleur infinie de la Passion, si noblement, si profondément exprimée à Ténèbres par les lentes psalmodies, par le chant des Lamentations et des Psaumes : mais quand il y songeait, ce qui le faisait surtout frémir, c'était le souvenir de la Vierge arrivant le jeudi, dès que la nuit tombait.

L'Eglise jusqu'alors absorbée dans son chagrin et couchée devant la croix, se relevait et se mettait à sangloter, en voyant la mère.

Par toutes les voix de sa maîtrise, elle s'empressait autour de Marie, s'efforçait de la consoler, en mêlant les larmes du « Stabat » aux siennes, en gémissant cette musique de plaintes endolories, en pressant sur la blessure de cette prose qui rendait de l'eau et du sang comme la plaie du Christ.

Durtal sortait, accablé, de ces longues séances, mais ses tentations contre la Foi se dissipaient; il ne doutait plus; il lui semblait qu'à Saint-Sulpice, la Grâce se mêlait aux éloquentes splendeurs des liturgies et que des appels passaient pour lui dans l'obscure affliction des voix; aussi éprouvait-il une reconnaissance toute filiale pour cette église où il avait vécu de si douces et de si dolentes heures!

Et cependant, dans les semaines ordinaires, il ne la fréquentait point; elle lui paraissait trop grande et trop froide et elle était si laide! Il lui préférait des sanctuaires plus tièdes et plus petits, des sanctuaires où subsistaient encore des traces du Moyen Age.

Alors, il se réfugiait, les jours de flâne en sortant du Louvre où il s'était longuement évagué devant les toiles des Primitifs, dans la vieille église de Saint-Séverin, enfouie en un coin du Paris pauvre.

Il y apportait les visions des toiles qu'il avait admirées au Louvre et il les contemplait à nouveau, dans ce milieu où elles se trouvaient vraiment chez elles.

Puis c'étaient des moments délicieux qu'il y écoulait emporté dans ces nuées d'harmonie que sillonne l'éclair blanc de la voix enfantine jailli du tonnerre roulant des orgues.

Là, sans même prier, il sentait glisser en lui une langueur plaintive, un discret malaise; Saint-Séverin le ravissait, l'aidait mieux que les autres à se suggérer, certains jours, une indéfinissable impression d'allégresse et de pitié, quelquefois même, alors qu'il songeait à la voirie de ses sens, à se natter l'âme de regrets et d'effroi.

Souvent, il y allait; surtout, le dimanche matin, à dix heures, à la grand'messe.

Là, il s'installait, derrière le maître-autel, dans cette mélancolique et délicate abside plantée, ainsi qu'un jardin d'hiver, de bois rares et un peu fous. On eût dit d'un berceau pétrifié de très vieux arbres tout en fleurs mais défeuillés, de ces futaies de piliers carrés ou taillés à larges pans, creusés d'entailles régulières près de leurs bases, côtelée sur leurs parcours comme des pieds de rhubarbe, cannelés comme des céleris.

Aucune végétation ne s'épanouissait au sommet de ces troncs qui arquaient leurs rameaux dénudés le long des voûtes, les rejoignaient, les aboutaient, assemblant à leurs points de suture, à leurs nœuds de greffe, d'extravagants bouquets de roses blasonnées, de fleurs armoriées, et fouillées à jour; et depuis près de quatre cents ans ces arbres immobilisaient leur sève et ne poussaient plus. Les hampes à jamais courbées restaient intactes; la blanche écorce des piliers s'effritait à peine, mais la plupart des fleurs étaient flétries; des pétales héraldiques manquaient; certaines clefs de voûtes ne gardaient plus que des calices stratifiés, ouvrés comme des nids, troués comme des éponges, chiffonnés comme des poignées de dentelles rousses.

Et au milieu de cette flore mystique, parmi ces arbres lapidifiés, il en était un, bizarre et charmant, qui suggérait cette chimérique idée que la fumée déroulée des bleus encens était parvenue à se condenser, à se coaguler en pâlissant avec l'âge et à former, en se tordant, la spirale de cette colonne qui tournoyait sur elle-même et finissait par s'évaser en une gerbe dont les tiges brisées retombaient du haut des cintres.

Ce coin où se réfugiait Durtal était à peine éclairé par des verrières en ogive, losangées de mailles noires, serties de minuscules carreaux obscurcis par la poussière accumulée des temps, rendus plus sombres encore par les boiseries des chapelles qui les ceinturaient jusqu'à mi-corps.

Cette abside elle était bien, si l'on voulait, un massif gelé de squelettes d'arbres, une serre d'essences mortes, ayant appartenu à la famille des palmifères, évoquant encore le souvenir d'invraisemblables phœnix, d'inexacts lataniers, mais elle rappelait aussi, avec sa forme en demi-lune et sa lumière trouble, l'image d'une proue de navire plongée sous l'onde. Elle laissait, en effet, filtrer au travers de ses hublots, aux vitres treillissées d'une résine noire, le murmure étouffé, — que simulait le roulement des voitures ébranlant la rue, — d'une rivière qui tamiserait dans le cours saumâtre de ses eaux des lueurs dédorées de jour.

Le dimanche, à l'heure de la grand'messe, cette abside restait déserte. Tout le public emplissait la nef devant le maître-autel ou s'éparpillait plus loin dans une chapelle dédiée à Notre-Dame. Durtal était donc à peu près seul; et les gens même qui traversaient son refuge n'étaient ni hébétés, ni hostiles, ainsi que les fidèles des autres églises. C'étaient dans ce quartier de gueux, de très pauvres gens, des regrattières, des sœurs de charité, des loqueteux, des mioches; c'étaient surtout des femmes en guenilles, marchant sur la pointe des pieds, s'agenouillant sans regarder autour d'elles, des humbles gênées même par le luxe piteux des autels, hasardant un œil soumis et baissant le dos quand passait le suisse.

Touché par la timidité de ces misères muettes, Durtal écoutait la messe que chantait une maîtrise peu nombreuse mais patiemment dressée. Mieux qu'à Saint-Sulpice où pourtant les offices étaient autrement solennels et exacts, la maîtrise de Saint-Séverin entonnait cette merveille du plain-chant « le Credo ». Elle l'enlevait, en quelque sorte, jusqu'au sommet du chœur et le faisait planer, les ailes grandes ouvertes, presque immobiles, au-dessus des ouailles prosternées, lorsque le verset « et homo factus est » prenait son lent et respectueux essor dans la voix baissée du chantre. C'était, à la fois, lapidaire et fluide, indestructible, ainsi que les articles du Symbole même, inspiré comme le texte que l'Esprit Saint dicta, dans leur dernière assemblée, aux apôtres réunis du Christ.

A Saint-Séverin, une voix de taureau clamait, seule, un verset, puis tous les enfants, soutenus par la réserve des chantres, lançaient les autres et les inaltérables vérités s'affirmaient à mesure, plus attentives, plus graves, plus accentuées, un peu plaintives même dans la voix isolée de l'homme, plus timides peut-être, mais aussi plus familières, plus joyeuses, dans l'élan pourtant contenu des gosses.

A ce moment-là, Durtal se sentait soulevé et il se criait : mais il est impossible que les alluvions de la Foi qui ont créé cette certitude musicale soient fausses ! l'accent de ces aveux est tel qu'il est surhumain et si loin de la musique profane qui n'a jamais atteint l'imperméable grandeur de ce chant nu !

Toute la messe était d'ailleurs à Saint-Séverin exquise. Le « Kyrie eleison » sourd et somptueux ; le « Gloria in excelsis » divisé entre le grand et le petit orgue, l'un chantant seul et l'autre dirigeant et soutenant le chœur, exultait d'allégresse ; le « Sanctus » emballé, presque hagard alors que la maîtrise criait l'« hosanna in excelsis » bondissait jusqu'aux cintres ; et l'« Agnus Dei » s'élevait à peine en une claire mélodie suppliante, si humble qu'elle n'osait monter.

En somme, à part des « Salutaris » de contrebande détaillés là, ainsi que dans toutes les églises, Saint-Séverin conservait, les dimanches ordinaires, la liturgie musicale, la chantait presque respectueusement avec des voix fragiles mais bien teintées d'enfants, avec des basses solidement bétonnées, remontant de leurs puits de vigoureux sons.

Et c'était une joie pour Durtal que de s'attarder dans cet adorable milieu du Moyen Age, dans cette ombre déserte, parmi ces chants qui s'élevaient derrière lui, sans qu'il fût troublé par les manigances des bouches qu'il ne pouvait voir.

Il finissait par être pris aux moelles, suffoqué par de nerveuses larmes et toutes les rancœurs de sa vie lui remontaient ; plein de craintes indécises, de postulations confuses qui l'étouffaient sans trouver d'issues, il maudissait l'ignominie de son existence.

Puis, quand la messe était terminée, il errait dans l'église même, s'exaltait devant l'essor de cette nef que quatre siècles bâtirent et scellèrent de leurs armes, en y apposant ces extraordinaires empreintes, ces fabuleux cachets qui s'épanouissent en relief sous le berceau renversé des voûtes. Ces siècles s'étaient réunis pour apporter aux pieds du Christ l'effort surhumain de leur art et les dons de chacun étaient visibles encore. Le xiiie siècle avait taillé ces piliers bas et trapus dont les chapiteaux se couronnent de nymphéas, de trèfles d'eau, de feuillages à grandes côtes, volutés en crochets et tournés en crosse. Le xive siècle avait élevé les colonnes des travées voisines sur le flanc desquelles des prophètes, des moines, des saints, soutiennent de leurs corps étendus la retombée des arcs. Le xve et le xvie avaient créé l'abside, le sanctuaire, quelques-uns même des vitraux ouverts au sommet du chœur et, bien qu'ils eussent été réparés par de vrais gnaffs, ils n'en avaient pas moins gardé une grâce barbare, une naïveté vraiment touchante.

Ils paraissaient avoir été dessinés par les ancêtres des imagiers d'Epinal et bariolés par eux de tons crus. Les donateurs et les Saints qui défilaient dans ces clairs tableaux encadrés de pierre, étaient tous maladroits et pensifs, vêtus de robe gomme-gutte, vert-bouteille, bleu de prusse, rouge de groseille, violet d'aubergine et lie de vin qui se fonçaient encore au contact des chairs omises ou perdues, restées, en tout cas, comme leur épiderme de verre, incolores. Dans l'une de ces fenêtres, le Christ en croix semblait même limpide, tout en lumière, au milieu des taches azurées du ciel et des plaques rouges et vertes que formaient les ailes de deux anges dont le visage paraissait aussi taillé dans le cristal et rempli de jour.

Et ces vitraux, différents en cela de ceux des autres églises, absorbaient les rayons du soleil, sans les réfracter. Ils avaient sans doute été privés volontairement de reflets, afin de ne pas insulter, par une insolente gaieté de pierreries en feu, à la mélancolique détresse de cette église qui s'élevait dans l'atroce repaire d'un quartier peuplé de mendiants et d'escarpes.

Alors des réflexions assaillaient Durtal. Dans Paris, les basiliques modernes étaient inertes ; elles restaient sourdes aux prières qui se brisaient contre l'indifférence glacée de leurs murs. Comment se recueillir dans ces nefs où les âmes n'ont rien laissé d'elles, où lorsqu'elles allaient peut-être se livrer, elles avaient dû se reprendre, se replier, rebutées par l'indiscrétion d'un éclairage de photographe, offusquées même par l'abandon de ces autels où aucun Saint n'avait jamais célébré la messe ? Il semblait que Dieu fût toujours sorti, qu'il ne rentrât que pour tenir sa promesse de paraître au moment de la consécration et qu'aussitôt après, il se retirât, méprisant, de ces édifices qui n'avaient pas été créés expressément pour lui, puisque, par la bassesse de leurs formes, ils pouvaient servir aux usages les plus profanes, puisque surtout ils ne lui apportaient point, à défaut de la sainteté, le seul don qui pût lui plaire, ce don de l'art qu'il a, lui-même, prêté à l'homme et qui lui permet de se mirer dans la restitution abrégée de son œuvre, de se réjouir devant l'éclosion de cette flore dont il a semé les germes dans les âmes qu'il a triées avec soin, dans les âmes qu'il a, après celles de ses Saints, vraiment élues.

Ah ! les charitables églises du Moyen Age, les chapelles moites et enfumées, pleines de chants anciens, de peintures exquises et cette odeur des cierges qu'on éteint et ces parfums des encens qu'on brûle !

A Paris, il ne restait plus que quelques spécimens de

cet art d'antan, que quelques sanctuaires dont les pierres suintaient réellement la Foi ; parmi ceux-là, Saint-Séverin apparaissait à Durtal comme le plus exquis et le plus sûr. Il ne se sentait chez lui que là ; il croyait que s'il voulait enfin prier pour de bon, ce serait dans cette église qu'il devrait le faire, et il se disait : ici, l'âme des voûtes existe. Il est impossible que les ardentes prières, que les sanglots désespérés du Moyen Age n'aient pas à jamais imprégné ces piliers et tanné ces murs ; il est impossible que cette vigne de douleurs où jadis des Saints vendangèrent les grappes chaudes des larmes, n'ait pas conservé de ces admirables temps, des émanations qui soutiennent, des effluves qui sollicitent encore la honte des péchés, l'aveu des pleurs !

Dans ce territoire réservé du Satanisme, elle émergeait, délicate et petite, frileusement emmitouflée dans les guenilles des cabarets et des taudis ; et, de loin, elle dressait encore, au-dessus des toits, son clocher frêle, pareil à une aiguille piquée, la pointe en bas et ajourant en l'air son chas au travers duquel on apercevait, surplombant une sorte d'enclume, une minuscule cloche. Telle elle apparaissait, du moins, de la place Saint-André-des-Arts. Symboliquement, on eût dit d'un miséricordieux appel toujours repoussé par des âmes endurcies et martelées par les vices, de cette enclume qui n'était qu'une illusion d'optique et de cette très réelle cloche.

Et dire, songeait Durtal, dire que d'ignares architectes et que d'ineptes archéologues voudraient dégager Saint-Séverin de ses loques et la cerner avec les arbres en prison d'un square ! Mais elle a toujours vécu dans son lacis de rues noires ! elle est volontairement humble, en accord avec le misérable quartier qu'elle assiste. Au Moyen Age, elle était un monument d'intérieur et non l'une de ces impétueuses basiliques que l'on dressait en évidence sur de grandes places.

Elle était un oratoire pour les pauvres, une église agenouillée et non debout; aussi serait-ce le contre-sens le plus absolu que de la sortir de son milieu, que de lui enlever ce jour d'éternel crépuscule, ces heures toutes en ombre, qui avivent sa dolente beauté de servante en prière derrière la haie impie des bouges !

Ah ! si l'on pouvait la tremper dans l'atmosphère embrasée de Notre-Dame des Victoires et adjoindre à sa maigre psallette la puissante maîtrise de Saint-Sulpice, ce serait complet ! ce criait Durtal; mais hélas ! ici-bas, rien d'entier, rien de parfait n'existe !

En somme, en se récapitulant, il pouvait croire que Saint-Séverin par ses effluves et l'art délicieux de sa vieille nef, que Saint-Sulpice par ses cérémonies et par ses chants l'avaient ramené vers l'art chrétien qui l'avait, à son tour, dirigé vers Dieu.

Puis une fois aiguillé sur cette voie, il l'avait parcourue, était sorti de l'architecture et de la musique, avait erré sur les territoires mystiques des autres arts et ses longues stations au Louvre, ses incursions dans les bréviaires, dans les livres de Ruysbroeck, d'Angèle de Foligno, de sainte Térèse, de sainte Catherine de Gênes, de Madeleine de Pazzi, l'avaient encore affermi dans ses croyances.

Mais ce bouleversement d'idées qu'il avait subi était trop récent pour que son âme encore déséquilibrée se tînt. Par instants, elle semblait vouloir se retourner et il se débattait alors pour l'apaiser. Il s'usait en disputes, en arrivait à douter de la sincérité de sa conversion, se disait : en fin de compte, je ne suis emballé à l'église que par l'art ; je n'y vais que pour voir ou pour entendre et non pour prier ; je ne cherche point le Seigneur, mais mon plaisir. Ce n'est pas sérieux ! de même que dans un bain tiède, je ne sens point le froid si je reste immobile et que si je remue, je gèle, de même aussi à l'église mes élans chavirent dès que je bouge ; je suis presque enflammé dans la nef, moins chaud déjà sous le parvis et je deviens absolument glacé lorsque je suis dehors. Ce sont des postulations littéraires, des vibrations de nerfs, des échauffourées de pensées, des bagarres d'esprit, c'est tout ce qu'on voudra, sauf la Foi.

III

LE COUVENT DES FRANCISCAINES DE LA GLACIÈRE

Comme le temps était à peu près beau, il sortit, erra dans le Luxembourg, rejoignit le carrefour de l'Observatoire et le boulevard de Port-Royal et, machinalement, il enfila l'interminable rue de la Santé.

Cette rue, il la connaissait de longue date ; il y faisait souvent de mélancoliques promenades, attiré par sa détresse casanière de province pauvre ; puis elle était accessible aux rêveries, car elle était bordée, à droite, par les murs de la prison de la Santé et de l'asile des aliénés de Sainte-Anne, à gauche par des couvents. L'air, le jour, coulaient dans l'intérieur de cette rue, mais il semblait que, derrière elle, tout devînt noir ; elle était, en quelque sorte, une allée de prison, côtoyée par des cellules où les uns subissaient de force de temporaires condamnations et où les autres souffraient, de leur plein gré, d'éternelles peines.

Je me la figure assez bien, peinte par un Primitif des

Flandres, se disait Durtal ; le long de la chaussée que pavèrent de patients pinceaux, des étages de maisons ouvertes, du haut en bas, ainsi que des armoires ; et, d'un côté, des cachots massifs avec couchettes de fer, cruche de grès, petit judas ouvert dans des portes scellées de puissants verrous ; là-dedans, de mauvais larrons, grinçant des dents, tournant sur eux-mêmes, les cheveux droits, hurlant tels que des bêtes enchaînées dans des cages ; de l'autre côté, des logettes meublées d'un galetas, d'une cruche de grès, d'un crucifix, fermées, elles aussi, par des portes bardées de fer, et, au milieu, des religieuses ou des moines, à genoux sur le carreau, la face découpée sur le feu d'un nimbe, les yeux au ciel, les mains jointes, envolés, dans l'extase, près d'un pot où fleurit un lys.

Enfin, au fond de la toile, entre ces deux haies de maisons, monte une grande allée au bout de laquelle, dans un ciel pommelé, Dieu le Père assis, avec le Christ à sa droite, et, tout autour d'eux, des chœurs de Séraphins jouant de l'angélique et de la viole ; et Dieu le Père immobile sous sa haute tiare, la poitrine couverte par sa longue barbe, tient une balance dont les plateaux s'équilibrent, les saints captifs expiant à mesure, par leurs pénitences et leurs prières, les blasphèmes des scélérats et des fous.

Il faut avouer, se disait Durtal, que cette rue est bien particulière, qu'elle est même probablement à Paris unique, car elle réunit, sur son parcours, les vertus et les vices qui, dans les autres arrondissements, se disséminent, d'habitude, malgré les efforts de l'Église, le plus loin qu'ils peuvent, les uns des autres.

Il était arrivé, en devisant, près de Sainte-Anne ; alors la rue s'aéra et les maisons baissèrent ; elles n'eurent plus qu'un, que deux étages, puis, peu à peu, elles s'espacèrent, ne furent plus reliées, les unes aux autres, que par des bouts déplâtrés de murs.

C'est égal, se disait Durtal, si ce coin de rue est dénué de prestige, il est en revanche, bien intime ; au moins ici, on est dispensé d'admirer le décor saugrenu de ces modernes agences qui exposent dans leurs vitrines, ainsi que de précieuses denrées, des piles choisies de bûches et, dans des compotiers de cristal, les dragées des anthracites et les pralines des cokes.

Et puis voici une ruelle vraiment cocasse et il regardait une sente qui descendait en pente roide dans une grande rue où l'on apercevait le drapeau tricolore en zinc d'un lavoir ; et il lut ce nom : rue de l'Ebre.

Il s'y engagea ; elle mesurait quelques mètres à peine, était arrêtée dans toute sa longueur, à droite, par un mur derrière lequel on entrevoyait des masures éclopées, surmontées d'une cloche. Une porte cochère treillissée d'un guichet carré s'enfonçait dans ce mur qui s'élevait à mesure qu'il descendait et finissait par se trouer de croisées rondes, par s'élever en une petite bâtisse que dépassait un clocher si bas que sa pointe n'atteignait même pas la hauteur de la maison de deux étages, située en face.

De l'autre côté, c'était une glissade de trois bicoques, collées les unes contre les autres ; des tuyaux de zinc rampaient, en montant comme des ceps, se ramifiaient comme les tiges d'une vigne creuse, le long des murs ; des fenêtres bâillaient sur des caisses rouillées de plombs.

L'on discernait dans de vagues cours d'affreux taudis ; dans l'un, était un galetas où dormaient des vaches ; dans les deux autres, s'ouvraient une remise de voitures à bras et une bibine derrière les barreaux de laquelle apparaissaient des goulots capsulés de litres.

Ah ça mais, c'est une église, se dit Durtal, en regardant le petit clocher et les trois ou quatre baies rondes qui semblaient découpées dans le papier d'émeri que simulait le mortier noir et rugueux du mur ; où est l'entrée ?

Il la découvrit, au tournant de cette sente qui se jetait dans la rue de la Glacière. Un porche minuscule donnait accès dans la bâtisse.

Il poussa la porte, pénétra dans une grande pièce, une sorte de hangar fermé peint en jaune, au plafond plat, traversé de poutrelles de fer badigeonnées de gris, liserées de filets d'azur et ornées de becs de gaz de marchand de vins. Au fond, un autel en marbre, six cierges allumés, des fleurs en papier et des colifichets dorés, des candélabres plantés de bougies et sous le tabernacle, un tout petit Saint-Sacrement qui scintillait en réverbérant le feu des cierges.

Il faisait à peine clair, les vitres des croisées ayant été peinturlurées à cru de bandes d'indigo et de jaune serin ; on gelait, le poêle n'étant pas allumé et l'église, pavée de carreaux de cuisine, ne possédant aucun paillasson, aucun tapis.

Durtal s'emmitoufla de son mieux et s'assit. Ses yeux finirent par s'habituer à l'obscurité de cette salle ; ce qu'il apercevait devant lui était étrange ; sur des rangées de chaises, en face du chœur, des formes humaines, noyées dans des flots de mousseline blanche, étaient posées. Aucune ne bougeait.

Soudain, par une porte de côté, une religieuse, également enveloppée, de la tête aux pieds, dans un grand voile, entra. Elle longea l'autel, s'arrêta au milieu, tomba par terre, baisa le sol et, d'un effort de reins, sans même s'aider des bras, se mit debout; elle s'avança, muette, dans l'église, frôla Durtal qui discerna sous la mousseline une magnifique robe d'un blanc de crème, une croix d'ivoire pendue au cou, une cordelière et un chapelet blancs à la ceinture.

Elle alla jusqu'à la porte d'entrée et, là, monta par un petit escalier dans une tribune qui dominait l'église.

Qu'est-ce que cet ordre si somptueusement vêtu, installé dans la misérable chapelle de ce quartier, demandait-il?

Peu à peu, maintenant, la salle s'emplissait; des enfants de chœur en rouge avec des pèlerines bordées de poils de lapin allumèrent les candélabres, sortirent, ramenèrent un prêtre, habillé d'une chape d'occasion, à grandes fleurs, un prêtre maigre et jeune, qui s'assit et, d'un ton grave, chanta la première antienne des vêpres.

Et subitement, Durtal se retourna. Dans la tribune, un harmonium soutenait les répons d'inoubliables voix. Ce n'était plus la voix de la femme, mais une voix tenant de celle de l'enfant, adoucie, mondée, épointée du bout, et de celle de l'homme, mais écorcée, plus délicate et plus ténue, une voix asexuée, filtrée par les litanies, blutée par les oraisons, passée aux cribles des adorations et des pleurs.

Le prêtre, toujours assis, chanta le premier verset de l'immuable psaume « Dixit Dominus Domino meo. »

4.

Et Durtal, vit en l'air, dans la tribune, de longues statues blanches, tenant en mains des livres noirs, chantant lentement, les yeux au ciel. Une lampe éclaira l'une de ces figures qui, pendant une minute, se pencha un peu et il aperçut, sous le voile relevé, un visage attentif et dolent, très pâle.

Les vêpres alternaient maintenant leurs strophes, chantées, les unes par les religieuses, en haut, les autres, par les moniales, en bas. La chapelle était presque pleine ; un pensionnat de jeunes filles voilées de blanc emplissait un côté ; des petites bourgeoises tristement vêtues, des gosses qui jouaient avec leurs poupées, occupaient l'autre. A peine quelques femmes du peuple en sabots et pas un homme.

L'atmosphère devenait extraordinaire. Positivement le brasier des âmes tiédissait la glace de cette pièce ; ce n'étaient plus ces vêpres opulentes, telles qu'on les célèbre, le dimanche, à Saint-Sulpice, c'étaient les vêpres des pauvres, des vêpres intimes, en plain-chant de campagne, suivies par les fidèles avec une ferveur prodigieuse, dans un recueillement de silence inouï.

Durtal se crut transporté, hors barrière, au fond d'un village, dans un cloître ; il se sentait amolli, l'âme bercée par la monotone ampleur de ces chants, ne discernant plus la fin des psaumes qu'au retour de la doxologie, au « Gloria Patri et filio » qui les séparait les uns des autres.

Il eut un élan véritable, un sourd besoin de supplier l'Incompréhensible, lui aussi ; environné d'effluves, pénétré jusqu'aux moelles par ce milieu, il lui parut qu'il se dissolvait un peu, qu'il participait même de loin aux tendresses révulies de ces âmes claires. Il chercha une prière, se rappela celle que saint Paphnuce enseigna à la courtisane Thaïs, alors qu'il lui cria : « Tu n'es pas digne de nommer Dieu, tu prieras seulement ainsi : « qui plasmasti me, miserere mei », toi qui m'as créée, aie pitié de moi ». Il balbutia l'humble phrase, pria, non par amour ou par contrition, mais par dégoût de lui-même, par impuissance de s'abandonner, par regret de ne pouvoir aimer. Puis il songea à réciter le Pater, s'arrêta à cette idée que cette prière était la plus difficile de toutes à prononcer, lorsqu'on en pèse au trébuchet les phrases. N'y déclare-t-on pas, en effet, à Dieu, qu'on pardonne les offenses de son prochain ? Or, combien parmi ceux qui profèrent ces mots pardonnent aux autres ? Combien parmi les catholiques qui ne mentent point, lorsqu'ils affirment à Celui qui sait tout qu'ils sont sans haine ?

Il fut tiré de ses réflexions par le silence subit de la salle. Les vêpres étaient terminées ; l'harmonium préluda encore et toutes les voix des nonnes s'élevèrent, en bas, dans le chœur, en haut dans la tribune, chantant le vieux Noël « Il est né le divin enfant », quand un bedeau vint droit à lui, et dit : la procession va commencer ; il est d'usage que les Messieurs marchent derrière le Saint-Sacrement ; bien que vous soyez le seul homme ici, Monsieur l'abbé a pensé que vous ne refuseriez pas de suivre le cortège qu'on va former.

Ahuri par cette demande, Durtal eut un geste vague dans lequel le bedeau crut discerner une adhésion.

Mais non, se dit-il, lorsqu'il fut seul ; je ne veux pas du tout me mêler à la cérémonie ; d'abord, je n'y connais rien et je gafferais, ensuite je ne veux pas me couvrir de ridicule. Il s'apprêtait à filer sans bruit, mais il n'eut pas le temps d'exécuter son projet ; l'huissier lui apportait un cierge allumé et l'invitait à l'accompagner. Il fit alors contre fortune bon cœur et tout en se répétant : ce que je dois avoir l'air couenne ! il s'achemina derrière cet individu jusqu'à l'autel.

Là le bedeau l'arrêta et le pria de ne plus bouger. Toute la chapelle était maintenant debout ; le pensionnat de jeunes filles se divisait en deux files précédées d'une femme portant une bannière. Durtal s'avança devant le premier rang des religieuses.

Les voiles baissés devant les profanes, dans l'église même, étaient levés devant le Saint-Sacrement, devant Dieu. Durtal put examiner ces sœurs pendant une seconde ; sa désillusion fut d'abord complète. Il se les figurait pâles et graves comme la nonne qu'il avait entrevue dans la tribune et presque toutes étaient rouges, tachées de sons, et croisaient de pauvres doigts boudinés et crevés par les engelures. Elles avaient des visages gonflés et semblaient toutes commencer ou terminer une fluxion ; elles étaient évidemment des filles de la campagne ; et les novices reconnaissables à leurs robes grises, sous le voile blanc, étaient plus vulgaires encore ; elles avaient certainement travaillé dans des fermes ; et, pourtant, à les regarder ainsi tendues vers l'autel, l'indigence de leurs faces, l'horreur de leurs mains bleuies par le froid, de leurs ongles crénelés, cuits par les lessives, disparaissaient ; les yeux humbles et chastes, prompts aux larmes de l'adoration sous les longs cils, changeaient en une pieuse simplesse la grossièreté des traits. Fondues dans la prière, elles ne voyaient même pas ses regards curieux, ne soupçonnaient même point qu'un homme était là qui les épiait.

Et Durtal enviait l'admirable sagesse de ces pauvres filles qui avaient seules compris qu'il était dément de vouloir vivre. Il se disait : l'ignorance mène au même résultat que la science. Parmi les Carmélites, il est des femmes riches et jolies qui ont vécu dans le monde et l'ont quitté, convaincues à jamais du néant de ses joies et ces religieuses-ci, qui ne connaissent évidemment rien, ont eu l'intuition de cette vacuité qu'il a fallu des années d'expérience aux autres pour acquérir. Par des voies différentes, elles sont arrivées au même rond-point. Puis, quelle lucidité révèle cette entrée dans un ordre ! car enfin, si elles n'avaient pas été recueillies par le Christ, elles seraient devenues quoi, ces malheureuses ? Mariées à des pochards et martelées de coups ! Et, sans rien savoir, elles ont tout évité ; elles demeurent innocentes, loin de ces périls et loin de ces boues, soumises à une obéissance qui n'est plus ignoble, disposées par leur genre de vie même à éprouver, si elles en sont dignes, les plus puissantes allégresses que l'âme de la créature humaine puisse ressentir !

Elles restent peut-être encore des bêtes de somme, mais elles sont les bêtes de somme du bon Dieu, au moins !

Il en était là de ses réflexions quand le bedeau lui fit un signe. Le prêtre, descendu de l'autel, tenait le petit ostensoir ; la procession des jeunes filles s'ébranlait maintenant devant lui. Durtal passa devant le rang des religieuses qui ne se mêlèrent pas au cortège et, le cierge à la main, il suivit le bedeau qui portait derrière le prêtre un parasol tendu de soie blanche.

Alors, de sa voix traînante d'accordéon grandi, l'harmonium, du haut de la tribune, emplit l'église et les nonnes, debout à ses côtés, entonnèrent le vieux chant rythmé tel qu'un pas de marche « l'Adeste fideles », tandis qu'en bas les moniales et les fidèles scandaient, après chaque strophe, le doux et pressant refrain « Venite adoremus ».

La procession tourna, plusieurs fois, autour de la chapelle, dominant les têtes courbées dans la fumée des encensoirs que les enfants de chœur brandissaient, en se retournant, à chaque halte, devant le prêtre.

Eh bien mais, je ne m'en suis pas trop mal tiré, se dit Durtal, lorsqu'ils furent revenus devant l'autel. Il croyait que son rôle avait pris fin, mais, sans lui demander, cette fois, son avis, le bedeau le pria de s'agenouiller, à la barre de communion, devant l'autel.

Il se sentait, mal à l'aise, gêné de se savoir ainsi, derrière le dos, tout ce pensionnat, tout ce couvent ; puis il n'avait pas l'habitude de cette posture ; il lui sembla qu'on lui enfonçait des coins dans les jambes, qu'on le soumettait, comme au Moyen Age, à la torture. Embarrassé par son cierge qui coulait et menaçait de le cribler de taches, il remuait doucement sur place, tentant d'émousser, en glissant le bas de son paletot sous ses genoux, le coupant des marches ; mais il ne faisait, en bougeant, qu'aggraver son mal ; ses chairs refoulées s'inséraient entre les os et son épiderme froissé brûlait. Il finit par suer d'angoisse, craignant de distraire la ferveur de la communauté par une chute ; et la cérémonie s'éternisait ! à la tribune, les religieuses chantaient, mais il ne les écoutait plus et déplorait la longueur de cet office.

Enfin, le moment de la Bénédiction s'apprêta.

Alors, malgré lui, se voyant, là, si près de Dieu, Durtal oublia ses souffrances et baissa le front, honteux d'être ainsi placé, tel qu'un capitaine à la tête de sa compagnie, au premier rang de la troupe de ces vierges; et, lorsque, dans un grand silence, la sonnette tinta et que le prêtre, se retournant, fendit lentement l'air en forme de croix et bénit, avec le Saint-Sacrement, la chapelle abattue à ses pieds, Durtal demeura, le corps incliné, les yeux clos, cherchant à se dissimuler, à se faire petit, à passer inaperçu, là-haut, au milieu de cette foule pieuse.

Le psaume « Laudate Dominum omnes gentes » retentissait encore, quand le bedeau vint lui enlever son cierge. Durtal fut sur le point de jeter un cri, alors qu'il fallut se mettre debout; ses genoux engourdis craquaient et leurs charnières ne manœuvraient plus.

Il finit néanmoins par regagner, cahin-caha, sa place; il laissa s'écouler la foule, et, s'approchant du bedeau, il lui demanda le nom de ce couvent et l'ordre auquel appartenaient ces religieuses.

Ce sont des Franciscaines missionnaires de Marie, répondit cet homme, mais ce sanctuaire n'est pas leur propriété, comme vous semblez le croire; c'est une chapelle de secours qui dépend de la paroisse de Saint-Marcel de la Maison Blanche; elle est seulement reliée par un couloir à la maison que ces sœurs occupent là, derrière nous, dans la rue de l'Ebre. Elles suivent, en somme, les offices au même titre que vous, que moi, et elles tiennent, pour les enfants du quartier, école.

Elle est attendrissante cette petite chapelle, se dit Durtal, lorsqu'il fut seul. Elle est vraiment appariée à l'endroit qu'elle abrite, à la triste rivière des tanneurs qui coule, en deçà de la rue de la Glacière, dans les cours. Elle me fait l'effet d'être à Notre-Dame de Paris ce que sa voisine la Bièvre est à la Seine. Elle est le ruisselet de l'Église, la panne pieuse, la misérable banlieue du culte !

IV

ÉGLISES DE PARIS, LE SOIR

Il connaissait maintenant les attendrissantes aides des soirées pieuses.

Il visitait Saint-Sulpice, à ces heures où, sous la morne clarté des lampes, les piliers se dédoublent et couchent sur le sol de longs pans de nuit. Les chapelles qui restaient ouvertes étaient noires et devant le maître-autel, dans la nef, un seul bouquet de veilleuses s'épanouissait en l'air dans les ténèbres comme une touffe lumineuse de roses rouges.

L'on entendait, dans le silence, le bruit sourd d'une porte, le cri d'une chaise, le pas trottinant d'une femme, la marche hâtée d'un homme.

Durtal était presque isolé dans l'obscure chapelle qu'il avait choisie ; il se tenait alors si loin de tout, si loin de cette ville qui battait, à deux pas de lui, son plein. Il s'agenouillait et restait coi ; il s'apprêtait à parler et il n'avait plus rien à dire ; il se sentait emporté par un élan et rien ne sortait. Il finissait par tomber dans une langueur vague, par éprouver cette aise indolente, ce bien-être confus du corps qui se distend dans l'eau carbonatée d'un bain.

Il rêvait alors au sort de ces femmes éparses, autour de lui, çà et là, sur des chaises. Ah ! les pauvres petits châles noirs, les misérables bonnets à ruches, les tristes pèlerines et le dolent grénelis des chapelets qu'elles égouttaient dans l'ombre !

D'aucunes, en deuil, gémissaient, inconsolées encore ; d'autres, abattues, pliaient l'échine et penchaient, tout d'un côté, le cou ; d'autres priaient, les épaules secouées, la tête entre les mains.

La tâche du jour était terminée ; les excédées de la vie venaient crier grâce. Partout le malheur agenouillé ; car les riches, les bien-portants, les heureux ne prient guère ; partout, dans l'église, des femmes veuves ou vieilles, sans affection, ou des femmes abandonnées ou des femmes torturées dans leur ménage, demandant que l'existence leur soit plus clémente, que les débordements de leurs maris s'apaisent, que les vices de leurs enfants s'amendent, que la santé des êtres qu'elles aiment se raffermisse.

C'était une véritable gerbe de douleurs dont le lamentable parfum encensait la Vierge.

Très peu d'hommes venaient à ce rendez-vous caché des peines ; encore moins de jeunes gens, car ceux-là n'ont pas assez souffert ; seulement, quelques vieillards, quelques infirmes qui se traînaient, en s'appuyant sur le dos des chaises et un petit bossu que Durtal voyait arriver, tous les soirs, un déshérité qui ne pouvait être aimé que par Celle qui ne voit même pas les corps !

Et une ardente pitié soulevait Durtal, à la vue de ces malheureux qui venaient réclamer au Ciel un peu de cet amour que leur refusaient les hommes : il finissait, lui, qui ne pouvait prier pour son propre compte, par se joindre à leurs exorations, par prier pour eux !

Les églises étaient, le soir, vraiment persuasives, vraiment douces ; elles semblaient s'émouvoir avec la nuit, compatir dans leur solitude aux souffrances de ces êtres malades dont elles entendaient les plaintes.

Et le matin, leur première messe, la messe des ouvrières et des bonnes était non moins touchante ; il n'y avait là, ni bigotes, ni curieux, mais de pauvres femmes qui venaient chercher dans la communion la force de vivre leurs heures de besognes onéraires, d'exigences serviles. Elles savaient, en quittant l'église, qu'elles étaient la custode vivante d'un Dieu, que Celui qui fut sur cette terre l'invariable Indigent ne se plaisait que dans les âmes mansardées ; elles se savaient ses élues, ne doutaient pas qu'en leur confiant, sous la forme du pain, le mémorial de ses souffrances, Il exigeait, en échange, qu'elles demeurassent douloureuses et humbles. Et que pouvaient leur faire alors les soucis d'une journée écoulée dans la bonne honte des bas emplois ?

« Je comprends pourquoi l'abbé tenait tant à ce que je visse les églises à ces heures matinales ou tardives, se disait Durtal ; ce sont les seules, en effet, où les âmes s'ouvrent. »

Mais il était trop paresseux pour assister souvent à la messe de l'aube ; il se contenta donc de faire escale, après son dîner, dans les chapelles. Il en sortait même, en priant mal, même en ne priant pas, apaisé, en somme.

D'autres soirs, au contraire, il se sentait las de solitude, las de silence, las de ténèbres et alors il délaissait Saint-Sulpice et allait à Notre-Dame des Victoires.

Ce n'était plus, dans ce sanctuaire très éclairé, cet abattement, ce désespoir de pauvres hères qui se sont traînés jusqu'à l'église la plus proche et s'y sont affaissés dans l'ombre. Les pèlerins apportaient à Notre-Dame une confiance plus sûre et cette foi adoucissait leurs chagrins dont l'amertume se dissipait dans les explosions d'espoirs, dans les balbuties d'adoration, qui jaillissaient autour d'elle. Deux courants traversaient ce refuge, celui des gens qui sollicitaient des grâces et celui des gens qui, les ayant obtenues, s'épandaient en des remerciements, en des actes de gratitude. Aussi cette église avait-elle une physionomie spéciale, plus joyeuse que triste, moins mélancolique, plus ardente, en tout cas, que celle des autres églises.

V

PRISE D'HABIT CHEZ LES BÉNÉDICTINES DE LA RUE MONSIEUR. — L'ABBÉ GÉVRESIN PROPOSE A DURTAL D'ALLER DANS UNE TRAPPE

En se dirigeant, le dimanche matin, vers la rue Monsieur, Durtal se remâchait des bribes de réflexions sur les monastères. Il n'y a pas à dire, ruminait-il, dans l'immondice accumulée des temps, eux seuls sont restés propres et ils sont vraiment en relations avec le ciel et servent de truchement à la terre pour lui parler. Oui, mais encore faut-il s'entendre et spécifier qu'il s'agit seulement ici des ordres en clôture et demeurés autant que possible pauvres...

Et resongeant aux communautés de femmes, il murmura, tout en pressant le pas : voici encore un fait surprenant et qui prouve, une fois de plus, l'inégalable génie dont est douée l'Eglise ; elle est arrivée à faire vivre, côte à côte, sans qu'elles s'assassinent, des ruches de femmes qui obéissent, sans regimber, aux volontés d'une autre femme ; ça c'est inouï !

Enfin m'y voici — et Durtal qui se savait en retard se précipita dans la cour des Bénédictines, gravit, quatre à quatre, le perron de la petite église et poussa la porte. Il demeura hésitant sur le seuil, ébloui par le brasier de cette chapelle en feu. Partout des lampes étaient allumées et, au-dessus des têtes, l'autel flamboyait dans sa futaie incendiée de cierges sur le fond de laquelle se détachait, comme sur l'or d'un iconostase, la face empourprée d'un évêque blanc.

Durtal se glissa dans la foule, joua des coudes, entrevit l'abbé Gévresin qui lui faisait signe ; il le rejoignit, s'installa sur la chaise que le prêtre lui avait réservée et il examina l'abbé de la Grande Trappe, entouré de prêtres en chasubles, d'enfants de chœur habillés, les uns en rouge et les autres en bleu, suivi par un trappiste au crâne ras, cerclé d'une couronne de cheveux, tenant la crosse de bois, dans le tournant de laquelle était sculpté un petit moine.

Vêtu de la coule blanche, à longues manches avec gland d'or au capuchon, la croix abbatiale sur la poitrine, la tête coiffée d'une mitre mérovingienne de forme basse, Dom Etienne, avec sa large carrure, sa barbe grisonnante et la joie de son teint, lui fit tout d'abord l'effet d'un vieux bourguignon, cuit par le soleil dans les travaux des vignes ; il lui parut de plus, être un brave homme, mal à l'aise sous la mitre, intimidé par ces honneurs.

Un parfum âcre qui brûlait l'odorat ainsi qu'un piment brûle la bouche, le parfum de la myrrhe flottait dans l'air ; il y eut un remous de foule ; derrière la grille dont le rideau noir fut tiré, le couvent, debout, entonna l'hymne de saint Ambroise, le « Jesu corona Virginum », tandis que les cloches de l'abbaye sonnaient à toute volée ; dans la courte allée menant du parvis au chœur et bordée par une haie penchée de femmes, un crucifère et des porte-cierges entrèrent, puis, derrière eux, la novice, en costume de mariée, parut.

Elle était brune et légère, toute petite, et elle s'avançait confuse, les yeux baissés, entre sa mère et sa sœur; d'un premier coup d'œil, Durtal la jugea insignifiante, à peine jolie, vraiment quelconque; et instinctivement il chercha l'autre, gêné quand même dans ses habitudes, par cette absence de l'homme dans un mariage.

Se roidissant contre son émotion, la postulante franchit la nef, pénétra dans le chœur, s'agenouilla à gauche, sur un prie-Dieu devant un grand cierge, assistée de sa mère et de sa sœur, lui servant de paranymphes.

Dom Etienne salua l'autel, monta ses degrés, s'assit dans un fauteuil de velours rouge, installé sur la plus haute marche.

Alors, l'un des prêtres vint chercher la jeune fille et elle s'agenouilla, seule, devant le moine.

Dom Etienne gardait l'immobilité d'un Bouddha et il en eut le geste; il leva un doigt et, doucement, il dit à la novice :

— Que demandez-vous ?

Elle parla si bas qu'on l'entendit à peine :

— Mon père, me sentant pressée d'un ardent désir de me sacrifier à Dieu, en qualité de victime en union avec Notre-Seigneur Jésus-Christ immolé sur nos autels et de consommer ma vie en Adoration perpétuelle de son divin Sacrement, sous l'observance de la règle de notre glorieux Père saint Benoît, je vous demande humblement la grâce du saint habit.

— Je vous l'accorderai volontiers, si vous croyez pouvoir conformer votre vie à celle d'une victime vouée au Saint-Sacrement.

Et elle répondit d'un ton plus assuré :

— Je l'espère, appuyée sur les infinies bontés de mon Sauveur Jésus-Christ.

— Dieu vous donne, ma fille, la persévérance, dit le prélat; il se leva, fit face à l'autel, s'agenouilla, la tête découverte et commença le chant du « Veni creator » que continuèrent, derrière la natte ajourée de fer, toutes les voix des nonnes.

Puis il remit sa mitre, pria, tandis que le chant des psaumes surgissait sous les voûtes. La novice que l'on avait pendant ce temps reconduite à sa place, sur le prie-Dieu, se leva, salua l'autel, vint s'agenouiller entre ses deux paranymphes, aux pieds de l'abbé de la Trappe qui s'était rassis.

Et ses deux compagnes défirent le voile de la fiancée, ôtèrent la couronne de fleurs d'oranger, déroulèrent les torsades des cheveux, tandis qu'un prêtre étendait une serviette sur les genoux du prélat et que le diacre lui présentait sur un plat de longs ciseaux.

Alors, devant le geste de ce moine s'apprêtant, tel qu'un bourreau, à tondre la condamnée dont l'heure de l'expiation est proche, l'effrayante beauté de l'innocence s'assimilant au crime, se substituant aux conséquences de fautes qu'elle ignorait, qu'elle ne pouvait même comprendre, apparut à ce public venu par curiosité dans la chapelle, et, consterné par l'apparent déni de cette justice plus qu'humaine, il trembla lorsque l'évêque saisit à pleine main, ramena sur le front, tira à lui la chevelure.

Et ce fut comme un éclair d'acier dans une pluie noire.

L'on entendit, dans le silence de mort de l'église, le cri des ciseaux peinant dans cette toison qui fuyait sous ses lames, puis tout se tut. Dom Etienne ouvrit la main et, sur ses genoux, en de longs fils noirs, cette pluie tomba.

Il y eut un soupir de soulagement lorsque les prêtres et les paranymphes emmenèrent la mariée, étrange dans sa robe à traîne, avec sa tête déparée et sa nuque nue.

Et presque aussitôt le cortège revint. Il n'y avait plus de fiancée en jupe blanche, mais une religieuse en robe noire.

Elle s'inclina devant le trappiste et se remit à genoux, entre sa mère et sa sœur.

Alors, tandis que l'abbé priait le Seigneur de bénir sa servante, le cérémoniaire et le diacre prirent sur une crédence, près de l'autel, une corbeille où, sous des pétales effeuillés de roses, étaient pliés, une ceinture de cuir mort, symbole du terme de cette luxure que les Pères de l'Eglise logeaient dans la région des reins, un scapulaire qui allégorise la vie crucifiée au monde, un voile qui signifie la solitude de la vie cachée en Dieu ; et le prélat énonçait le sens de ces images à la novice, saisissait enfin le cierge allumé dans le flambeau placé devant elle et il le lui tendait, divulguant en un mot l'acception de cet emblème : accipe, charissima soror, lumen Christi...

Puis Dom Etienne reçut le goupillon que lui présentait, en s'inclinant, un prêtre et, ainsi qu'à l'absoute des trépassés, il dessina une croix d'eau bénite sur la jeune fille ; ensuite, il se rassit et, doucement, tranquillement, sans même faire un geste, il parla.

Il s'adressait à la postulante seule et glorifiait devant

elle l'auguste et l'humble vie des cloîtres. Ne regardez pas en arrière, dit-il, et ne regrettez rien, car, par ma voix, Jésus vous répète la promesse qu'il fit autrefois à Madeleine « votre part est la meilleure et elle ne vous sera point ôtée ». Dites-vous aussi, ma fille, qu'enlevée désormais à l'éternel enfantillage des labeurs vains, vous accomplirez, sur cette terre, une œuvre utile ; vous pratiquerez la charité dans ce qu'elle a de plus élevé, vous expierez pour les autres, vous prierez pour ceux qui ne prient point, vous aiderez, dans la mesure de vos forces, à compenser la haine que le monde porte au Sauveur.

Souffrez et vous serez heureuse ; aimez votre Époux et vous verrez combien il est faible pour ses élues ! croyez-moi, son amour est tel qu'il n'attendra même pas que vous soyez purifiée par la mort, pour vous récompenser de vos misérables mortifications, de vos pauvres peines. Il vous comblera, avant l'heure, de ses grâces et vous le supplierez de vous laisser mourir, tant l'excès de ces joies dépassera vos forces !

Et, peu à peu, le vieux moine s'échauffait, revenait sur les paroles du Christ à la Madeleine, montrait qu'à propos d'elle, Jésus avait promulgué la préexcellence des ordres contemplatifs sur les autres ordres, et il donnait brièvement des conseils, appuyait sur la nécessité de l'humilité, de la pauvreté qui sont, ainsi que l'énonce sainte Claire, les deux grands murs de la vie claustrée. Il bénit enfin la novice qui vint lui baiser la main et lorsqu'elle fut retournée à sa place, il pria, les yeux au ciel, le Seigneur d'accepter cette vierge qui s'offrait, comme hostie, pour les péchés du monde, puis il entonna debout le « Te Deum ».

Tout le monde se leva et, précédé par la croix et les cierges, le cortège sortit de l'église et se tassa dans la cour.

Alors Durtal put se croire transporté loin de Paris, rejeté tout à coup dans le fond des âges.

La cour entourée de bâtiments était barrée, en face de la porte cochère, par une haute muraille au milieu de laquelle rentrait une porte à deux vantaux ; de chaque côté, six pins maigres balayaient l'air ; des chants s'entendaient derrière le mur.

La postulante, en avant, seule, près de la porte close, tenait, tête baissée, son cierge. L'abbé de la Trappe, appuyé sur sa crosse, se tenait immobile à quelques pas d'elle.

Durtal examinait les visages ; la petite si banale en costume de mariée était devenue charmante ; maintenant le corps s'effilait en une grâce timide ; les lignes trop loquaces sous la robe mondaine s'étaient tues ; sous le suaire religieux, les contours n'étaient plus qu'une naïve ébauche ; il y avait eu comme un recul d'années, comme un retour aux formes devinées de l'enfance.

Durtal s'approcha pour la mieux observer ; il tenta de scruter cette figure, mais, dans le linceul glacé de sa coiffe, elle restait muette, semblait absente de la vie, avec ses yeux fermés, ne vivait plus que par le sourire des lèvres heureuses.

Et, vu de près, le moine, massif et rougeaud, dans la chapelle, était, lui aussi, changé ; la charpente demeurait robuste et le teint brûlait ; mais les yeux d'un bleu d'eau, jaillie de la craie, d'eau sans reflets et sans rides, les yeux incroyablement purs, changeaient la vulgaire

expression des traits, lui enlevaient cette allure vigne-
ronne qu'il avait au loin.

Il n'y a pas à dire, pensa Durtal, l'âme est tout dans ces gens-là et leurs physionomies sont modelées par elle. Il y a des clartés saintes dans ces prunelles, dans ces bouches, dans ces seules ouvertures au bord desquelles l'âme s'avance, regarde hors du corps, se montre presque.

Subitement, derrière le mur, les chants cessèrent ; la petite fit un pas, frappa avec ses doigts repliés la porte et, d'une voix qui défaillait, elle chanta :

« Aperite mihi portas Justitiæ : * Ingressa in eas, confitebor Domino.

Et la porte s'ouvrit. Une autre grande cour, sablée de cailloux de rivière apparut, limitée au fond par une bâtisse, et toute la communauté, formant une sorte de demi-cercle, des livres noirs à la main, clama :

« Hæc porta Domini : * Justi intrabunt in eam. »

La novice fit un pas encore jusqu'au seuil et elle reprit de sa voix lointaine :

« Ingrediar in locum tabernaculi admirabilis* usque ad domum Dei. »

Et le chœur impassible des moniales répondit :

« Hæc est domus Domini, firmiter ædificata : * Bene fundata est supra firmam petram. »

Durtal contemplait à la hâte ces figures qui ne pouvaient être vues que pendant quelques minutes et à l'occasion d'une cérémonie pareille. C'était une rangée de cadavres, debout, dans des suaires noirs. Toutes étaient exsangues, avaient des joues blanches, des paupières lilas et des bouches grises ; toutes avaient des voix épuisées et tréfilées par les privations et les prières, et, la plupart, se voûtaient, même les jeunes. Ah! l'austère fatigue de ces pauvres corps! se cria Durtal.

Mais il dut interrompre ses réflexions ; la mariée, maintenant agenouillée sur le seuil, se tournait vers Dom Étienne et chantait tout bas :

« Hæc requies mea in sæculum sæculi : Hic habitabo quoniam elegi eam. »

Le moine déposa sa mitre et sa crosse et dit :

« Confirma hoc, Deus, quod operatus es in nobis. »

Et la postulante murmura :

« A templo sancto tuo quod est in Jerusalem. »

Alors, avant de se recoiffer et de reprendre sa crosse, le prélat pria le Dieu tout-puissant d'infondre la rosée de sa bénédiction sur sa servante, puis désignant la jeune fille à une moniale qui se détacha du groupe des sœurs et s'avança, elle aussi, jusqu'au seuil, il lui dit :

« Nous remettons entre vos mains, Madame, cette nouvelle fiancée du Seigneur ; maintenez-la dans la sainte résolution qu'elle vient de témoigner solennellement, en demandant à se sacrifier à Dieu, en qualité de victime et à consommer sa vie en l'honneur de Notre-Seigneur Jésus-Christ, immolé sur nos autels. Conduisez-la dans la voix des divins commandements, dans la pratique des conseils du saint Evangile et dans les observances de la règle monastique. Préparez-la pour l'union éternelle à laquelle le céleste Époux la convie et, dans cet heureux accroissement du troupeau confié à vos soins, puisez un nouveau motif de sollicitude maternelle. Que la paix du Seigneur demeure avec vous ! »

Et ce fut tout ; les religieuses, une à une, se retournèrent et disparurent derrière le mur, tandis que la petite les suivait comme un pauvre chien qui accompagne, tête basse, à distance, un nouveau maître.

La porte replia ses battants.

Durtal restait abasourdi, regardait la silhouette de l'évêque blanc, le dos des prêtres qui remontaient pour célébrer le Salut dans l'église ; et derrière eux venaient, pleurant, la figure dans leur mouchoir, la mère et la sœur de la novice.

— Eh bien ? lui dit l'abbé en glissant son bras sous le sien.

— Eh bien, cette scène est, à coup sûr, le plus émouvant alibi de la mort qui se puisse voir ; cette vivante qui s'enfouit elle-même dans la plus effrayante des tombes — car dans celle-là la chair souffre encore — est admirable !

Je me rappelle ce que vous m'avez vous-même raconté sur l'étreinte de cette observance et je frémis, en songeant à l'Adoration perpétuelle, aux nuits d'hiver où une enfant, telle que celle-ci, est réveillée, au milieu de son premier sommeil, et jetée dans les ténèbres d'une chapelle où elle doit, sans s'évanouir de faiblesse et de peur, prier seule, pendant des heures glacées, à genoux sur une dalle.

Qu'est-ce qui se passe dans cet entretien avec l'inconnu, dans ce tête à tête avec l'ombre ? Parvient-elle à se quitter, à s'évader de la terre; à atteindre, sur le seuil de l'Éternité, l'inconcevable Epoux, ou bien, impuissante à prendre son élan, demeure-t-elle l'âme rivée au sol ?

Évidemment, on se la figure, la face tendue, les mains jointes, s'appelant, se concentrant au fond d'elle-même, se réunissant pour mieux s'effuser et on se l'imagine aussi malade, à bout de forces, tentant dans un corps qui grelotte de s'allumer l'âme. Mais qui sait si, certaines nuits, elle y arrive ?

Ah ! ces pauvres veilleuses aux huiles épuisées, aux flammes presque mortes qui tremblent dans l'obscurité du sanctuaire, qu'est-ce que le bon Dieu en fait ?

Enfin il y a la famille qui assistait à cette prise d'habit et si l'enfant m'enthousiasme je ne puis m'empêcher de plaindre la mère. Songez donc, si sa fille mourait, elle l'embrasserait, elle lui parlerait peut-être ; ou bien alors, si elle ne la reconnaissait plus, ce ne serait pas de son plein gré du moins ; et, ici, ce n'est plus le corps, c'est l'âme même de sa fille qui meurt devant elle. Exprès, son enfant ne la reconnaît plus ; c'est la fin méprisante d'une affection. Avouez que pour une mère c'est tout de même dur !

— Oui, mais cette soi-disant ingratitude acquise au prix de Dieu sait quelles luttes, n'est — la vocation divine mise à part — qu'une plus équitable répartition de l'amour humain. Pensez que cette élue devient le bouc émissaire des péchés commis ; ainsi qu'une lamentable Danaïde, intarissablement, elle versera l'offrande de ses mortifications et de ses prières, de ses veilles et de ses jeûnes, dans la tonne sans fond des offenses et des fautes ! Ah ! réparer les péchés du monde, si vous saviez ce que c'est ! — Tenez, je me rappelle, à ce propos, qu'un jour la prieure des Bénédictines de la rue Tournefort me disait : comme nos larmes ne sont pas assez saintes, comme nos âmes ne sont pas encore assez pures, Dieu nous éprouve dans notre corps. Il y a, ici, des maladies longues et dont on ne guérit pas, des maladies que les médecins renoncent à comprendre ; nous expions pour les autres, beaucoup ainsi.

Mais si vous recensez la cérémonie de tout à l'heure, il ne sied pas de vous attendrir devant elle outre mesure et de la comparer au spectacle connu des funérailles ; la postulante que vous avez vue n'a pas encore prononcé les vœux de sa profession ; elle peut donc, si elle le désire, se retirer du couvent et rentrer chez elle. A l'heure présente, pour la mère, elle est une fille exilée, une fille en pension, mais elle n'est pas une fille morte !

— Vous direz ce qui vous plaira, mais cette porte qui se referme sur elle est tragique !

— Aussi, chez les Bénédictines de la rue Tournefort, la scène a-t-elle lieu dans l'intérieur du couvent et sans que la famille y assiste ; la mère est épargnée, mais ainsi mitigée, cette cérémonie n'est plus qu'une étiquette banale, qu'une formule presque penaude dans ce huis-clos où la Foi se cache.

— Et elles sont également des Bénédictines de l'Adoration perpétuelle, ces nonnes-là ?

— Oui, connaissez-vous leur monastère ?

Et Durtal faisant signe que non, l'abbé reprit :

— Il est plus ancien, mais moins intéressant que celui de la rue Monsieur ; la chapelle y est mesquine, pleine de statuettes de plâtre, de fleurs en taffetas, de grappes de raisins, d'épis en papier d'or ; mais l'antique bâtisse qui abrite le cloître est curieuse. Elle tient, comment dirai-je, d'un réfectoire de pension et aussi d'un salon de maison de retraite; elle sent en même temps la vieillesse et l'enfance...

— Je connais ce genre de couvents, fit Durtal; j'en ai autrefois fréquenté un, alors que j'allais visiter, à Versailles, une vieille tante. Pour moi, il évoquait surtout l'idée d'une maison Vauquer tombée dans la dévotion, il fleurait tout à la fois la table d'hôte de la rue de la Clef et la sacristie de province.

— C'est bien cela, et l'abbé reprit, en souriant:

— J'ai eu, rue Tournefort, plusieurs entrevues avec la prieure; on la devine plutôt qu'on ne la voit, car on est séparé d'elle par une herse de bois noir derrière laquelle s'étend un rideau qu'elle ouvre.

Je la vois très bien, moi, pensa Durtal qui, se rappelant le costume des Bénédictines, aperçut, en une seconde, une petite face brouillée dans un jour neutre, puis, plus bas, sur le haut de la robe, l'éclat d'un Saint-Sacrement de vermeil, émaillé de blanc.

Il se mit à rire et dit à l'abbé:

— Je ris, parce qu'ayant eu des affaires à régler avec cette tante religieuse dont je vous ai parlé et que je ne discernais, ainsi que votre moniale, qu'au travers de la treille, j'avais découvert la façon de lire un peu dans ses pensées.

— Ah! et comment?

— Voici. Ne pouvant observer sa physionomie qui se reculait derrière le lattis de la cage et disparaissait sous son voile, ne pouvant non plus, si elle me répondait, me guider sur les inflexions de sa voix, toujours circonspecte et toujours calme, j'avais fini par ne me fier qu'à ces grandes lunettes, rondes et cerclées de buffle, que presque toutes les nonnes portent ; eh bien, la vivacité réfrénée de la femme éclatait là ; subitement, dans un coin des verres, une flammèche s'allumait ; je comprenais alors que l'œil avait pris feu et qu'il démentait l'indifférence de la voix, la quiétude voulue du ton.

L'abbé se mit, à son tour, à rire.

— Et la supérieure qui dirige les Bénédictines de la rue Monsieur, vous la connaissez ? reprit Durtal.

— J'ai causé avec elle, une fois ou deux ; là, le parloir est monastique ; il n'a point le côté provincial et bourgeois de la rue Tournefort ; il se compose d'une loge sombre occupée dans toute sa largeur, au fond, par une grille enchevêtrée de fer ; derrière cette grille se dressent encore des barreaux de bois et un volet peint en noir. L'on est en pleine nuit et la prieure, à peine éclairée, vous apparaît, telle qu'un fantôme...

— La prieure est cette religieuse, âgée, toute frêle, toute petite, à laquelle Dom Etienne a remis la novice ?

— Oui, elle est une remarquable bergère d'âmes et, qui plus est, une femme fort instruite et d'une distinction de manières rare.

— Oh ! pensa Durtal, je me figure bien qu'elles sont d'exquises mais aussi de terribles femmes ces gouvernantes ! sainte Térèse était la bonté même, mais lorsque, dans son « Chemin de la Perfection », elle parle des nonnes qui se liguent pour discuter les volontés de leur Mère, elle se décèle inexorable, car elle déclare qu'il faut leur infliger la prison perpétuelle et le plus tôt qu'il se peut et sans faiblir : et, au fond, elle a raison, car toute sœur discole pourrirait le troupeau, donnerait la clavelée aux âmes !

Ils étaient arrivés, en causant, au bout de la rue de Sèvres ; l'abbé s'arrêta pour reposer ses jambes.

— Ah ! fit-il, comme se parlant à lui-même, si je n'avais pas eu, pendant toute mon existence, de si lourdes charges, d'abord un frère puis des neveux à soutenir, j'eusse fait, depuis bien des années, partie de la famille de saint Benoît. J'ai toujours eu l'attirance de ce grand ordre qui est l'ordre intellectuel de l'Église, en somme. Aussi, quand j'étais plus valide et plus jeune, était-ce dans l'un de ses monastères que j'allais faire mes retraites, tantôt chez les moines noirs de Solesmes ou de Ligugé qui ont conservé les savantes traditions de saint Maur, tantôt chez les Cisterciens, chez les moines blancs de la Trappe.

— C'est vrai, fit Durtal, la Trappe est une des grandes branches de l'arbre de saint Benoît ; mais pourtant est-ce que ses ordonnances ne diffèrent pas de celles que laissa le Patriarche ?

— C'est-à-dire que les Trappistes interprètent la règle de saint Benoît qui est très souple et très large, moins dans son esprit que dans sa lettre, tandis que les Bénédictins font le contraire.

En somme la Trappe est un rejeton de Cîteaux et elle est bien plus la fille de saint Bernard qui fut pendant quarante ans la sève même de cette tige, que la descendante de saint Benoît.

— Mais, autant que je puis me le rappeler, les Trappes sont elles-mêmes divisées et ne vivent point sous une discipline uniforme.

— Si maintenant ; depuis qu'un bref pontifical daté du 17 mars 1893 a sanctionné les décisions du chapitre général des Trappistes réunis à Rome et édicté la fusion en un seul ordre et sous la direction d'un seul supérieur, des trois observances de Trappes qui étaient, en effet, régies par des constitutions en désaccord.

Et voyant que Durtal l'écoutait, attentif, l'abbé poursuivit :

— Parmi ces trois observances, une seule, celle des Trappistes Cisterciens, à laquelle appartenait l'abbaye dont j'étais l'hôte, suivait intégralement les prescriptions du xii° siècle, menait l'existence monastique du temps de saint Bernard. Celle-là ne reconnaissait que la règle de saint Benoît, prise dans son acception la plus stricte et complétée par la Charte de Charité et les us et coutumes de Cîteaux ; les deux autres avaient adopté la même règle, mais révisée et modifiée au xvii° siècle, par l'abbé de Rancé ; et encore, l'une d'elles, la congrégation de Belgique, avait-elle dénaturé les statuts imposés par cet abbé.

Aujourd'hui, toutes les Trappes ne forment plus, je viens de vous le dire, qu'un seul et même institut placé sous le vocable « d'ordre des Cisterciens réformés de la Bienheureuse Vierge Marie de la Trappe » ; et toutes reprennent les règlements de Cîteaux et revivent la vie des cénobites au Moyen Age.

— Mais si vous avez fréquenté ces ascétères, dit Durtal, vous devez alors connaître Dom Etienne ?

— Non, je n'ai jamais séjourné à la Grande Trappe ; j'ai préféré les pauvres et les petits couvents où l'on est mêlé avec les moines, aux imposants monastères qui vous isolent dans une hôtellerie et vous tiennent à l'écart, en somme.

Tenez, il en est une, celle où je m'enfermais, Notre-Dame de l'Atre, une petite Trappe à quelques lieues de Paris, qui est bien le plus séduisant des refuges. Outre que vraiment le Seigneur y réside, car elle a parmi ses enfants de véritables saints, elle est encore charmante avec ses étangs, ses arbres séculaires, sa lointaine solitude, au fond des bois.

— Oui mais, fit observer Durtal, l'existence doit y être quand même implacable, car la Trappe est l'ordre le plus rigide qui ait été imposé aux hommes.

Pour toute réponse l'abbé lâcha le bras de Durtal et lui prit les mains.

— Savez-vous, lui dit-il, en le regardant bien en face, savez-vous, c'est là que vous devriez aller pour vous convertir.

— Parlez-vous sérieusement, monsieur l'abbé?

Et comme le prêtre lui serrait les mains plus fort, Durtal s'écria :

— Ah! non, par exemple; d'abord, je n'ai pas la robustesse d'âme et j'ai encore moins, s'il est possible, la santé corporelle qu'exigerait un tel régime ; je tomberais malade en arrivant et puis..... et puis.....

— Et puis quoi? je ne vous propose pas de vous interner à jamais dans un cloître.....

— J'aime à le croire, fit Durtal, d'un ton presque piqué.

— Mais bien d'y rester une huitaine, juste le temps nécessaire pour vous y curer. Or huit jours sont bien vite passés ; ensuite, croyez-vous donc que si vous preniez une semblable résolution, Dieu ne vous soutiendrait point.

— C'est joli à dire, mais...

— Parlons hygiène, alors... — Et l'abbé eut un sourire de pitié un peu méprisante. — Je puis vous attester tout d'abord que vous ne serez pas tenu, en votre qualité de retraitant, de mener la vie du trappiste, dans ce qu'elle a de plus austère. Vous pourrez ne pas vous lever à deux heures du matin pour suivre l'office de Matines, mais bien à trois ou même à quatre heures, selon les jours.

Et souriant devant la grimace de Durtal, l'abbé poursuivit : — quant à votre nourriture, elle sera meilleure que celle des moines ; vous n'aurez naturellement ni poisson, ni viande, mais l'on vous accordera certainement un œuf par repas si les légumes ne vous suffisent point.

— Et les légumes sont cuits à l'eau et au sel, sans assaisonnement...

— Mais non, ils ne sont accommodés au sel et à l'eau que dans les temps de jeûne ; les autres jours vous les aurez cuits dans du lait coupé d'eau ou d'huile.

— Merci bien, s'écria Durtal.

— Mais tout cela est excellent pour la santé, continua le prêtre ; vous vous plaignez de gastralgies, de migraines, de maux d'entrailles ! eh bien, ce régime-là, à la campagne, au plein air, vous guérira mieux que les drogues qu'on vous fait prendre.

Puis laissons, si vous le voulez bien, de côté, votre corps, car, en pareil cas, c'est à Dieu qu'il appartient de réagir contre ses défaillances ; je vous le dis, vous ne serez pas malade à la Trappe, car ce serait absurde ; ce serait le renvoi du pécheur pénitent et Jésus ne serait plus le Christ alors ! — mais parlons de votre âme.— Ayez donc le courage de la toiser, de la regarder bien en face ; la voyez-vous ? reprit l'abbé, après un silence.

Durtal ne répondit pas.

— Avouez donc, s'écria le prêtre, qu'elle vous fait horreur !

Ils firent quelques pas dans la rue et l'abbé reprit :

— Vous affirmiez être soutenu par les foules de Notre-Dame des Victoires et les effluves de Saint-Séverin. Que sera-ce donc alors, dans l'humble chapelle où vous serez pêle-mêle, par terre, avec des saints ? je vous garantis, au nom du Seigneur, une aide telle que jamais vous n'en eûtes et — poursuivit-il, en riant — j'ajoute que l'Eglise se fera belle pour vous recevoir ; elle sortira ses parures maintenant omises : les authentiques liturgies du Moyen Age, le véritable plain-chant, sans solos, ni orgues.

— Ecoutez, vos propositions m'ahurissent, fit péniblement Durtal. Non, je vous assure, je ne suis pas du tout disposé à m'emprisonner dans un lieu pareil. Je sais bien qu'à Paris, je n'arriverai à rien ; je ne suis ni fier de ma vie, ni content de mon âme, je vous le jure, mais de là... à... ou alors, je ne sais pas, moi ; il me faudrait au moins un asile mitigé, un couvent doux. Il doit pourtant y avoir, dans ces conditions, des lazarets d'âmes ?

— Non, mais à la Trappe, vous serez sans nul doute le seul retraitant et il ne viendra à l'idée de personne de s'occuper de vous ; vous serez libre ; vous pourrez, si vous le voulez, partir de ce monastère tel que vous y serez entré, sans vous être confessé, sans vous être approché des Sacrements ; votre volonté y sera respectée et aucun moine ne tentera, sans votre autorisation, de la sonder. C'est à vous seul qu'il appartiendra de décider si, oui ou non, vous voulez vous convertir...

Et je serai franc jusqu'au bout, n'est-ce pas? vous êtes, je vous l'ai déjà déclaré du reste, un homme sensitif et méfiant; eh bien, le prêtre, tel qu'il se présente à Paris, le religieux même non cloîtré vous semblent... comment m'exprimerai-je? des âmes subalternes... pour ne pas dire plus...

Durtal protesta vaguement, d'un geste.

— Permettez moi de poursuivre. Une arrière-pensée vous viendrait sur l'ecclésiastique auquel écherrait le soin de vous laver; vous seriez trop sûr qu'il n'est pas un saint — c'est peu théologique, car fût-il le dernier des prêtres que son absolution n'en serait pas moins valable, si vous la méritiez — mais enfin, il y a là une question de sentiment que je respecte — vous penseriez de lui, en somme : il vit ainsi que moi, il ne se prive pas plus que moi, rien ne me prouve que sa conscience soit bien supérieure à la mienne; et, de là, à perdre toute confiance et à tout quitter, il n'y a qu'un pas. A la Trappe, je vous défie bien de raisonner ainsi, de ne point devenir humble. Quand vous verrez des hommes qui, après avoir tout abandonné, pour servir Dieu, mènent une vie de privations et de pénitence telle qu'aucun gouvernement n'oserait l'infliger à ses forçats, vous serez bien obligé de vous avouer que vous n'êtes pas grand'chose à côté d'eux!

Durtal se taisait. Après la stupeur qu'il avait éprouvée à s'entendre proposer une issue pareille, il s'était sourdement irrité contre cet ami qui, si discret jusqu'alors, s'était subitement rué sur son être et l'avait violemment ouvert. Il en avait sorti la dégoûtante vision d'une existence dépareillée, usée, réduite à l'état de poussier, à l'état de loque! — Et Durtal se reculait de lui-même, convenait que l'abbé avait raison, qu'il fallait pourtant bien étancher le pus de ses sens et expier leurs appétits inexigibles, leurs convoitises abominables, leurs goûts cariés; et il était pris alors d'une peur irraisonnée, intense. Il avait le vertige du cloître, la transe attirante de cet abîme sur lequel Gévresin le faisait pencher.

Enervé par cette cérémonie d'une prise de vêture, étourdi par le coup que lui avait, en sortant, asséné le prêtre, il ressentait maintenant une angoisse presque physique dans laquelle tout finissait par se confondre. Il ne savait plus à quelles réflexions entendre, ne voyait surnager, dans ce remous d'idées troubles, qu'une pensée nette : que le moment tant redouté de prendre une résolution était venu.

L'abbé le regarda, s'aperçut qu'il souffrait réellement et sa pitié s'accrut pour cette âme si malhabile à supporter les luttes.

Il saisit le bras de Durtal et doucement dit :

— Mon enfant, croyez-moi, le jour où vous irez de vous-même chez Dieu, le jour où vous frapperez à sa porte, elle s'ouvrira à deux battants et les anges s'effaceront pour vous laisser passer. L'Evangile ne ment pas, allez, lorsqu'il affirme qu'il y a plus de joie dans le ciel pour un seul pécheur qui se repent que pour quatre-vingt-dix-neuf justes qui n'ont que faire de pénitence. Vous serez d'autant mieux accueilli qu'on vous attend ; enfin, soyez assez mon ami pour penser que le vieux prêtre que vous laisserez ici, ne demeurera pas inactif et que lui et que les couvents dont il dispose prieront de leur mieux pour vous.

— Je verrai, répondit Durtal, vraiment ému par l'accent attendri de l'abbé, je verrai... je ne puis me décider ainsi, à l'improviste, je réfléchirai... Ah ! ce n'est pas simple !

— Priez surtout, fit le prêtre qui était arrivé devant sa porte. J'ai de mon côté, beaucoup supplié le Seigneur pour qu'il m'éclaire et je vous atteste que cette solution de la Trappe est la seule qu'Il m'ait donnée. Implorez-le humblement, à votre tour et vous serez guidé. A bientôt, n'est-ce pas ?

Et il serra la main de Durtal qui, demeuré seul, finit par se reprendre. Alors, il se rappela les sourires stratégiques, les phrases ambiguës, les silences songeurs de l'abbé Gévresin ; il comprit la mansuétude de ses conseils, la patience de ses ménagements et, un peu dépité quand même d'avoir été, sans le vouloir, si savamment géré, il s'exclama, tout en maugréant : voilà donc le dessein que mûrissait, avec son air de ne pas y toucher, ce prêtre !

VI

LA TRAPPE DE NOTRE-DAME DE L'ATRE. — ARRIVÉE DE DURTAL.
— DINER. — LE SALVE REGINA.

Durtal se réveilla, gai, alerte, s'étonna de ne
point s'entendre gémir, alors que le moment
de partir pour la Trappe était venu ; il était
incroyablement rassuré. Il tenta de se recueillir et de
prier, mais il se sentit plus dispersé, plus nomade encore
que d'habitude ; il demeurait indifférent et inému. Surpris de ce résultat, il voulut s'ausculter et palpa le vide ;
tout ce qu'il put constater, c'est qu'il se détendait ce
matin-là, dans une de ces subites dispositions où l'homme
redevient enfant, incapable d'attention, dans un de ces
moments où l'envers des choses disparaît, où tout amuse.

Il s'habilla à la hâte, monta dans une voiture, descendit
en avance à la gare ; là, il fut pris d'un accès de vanité
vraiment puérile. En regardant ces gens qui parcouraient
les salles, qui piétinaient devant des guichets ou accompagnaient, résignés, des bagages, il ne fut pas éloigné de
s'admirer. Si ces voyageurs qui ne s'intéressent qu'à

leurs plaisirs ou à leurs affaires se doutaient où, moi, je vais ! pensa-t-il.

Puis il se reprocha la stupidité de ces réflexions et, une fois installé dans son compartiment, il alluma une cigarette, inspecta le site par la portière du wagon ; le train dévalait dans des campagnes au-devant desquelles dansaient, dans des bouffées de fumée, des fils de télégraphes ; le paysage était plat, sans intérêt. Durtal se renfrogna dans son coin.

L'arrivée dans le couvent m'inquiète, murmura-t-il ; puisqu'il n'y a pas à proférer d'inutiles paroles, je me bornerai à présenter au père hôtelier ma lettre d'introduction ; ah ! et puis ça s'arrangera tout seul !

Il se sentait, en somme, une placidité parfaite, s'étonnait de n'éprouver aucune soûleur, aucune crainte, d'être même presque rempli d'entrain ; — allons, mon brave prêtre avait raison de me soutenir que je me forgeais des monstres d'avance... et il resongea à l'abbé Gévresin, fut surpris, depuis qu'il le fréquentait, de ne rien savoir sur ses antécédents, de n'être pas plus entré dans son intimité qu'au premier jour ; au fait, il n'aurait tenu qu'à moi de l'interroger discrètement, mais l'idée ne m'en est jamais venue ; il est vrai que notre liaison s'est exclusivement confinée dans des questions de religion et d'art ; cette perpétuelle réserve ne crée pas des amitiés bien vibrantes, mais elle institue une sorte de jansénisme de l'affection qui n'est pas sans charme.

Dans tous les cas, cet ecclésiastique est un saint homme ; il n'a même rien de l'allure réservée des autres prêtres. Sauf certains de ses gestes, sa façon de se couler le bras dans la ceinture, de se fourrer les mains dans les manches, de marcher volontiers à reculons quand on cause, sauf son innocente manie d'entrelarder de latin ses phrases, il ne rappelle, ni l'attitude, ni le parler de ses confrères. Il adore la mystique et le plainchant; il est exceptionnel; aussi, comme il me fut, là-haut, soigneusement choisi !

— Ah ça, mais ! voyons, nous devons aborder, soupira-t-il, en consultant sa montre, je commence à avoir faim ; allons, cela va bien, dans un quart d'heure nous serons à Saint-Landry.

Il tapota les vitres du wagon, regarda courir les champs et s'envoler les bois, fuma des cigarettes, ôta sa valise des filets, atteignit enfin la station et descendit.

Sur la place même où s'élevait la minuscule gare, il reconnut l'auberge que lui avait indiquée l'abbé. Il aborda dans une cuisine une bonne femme qui lui dit : c'est bien, Monsieur, asseyez-vous, on attellera pendant le repas.

Et il se reput d'incomestibles choses, se vit apporter une tête de veau oubliée dans un baquet, des côtelettes mortifiées, des légumes noircis par le jus des poêles. Dans les dispositions où il était, il s'amusa de ce déjeuner infâme, se rabattit sur un petit vin qui limait la gorge, but, résigné, un café qui déposait de la terre de bruyère, au fond des tasses.

Puis, il escalada un tape-cul que conduisait un jeune homme et, ventre à terre, le cheval fila à travers le village et s'engagea dans la campagne.

Chemin faisant, il demanda au conducteur quelques renseignements sur la Trappe ; mais ce paysan ne savait rien ; — j'y vais souvent, fit-il, mais je n'entre pas ; la carriole reste à la porte ; alors, vous comprenez, je ne saurais pas vous raconter...

Ils galopèrent, pendant une heure, sur les routes ; puis le paysan salua du fouet un cantonnier et s'adressant à Durtal :

— On dit que les fourmis leur mangent le ventre.

Et comme Durtal réclamait des explications.

— Bé oui, c'est des faignants ; ils sont toujours couchés, l'été, le ventre à l'ombre.

Et il se tut.

Durtal ne pensait plus à rien ; il digérait, en fumant, abasourdi par le roulis de la voiture.

Au bout d'une autre heure, ils débouchèrent en plein bois.

— Nous approchons ?

— Oh, pas encore !

— On l'aperçoit de loin la Trappe ?

— Que non ! — il faut avoir le nez dessus pour qu'on la voie ; elle est dans un bas-fond, au sortir d'une allée, tenez, on dirait celle-là, fit le paysan, en montrant un chemin touffu qu'ils allaient prendre.

Et, en v'là un qui en vient, fit-il, en désignant une espèce de vagabond qui coupait, à travers les taillis, à grands pas.

Et il exposa à Durtal que tout mendiant avait le droit de manger et même de coucher à la Trappe ; on lui servait l'ordinaire de la communauté dans une pièce à côté de la loge du frère concierge, mais il ne pénétrait pas dans le couvent.

Et Durtal le questionnant sur l'opinion des villages environnants au sujet des moines, le paysan eut sans doute peur de se compromettre car il répondit :

— Il y en a qui n'en disent rien.

Durtal commençait à s'ennuyer, quand, enfin, au détour d'une allée, il aperçut une immense bâtisse, au-dessous de lui.

— La v'là, la Trappe ! fit le paysan qui prépara ses freins pour la descente.

De la hauteur où il était, Durtal plongeait par dessus les toits, considérait un grand jardin, des bois et devant eux une formidable croix sur laquelle se tordait un Christ.

Puis la vision disparut, la voiture reprenait à travers les taillis, descendait par des chemins en lacets dont les feuillages interceptaient la vue.

Ils aboutirent enfin, après de lents circuits, à un carrefour au bout duquel se dressait une muraille percée d'une large porte. La carriole s'arrêta.

— Vous n'avez qu'à sonner, dit le paysan qui indiqua à Durtal une chaîne de fer pendant le long du mur ; et il ajouta :

— Faudra-t-il que je revienne vous chercher demain ?
— Non.
— Alors vous restez ? — et le paysan le regarda stupéfié et il tourna bride et remonta la côte.

Durtal demeurait anéanti, la valise à ses pieds, devant cette porte ; le cœur lui battait à grands coups ; toute son assurance, tout son entrain s'effondraient ; il balbutiait : qu'est-ce qui va m'arriver là-dedans ?

En un galop de panique, passait devant lui la terrible vie des Trappes : le corps mal nourri, exténué de sommeil, prosterné pendant des heures sur les dalles ; l'âme, tremblante, pressée à pleines mains, menée militairement, sondée, fouillée jusque dans ses moindres replis ; et, planant sur cette déroute de son existence échouée, ainsi qu'une épave, le long de cette farouche berge, le mutisme de la prison, le silence affreux des tombes !

Mon Dieu, mon Dieu, ayez pitié de moi, dit-il en s'essuyant le front.

Machinalement, il jetait un coup d'œil autour de lui, comme s'il attendait une assistance ; les routes étaient désertes et les bois vides ; l'on n'entendait aucun bruit, ni dans la campagne, ni dans la Trappe.

Il faut pourtant que je me décide à sonner ; — et, les jambes cassées, il tira la chaîne.

Un son de cloche, lourd, rouillé, presque bougon, retentit de l'autre côté du mur.

Tenons-nous, ne soyons pas ridicule, murmurait-il, en écoutant la claquette d'une paire de sabots derrière la porte.

Celle-ci s'ouvrit et un très vieux moine, vêtu de la bure brune des capucins, l'interrogea du regard.

— Je viens pour une retraite et je voudrais voir le Père Étienne.

Le moine s'inclina, empoigna la valise et fit signe à Durtal de le suivre.

Il allait, courbé, à petits pas, au travers d'un verger. Ils atteignirent une grille, se dirigèrent sur la droite d'un vaste bâtiment, d'une espèce de château délabré, flanqué de deux ailes en avance sur une cour.

Le frère entra dans l'aile qui touchait à la grille. Durtal enfila après lui un corridor percé de portes peintes en gris ; sur l'une d'elles, il lut ce mot : « Auditoire ».

Le trappiste s'arrêta devant, souleva un loquet de bois,

installa Durtal dans une pièce et l'on entendit, au bout de quelques minutes, des appels répétés de cloche.

Durtal s'assit, inspecta ce cabinet très sombre, car la fenêtre était à moitié bouchée par des volets. Il y avait pour tout mobilier : au milieu, une table de salle à manger couverte d'un vieux tapis ; dans un coin un prie-Dieu au-dessus duquel était clouée une image de saint Antoine de Padoue, berçant l'enfant Jésus dans ses bras ; un grand Christ pendait sur un autre mur ; çà et là, étaient rangés deux fauteuils voltaire et quatre chaises.

Durtal ôta de son portefeuille la lettre d'introduction destinée au père. Quel accueil va-t-il me faire ? se demandait-il ; celui-là peut parler, au moins ; enfin, nous allons voir, reprit-il, en écoutant des pas.

Et un moine blanc, avec un scapulaire noir dont les pans tombaient, l'un sur les épaules, l'autre sur la poitrine, parut ; il était jeune et souriait.

Il lut la lettre, puis il prit la main de Durtal, étonné, l'emmena silencieux au travers de la cour jusqu'à l'autre aile du bâtiment, poussa une porte, trempa son doigt dans un bénitier et le lui présenta.

Ils étaient dans une chapelle. Le moine invita d'un signe Durtal à s'agenouiller, sur une marche, devant l'autel et il pria à voix basse ; puis il se releva, retourna lentement jusqu'au seuil, offrit encore à Durtal l'eau bénite et, toujours sans desserrer les lèvres et le tenant par la main, il le ramena d'où ils étaient venus, à l'auditoire.

Là, il s'enquit de la santé de l'abbé Gévresin, saisit la valise et ils montèrent dans un immense escalier menaçant ruine. En haut de cet escalier qui n'avait qu'un étage, s'étendait, troué d'une large fenêtre au centre, un vaste palier, borné, à chacune de ses extrémités, par une porte.

Le P. Étienne pénétra dans celle de droite, franchit un spacieux vestibule, introduisit Durtal dans une chambre qu'une étiquette, imprimée en gros caractère, plaçait sous le vocable de saint Benoît, et dit :

— Je suis confus, Monsieur, de ne pouvoir mettre à votre disposition que ce logement peu confortable.

— Mais il est très bien, s'écria Durtal. — Et la vue est charmante, reprit-il, en s'approchant de la fenêtre.

— Vous serez au moins en bon air, dit le moine, qui ouvrit la croisée.

Au-dessous s'étalait ce verger que Durtal avait traversé, sous la conduite du frère concierge, un clos plein de pommiers rabougris et perclus, argentés par des lichens et dorés par des mousses ; puis au dehors du monastère, par dessus les murs, grimpaient des champs de luzerne coupés par une grande route blanche qui disparaissait à l'horizon dentelé par des feuillages d'arbres.

— Voyez, Monsieur, reprit le P. Étienne, ce qui vous manque dans cette cellule et dites-le-moi bien simplement, n'est-ce pas ? car autrement, vous nous réserveriez à tous deux des regrets, à vous qui n'auriez pas osé réclamer ce qui vous était utile, à moi qui m'en apercevrais plus tard et serais peiné de mon oubli.

Durtal le regardait, rassuré par ces allures franches ; c'était un jeune père, d'une trentaine d'années environ. La figure vive, fine, était striée de fibrilles roses sur les joues ; ce moine portait toute sa barbe et autour de la tête rasée courait un cercle de cheveux bruns. Il parlait un peu vite, souriait, les mains passées dans la large ceinture de cuir qui lui ceignait les reins.

— Je reviendrai tout à l'heure, car j'ai un travail pressé à finir, dit-il; d'ici là, tâchez de vous installer le mieux possible; si vous en avez le temps, jetez aussi un coup d'œil sur la règle que vous aurez à suivre dans ce monastère... elle est inscrite sur l'une de ces pancartes... là, sur la table; nous en causerons, après que vous en aurez pris connaissance, si vous le voulez bien.

Et il laissa Durtal seul.

Celui-ci fit aussitôt l'inventaire de la pièce. Elle était très haute de plafond, très peu large, avait la forme d'un canon de fusil, et l'entrée, était à l'un de ses bouts et la fenêtre à l'autre.

Au fond, dans un coin, près de la croisée, était un petit lit de fer et une table de nuit ronde, en noyer. Au pied du lit couché le long de la muraille, il y avait un prie-Dieu en reps fané, surmonté d'une croix et d'une branche de sapin sec; en descendant, toujours le long de la même paroi, il trouva une table de bois blanc recouverte d'une serviette, sur laquelle étaient placés un pot à l'eau, une cuvette et un verre.

La cloison opposée à ce mur était occupée par une armoire, puis par une cheminée sur le panneau de laquelle était plaqué un crucifix, enfin par une table plantée vis-à-vis du lit alors, près de la fenêtre; trois chaises de paille complétaient l'ameublement de cette chambre.

— Jamais je n'aurai assez d'eau pour me laver, se dit Durtal, en jaugeant le minuscule pot à l'eau qui mesurait bien la valeur d'une chopine; puisque le P. Étienne se montre si obligeant, je vais lui demander une ration plus lourde.

Il vida sa valise, se déshabilla, substitua à sa chemise empesée une chemise de flanelle, aligna ses outils de toilette sur le lavabo, plia son linge dans l'armoire ; puis il s'assit, embrassa la cellule d'un regard et la jugea suffisamment confortable et surtout très propre.

Il alla ensuite vers la table sur laquelle étaient distribués une rame de papier écolier, un encrier et des plumes, fut reconnaissant de cette attention au moine qui savait sans doute, par la lettre de l'abbé Gévresin, qu'il faisait métier d'écrire, ouvrit deux volumes reliés en basane et les referma ; l'un était « l'Introduction à la vie dévote » de saint François de Sales, l'autre était intitulé « Manrèse » ou « les Exercices spirituels » d'Ignace de Loyola et il rangea ses livres à lui, sur la table.

Puis il prit, au hasard, une des pancartes imprimées qui traînait sur cette table et il lut :

EXERCICES DE LA COMMUNAUTÉ POUR LES JOURS ORDINAIRES — DE PAQUES A LA CROIX DE SEPTEMBRE.

Lever à 2 heures,
Prime et messe à 5 heures 1/4,
Travail après le chapitre,
Fin du travail à 9 heures et intervalle,
Sexte à 11 heures,
Angelus et le dîner à 11 heures 1/2,
Méridienne après le dîner,
Fin de la Méridienne à 1 heure 1/2,
None et travail, 5 minutes après le réveil,
Fin du travail à 4 heures et 1/2 et intervalle.

Vêpres suivies de l'oraison à 5 heures 1/4,
Souper à 6 heures et intervalle,
Complies à 7 heures 25 minutes,
Retraite à 8 heures.

Il retourna cette pancarte ; elle contenait, sur une autre face, un nouvel horaire, intitulé :

EXERCICES D'HIVER — DE LA CROIX DE SEPTEMBRE A PAQUES.

Le lever était le même, mais le coucher était avancé d'une heure ; le dîner était reporté de 11 heures 1/2 vers 2 heures ; la méridienne et le souper de 6 heures supprimés : les heures canoniales reculées, sauf les Vêpres et les Complies qui passaient de 5 heures 1/4 et de 7 heures 25 à 4 heures 1/2 et à 6 heures 1/4.

Ce n'est pas réjouissant de se tirer du lit en pleine nuit, soupira Durtal, mais j'aime à croire que les retraitants ne sont pas soumis à ce régime d'alerte et il saisit une autre pancarte. Celle-ci doit m'être destinée, fit-il, en parcourant l'en-tête de ce carton :

RÈGLEMENT DES RETRAITES DE PAQUES A LA CROIX DE SEPTEMBRE.

Voyons-la de près cette ordonnance.
Et il examina ses deux tableaux réunis, celui du matin et celui du soir :

MATIN		SOIR	
heures		heures	
4	Lever au son de l'Angelus.	1 1/2	Fin du repos, chapelet.
4 1/2	Prière et méditation.	2	Vêpres et Complies.
5 1/4	Prime, messe,	3	3ᵉ méditation.
6 à 7	Examen.	3 1/4	Lecture spirituelle.
7	Déjeuner (on ne s'attend pas).	4 1/4	Matines et Laudes.
7 1/2	Chemin de la Croix.	5 1/4	Réflexions, Vêpres du chœur.
8	Sexte et none.	5 1/2	Examen et oraison.
8 1/2	2ᵉ méditation.	6	Souper et récréation.
9	Lecture spirituelle.	7	Litanies, grand silence.
11	Adoration et examen, tierce.	7 1/4	Assister à Complies.
11 1/2	Angelus, dîner, récréation.	7 1/2	Chant du Salve Regina, Angelus.
12 1/4	Méridienne, grand silence.	7 3/4	Examen particulier, retraite.

C'est au moins plus pratique — 4 heures du matin, c'est une heure presque possible! mais je n'y comprends rien — les heures canoniales ne concordent pas sur ce tableau avec celles des moines et puis pourquoi ces Vêpres et ces Complies doublées ? — Enfin ces petites cases où l'on vous incite à méditer pendant tant de minutes, à lire pendant tant d'autres, ne me vont guère! je n'ai pas l'esprit suffisamment malléable pour le couler dans ces gaufriers! — Il est vrai qu'après tout, je suis libre de faire ce que je veux, car personne ne peut vérifier ce qui se manigance en moi, savoir, par exemple, si je médite...

Tiens, il y a encore un règlement derrière, poursuivit-il, en renversant le carton : c'est le règlement de Septembre, je n'ai pas à m'en inquiéter ; il diffère, du reste, peu de l'autre ; mais voici un post-scriptum qui concerne les deux horaires.

Nota :

1° Ceux qui ne sont pas tenus au Bréviaire diront le Petit Office de la Sainte Vierge.

2° MM. les Retraitants sont invités à faire leur confession dès les premiers jours, afin d'avoir l'esprit plus libre dans les méditations.

3° Après chaque méditation, il faut lire un chapitre de l'Imitation analogue.

4° Le temps propice pour les confessions et le chemin de croix est de 6 heures à 9 heures du matin, — 2 heures à 5 heures du soir, en été, et de 9 heures du matin à 2 heures du soir ;

5° Lire le tableau des avertissements ;

6° Il est bon d'être exact aux heures des repas, pour ne pas faire attendre ;

7° Le P. hôtelier est seul chargé de pourvoir aux besoins de MM. les hôtes ;

8° On peut demander des livres de retraite, si l'on n'en a pas.

La confession ! il ne voyait plus que ce mot dans cette série d'articles. Il allait pourtant falloir y recourir ! et il se sentit froid dans le dos ; je vais en parler au P. Etienne quand il viendra, se dit-il.

Il n'eut pas longtemps à se débattre avec lui-même, car presque aussitôt le moine entra et lui dit :

— Avez-vous remarqué quelque chose qui vous manque et dont la présence vous serait utile ?

— Non, mon père ; pourtant si vous pouviez m'obtenir un peu plus d'eau...

— Rien n'est plus simple ; je vous en ferai monter, tous les matins, une grande cruche.

— Je vous remercie... voyons, je viens d'étudier le règlement...

— Je vais vous mettre tout de suite à votre aise, fit le moine. Vous n'êtes astreint qu'à la plus stricte exactitude ; vous devez pratiquer les offices canoniaux, à la lettre. Quant aux exercices marqués sur la pancarte, ils ne sont pas obligatoires ; tels qu'ils sont organisés, ils peuvent être utiles à des gens très jeunes ou dénués de toute initiative, mais ils gêneraient, à mon sens du moins, plutôt les autres ; d'ailleurs, en thèse générale, nous ne nous occupons pas, ici, des retraitants — nous laissons agir la solitude — c'est à vous qu'il appartient de vous discerner et de distinguer le meilleur mode pour employer saintement votre temps. Donc, je ne vous imposerai aucune des lectures désignées sur ce tableau ; je me permettrai seulement de vous engager à lire le Petit Office de la Sainte Vierge ; l'avez-vous ?

— Le voici, dit Durtal, qui lui tendit une plaquette.

— Il est charmant, votre volume, dit le P. Etienne qui feuilleta les pages luxueusement imprimées en rouge et noir. Il s'arrêta à l'une d'elles et lut tout haut la troisième leçon des Matines.

— Est-ce beau ! s'écria-t-il. — La joie jaillissait soudain de cette figure ; les yeux s'illuminaient, les doigts tremblaient sur la plaquette. — Oui, fit-il, en la refermant, lisez cet office, ici surtout, car, vous le savez, la vraie patronne, la véritable abbé des Trappes, c'est la Sainte Vierge !

Après un silence, il reprit : j'ai fixé à huit jours la durée de votre retraite, dans la lettre que j'ai envoyée à l'abbé Gévrésin, mais il va de soi que si vous ne vous ennuyez pas trop ici, vous pourrez y demeurer autant que vous le croirez bon.

— Je souhaite de pouvoir prolonger mon séjour parmi vous, mais cela dépendra de la façon dont mon corps supportera la lutte ; j'ai l'estomac assez malade et je ne suis pas sans crainte ; aussi, pour parer à tout évènement, vous serai-je obligé si vous pouviez me faire venir, le plus tôt possible, le confesseur.

— Bien, vous le verrez demain ; je vous indiquerai l'heure, ce soir, après Complies. Quant à la nourriture, si vous l'estimez insuffisante, je vous ferai allouer un supplément d'un œuf ; mais, là, s'arrête la discrétion dont je puis user, car la règle est formelle, ni poisson, ni viande — des légumes, et, je dois vous l'avouer, ils ne sont pas fameux !

Vous allez en juger, d'ailleurs, car l'heure du souper est proche ; si vous le voulez bien, je vais vous montrer la salle où vous mangerez en compagnie de M. Bruno.

Et, tout en descendant l'escalier, le moine poursuivit : M. Bruno est une personne qui a renoncé au monde et qui, sans avoir prononcé de vœux, vit en clôture. Il est ce que notre règle nomme un oblat ; c'est un saint et un savant homme qui vous plaira certainement ; vous pourrez causer avec lui, pendant le repas.

— Ah ! fit Durtal, et avant et après, je dois garder le silence ?

— Oui, à moins que vous n'ayez quelque chose à demander, auquel cas, je serai toujours à votre disposition, prêt à vous répondre.

Pour cette question du silence, comme pour celle des heures du lever, du coucher, des offices, la règle ne tolère aucun allègement ; elle doit être observée à la lettre.

— Bien, fit Durtal, un peu interloqué par le ton ferme du père ; mais, voyons, j'ai vu sur ma pancarte un article qui m'invite à consulter un tableau d'avertissement et je ne l'ai pas ce tableau !

— Il est pendu sur le palier de l'escalier, près de votre chambre ; vous le lirez, à tête reposée, demain ; prenez la peine d'entrer, fit-il, en poussant une porte située dans le corridor en bas, juste en face de celle de l'auditoire.

Durtal se salua avec un vieux Monsieur qui vint au-devant de lui ; le moine les présenta et disparut.

Tous les mets étaient sur la table : deux œufs sur le plat, puis une jatte de riz, une autre de haricots et un pot de miel.

M. Bruno récita le Benedicite et voulut servir lui-même Durtal.

Il lui donna un œuf.

— C'est un triste souper pour un Parisien, dit-il, en souriant.

— Oh, du moment qu'il y a un œuf et du vin, c'est soutenable ; je craignais, je vous l'avoue, de n'avoir pour toute boisson que de l'eau claire !

Et ils causèrent amicalement.

L'homme était aimable et distingué, de figure ascétique, mais avec un joli sourire qui éclairait la face jaune et grave, creusée de rides.

Il se prêta avec une parfaite bonne grâce à l'enquête de Durtal et raconta qu'après une existence de tempêtes, il s'était senti touché par la grâce et s'était retiré de la vie pour expier, par des années d'austérités et de silence, ses propres fautes et celles des autres.

— Et vous ne vous êtes jamais lassé d'être ici ?

— Jamais depuis cinq années que j'habite ce cloître ; le temps, découpé tel qu'il est à la Trappe, semble court.

— Et vous assistez à tous les exercices de la communauté ?

— Oui ; je remplace seulement le travail manuel par la méditation en cellule ; ma qualité d'oblat me dispenserait cependant, si je le désirais, de me lever à deux heures pour suivre l'office de la nuit, mais c'est une grande joie pour moi que de réciter le magnifique psautier Bénédictin, avant le jour ; mais vous m'écoutez et ne mangez pas. Voulez-vous me permettre de vous offrir encore un peu de riz ?

— Non, merci ; j'accepterai, si vous le voulez bien, une cuillerée de miel.

Cette nourriture n'est pas mauvaise, reprit-il, mais ce qui me déconcerte un peu, c'est ce goût identique et bizarre qu'ont tous les plats ; ça sent, comment dirai-je..., le graillon ou le suif.

— Ça sent l'huile chaude avec laquelle sont accommodés ces légumes ; oh ! vous vous y accoutumerez très vite ; dans deux jours, vous ne vous en apercevrez plus.

— Mais en quoi consiste, au juste, le rôle de l'oblat ?

— Il vit d'une existence moins austère et plus contemplative que celle du moine, il peut voyager, s'il le veut, et quoiqu'il ne soit pas lié par des serments, il participe aux biens spirituels de l'ordre.

Autrefois, la règle admettait ce qu'elle appelait des « familiers ».

C'étaient des oblats qui recevaient la tonsure, portaient un costume distinct et prononçaient les trois grands vœux; ils menaient en somme une vie mitigée, mi-laïque, mi-moine. Ce régime, qui subsiste encore chez les purs Bénédictins, a disparu des Trappes depuis l'année 1293, époque à laquelle le chapitre général le supprima.

Il ne reste plus aujourd'hui dans les abbayes Cisterciennes que les pères, les frères lais ou convers, les oblats quand il y en a, et les paysans employés aux travaux des champs.

— Les convers, ce sont ceux qui ont la tête complètement rasée et qui sont vêtus, ainsi que le moine qui m'a ouvert la porte, d'une robe brune ?

— Oui, ils ne chantent pas aux offices, et se livrent seulement à des besognes manuelles.

— A propos, le règlement des retraites que j'ai lu dans ma chambre ne me semble pas clair. Autant que je puis me rappeler, il double certains offices, met des Matines à quatre heures de l'après-midi, des Vêpres à 2 heures; en tout cas, son horaire n'est pas le même que celui des trappistes; comment dois-je m'y prendre pour les concilier ?

— Vous n'avez pas à tenir compte des exercices détaillés sur votre pancarte; le P. Etienne a dû vous le dire, d'ailleurs; ce moule n'a été fabriqué que pour les gens qui sont incapables de s'occuper et de se guider eux-mêmes. Cela vous explique comment, pour les empêcher de demeurer oisifs, on a en quelque sorte décalqué le bréviaire du prêtre et imaginé de leur distribuer le temps en petites tranches, de leur faire débiter, par exemple, les psaumes des Matines à des heures qui ne comportent aucun psaume.

Le dîner était terminé ; M. Bruno récita les grâces et dit à Durtal :

— Vous avez, d'ici à Complies, une vingtaine de minutes libres ; profitez-en pour faire connaissance avec le jardin et les bois. — Et il salua poliment et il sortit.

Ce que je fumerais bien une cigarette, pensa Durtal, lorsqu'il fut seul. Il prit son chapeau et quitta, lui aussi, la pièce. La nuit tombait. Il traversa la grande cour, tourna à droite, longea une maisonnette surmontée d'un long tuyau, devina à l'odeur qu'elle exhalait une fabrique de chocolat et il s'engagea dans une allée d'arbres.

Le ciel était si peu clair qu'il ne pouvait discerner l'ensemble du bois où il entrait ; n'apercevant personne, il roula des cigarettes, les fuma lentement, délicieusement, consultant, à la lueur de ses allumettes, de temps en temps, sa montre.

Il restait étonné du silence qui se levait de cette Trappe ; pas une rumeur, même effacée, même lointaine, sinon, à certains moments, un bruit très doux de rames ; il se dirigea du côté d'où venait ce bruit et reconnut une pièce d'eau sur laquelle voguait un cygne qui vint aussitôt à lui.

Il le regardait osciller dans sa blancheur sur les ténèbres qu'il déplaçait en clapotant, quand une cloche sonna

7.

des volées lentes ; voyons, dit-il, en interrogeant à nouveau sa montre, l'heure des Complies approche.

Il se rendit à la chapelle ; elle était encore déserte ; il profita de cette solitude pour l'examiner à son aise.

Elle avait la forme d'une croix amputée, d'une croix sans pied, arrondie à son sommet et tendant deux bras carrés, percés d'une porte à chaque bout.

La partie supérieure de la croix figurait, au-dessous d'une coupole peinte en azur, une petite rotonde autour de laquelle se tenait un cercle de stalles adossées aux murs ; au milieu, se dressait un grand autel de marbre blanc, surmonté de chandeliers de bois, flanqué, à gauche et à droite, de candélabres également en bois, placés sur des fûts de marbre.

Le dessous de l'autel était creux et fermé sur le devant par une vitre derrière laquelle apparaissait une châsse de style gothique qui reflétait, dans le miroir doré de ses cuivres, des feux de lampes.

Cette rotonde s'ouvrait en un large porche, précédé de trois marches, sur les bras de la croix qui s'allongeaient en une sorte de vestibule servant tout à la fois de nef et de bas-côtés à ce tronçon d'église.

Ces bras évidés, à leurs extrémités, près des portes, recélaient deux minuscules chapelles enfoncées dans des niches teintes, ainsi que la coupole, en bleu ; elles contenaient au-dessus d'autels en pierre, sans ornements, deux statues médiocres, l'une de saint Joseph, l'autre du Christ.

Enfin, un quatrième autel dédié à la Vierge était situé dans ce vestibule, vis à vis des marches accédant à la rotonde, en face par conséquent du grand autel. Il se découpait sur une fenêtre dont les vitraux représentaient, l'un, saint Bernard en blanc et l'autre, saint Benoît, en noir et il paraissait se reculer dans l'église, à cause des deux rangées de bancs qui s'avançaient, à sa gauche et à sa droite, au-devant des deux autres petites chapelles, ne laissant que la place nécessaire pour cheminer le long du vestibule ou pour aller, en ligne droite, de cet autel de la Vierge dans la rotonde, au maître-autel.

Ce sanctuaire est d'une laideur alarmante, se dit Durtal, qui s'en fut s'asseoir sur un banc, devant la statue de saint Joseph ; à en juger par les quelques sujets sculptés le long des murs, ce monument date du temps de Louis XVI ; fichue époque pour une église !

Il fut distrait de ses réflexions par des sons de cloches et en même temps toutes les portes s'ouvrirent ; l'une, sise dans la rotonde même, à gauche de l'autel, donna passage à une dizaine de moines, enveloppés dans de grandes coules blanches ; ils se répandirent dans le chœur et occupèrent de chaque côté, les stalles.

Par les deux portes du vestibule, pénétra, à son tour, une foule de moines bruns qui s'agenouilla devant les bancs, des deux côtés de l'autel de la Vierge.

Durtal en avait quelques-uns près de lui ; mais ils baissaient la tête, les mains jointes, et il n'osa les observer ; le vestibule était, d'ailleurs, devenu presque noir ; la lumière se concentrait dans le chœur où étaient allumées les lampes.

Il dévisagea les moines blancs installés dans la partie de la rotonde qu'il pouvait voir et il reconnut parmi eux le P. Etienne à genoux près d'un moine court ; mais un autre, placé au bout des stalles près du porche, presque en face de l'autel et en pleine clarté, le retint.

Celui-là était svelte et nerveux et il ressemblait dans son burnous blanc à un arabe. Durtal ne l'apercevait que de profil et il distinguait une longue barbe grise, un crâne ras, ceint de la couronne monastique, un front haut et un nez en bec d'aigle. Il avait grand air avec son visage impérieux et son corps élégant qui ondulait sous la coule.

C'est probablement l'abbé de la Trappe, se dit Durtal, et il ne douta plus lorsque ce moine tira une cliquette dissimulée devant lui sous son pupitre et dirigea l'office.

Tous les moines saluèrent l'autel ; l'abbé récita les prières du prélude, puis il y eut une pause — et, de l'autre côté de la rotonde, là où Durtal ne pouvait regarder, une voix frêle de vieillard, une voix revenue au cristal de l'enfance, mais avec en plus quelque chose de doucement fêlé, s'éleva, montant à mesure que se déroulait l'antienne :

« Deus in adjutorium meum intende. »

Et l'autre côté du chœur, là où se tenaient le P. Etienne et l'abbé, répondit, scandant très lentement les syllabes, avec des voix de basses taille.

« Domine ad adjuvandum me festina. »

Et tous courbèrent la tête sur les in-folios posés devant eux et reprirent :

« Gloria Patri et Filio et Spiritui sancto. »

Et ils se redressèrent tandis que l'autre partie des pères prononçait le répons : « Sicut erat in principio, etc. »

L'office commença.

Il n'était pas chanté mais psalmodié, tantôt rapide et tantôt lent. Le côté du chœur, visible pour Durtal, faisait de toutes les voyelles des lettres aiguës et brèves ; l'autre, au contraire, les muait en des longues, semblait coiffer d'un accent circonflexe tous les O. On eût dit, d'une part, la prononciation du Midi, et, de l'autre, celle du Nord ; ainsi psalmodié, l'office devenait étrange ; il finissait par bercer tel qu'une incantation, par dorloter l'âme qui s'assoupissait dans ce roulement de versets interrompu par la doxologie revenant, en ritournelle, après la dernière strophe de chacun des psaumes.

Ah ça mais, je n'y comprends rien, se dit Durtal qui connaissait ses Complies sur le bout du doigt ; ce n'est plus du tout l'office romain qu'ils chantent.

Le fait est que l'un des psaumes manquait. Il retrouva bien, à un moment, l'hymne de saint Ambroise, le « Te lucis ante terminum », clamé alors sur un air ample et rugueux de vieux plain-chant et encore la dernière strophe n'était-elle plus la même ! mais il se perdait à nouveau, attendait les « Leçons brèves », le « Nunc dimittis » qui ne vinrent pas.

Les Complies ne sont pourtant point variables, comme les Vêpres, se dit-il ; il faudra que je demande, demain, des explications au P. Etienne.

Puis il fut troublé dans ses réflexions par un jeune moine blanc qui passa, en s'agenouillant devant l'autel, et alluma deux cierges.

Et subitement tous se levèrent et, dans un immense cri, le « Salve Regina » ébranla les voûtes.

Durtal écoutait, saisi, cet admirable chant qui n'avait rien de commun avec celui que l'on beugle, à Paris, dans les églises. Celui-ci était tout à la fois flébile et ardent, soulevé par de si suppliantes adorations, qu'il semblait concentrer, en lui seul, l'immémorial espoir de l'humanité et son éternelle plainte.

Chanté sans accompagnement, sans soutien d'orgue, par des voix indifférentes à elles-mêmes et fondues en une seule, mâle et profonde, il montait en une tranquille audace, s'exhaussait en un irrésistible essor vers la Vierge, puis il faisait comme un retour sur lui-même et son assurance diminuait; il avançait plus tremblant, mais si déférent, si humble, qu'il se sentait pardonné et osait alors, dans des appels éperdus, réclamer les délices immérités d'un ciel.

Il était le triomphe avéré des neumes, de ces répétitions de notes sur la même syllabe, sur le même mot, que l'Eglise inventa pour peindre l'excès de cette joie intérieure ou de cette détresse interne que les paroles ne peuvent rendre; et c'était une poussée, une sortie d'âme s'échappant dans les voix passionnées qu'exhalaient ces corps debout et frémissants de moines.

Durtal suivait sur son paroissien cette œuvre au texte si court et au chant si long; à l'écouter, à la lire avec recueillement, cette magnifique exoration paraissait se décomposer en son ensemble, représenter trois états différents d'âme, signifier la triple phase de l'humanité, pendant sa jeunesse, sa maturité et son déclin; elle était, en un mot, l'essentiel résumé de la prière à tous les âges.

C'était d'abord le cantique d'exultation, le salut joyeux de l'être encore petit, balbutiant des caresses respectueuses, choyant avec des mots de douceur, avec des cajoleries d'enfant qui cherche à amadouer sa mère; c'était le — « Salve Regina, Mater misericordiæ, vita, dulcedo et spes nostra, salve. — « Puis cette âme, si candide, si simplement heureuse, avait grandi et connaissant déjà les défaites volontaires de la pensée, les déchets répétés des fautes, elle joignait les mains et demandait, en sanglotant, une aide. Elle n'adorait plus en souriant, mais en pleurant ; c'était le — « Ad te ciamamus exsules filii Hevæ ; ad te suspiramus gementes et flentes in hac lacrymarum valle. » — Enfin la vieillesse était venue ; l'âme gisait, tourmentée par le souvenir des avis négligés, par le regret des grâces perdues ; et, devenue plus craintive, plus faible, elle s'épouvantait devant sa délivrance, devant la destruction de sa prison charnelle qu'elle sentait proche ; et alors elle songeait à l'éternelle inanition de ceux que le Juge damne et elle implorait, à genoux, l'Avocate de la terre, la Consule du ciel ; c'était le — « Eia ergo Advocata nostra, illos tuos misericordes oculos ad nos converte et Jesum benedictum fructum ventris tui nobis post hoc exsilium ostende. »

Et, à cette essence de prière que prépara Pierre de Compostele ou Hermann Contract, saint Bernard, dans un accès d'hyperdulie, ajoutait les trois invocations de la fin : « O clemens, o pia, o dulcis Virgo Maria », scellait l'inimitable prose comme avec un triple sceau, par ces trois cris d'amour qui ramenaient l'hymne à l'adoration câline de son début.

Cela devient inouï, se dit Durtal, lorsque les trappistes chantèrent ces doux et pressants appels ; les neumes se prolongeaient sur les O qui passaient par toutes les couleurs de l'âme, par tout le registre des sons ; et ces interjections résumaient encore, dans cette série de notes qui les enrobait, le recensement de l'âme humaine que récapitulait déjà le corps entier de l'hymne.

Et brusquement, sur le mot Maria, sur le cri glorieux du nom, le chant tomba, les cierges s'éteignirent, les moines s'affaissèrent sur leurs genoux; un silence de mort plana sur la chapelle. Et, lentement les cloches tintèrent et l'Angelus effeuilla, sous les voûtes, les pétales espacés de ses sons blancs.

Tous, maintenant prosternés, le visage dans les mains priaient et cela dura longtemps; enfin le bruit de la cliquette retentit; tout le monde se leva, salua l'autel et, en une muette théorie, les moines disparurent par la porte percée dans la rotonde.

— Ah! le véritable créateur de la musique plane, l'auteur inconnu qui a jeté dans le cerveau de l'homme la semence du plain-chant, c'est le Saint-Esprit, se dit Durtal, malade, ébloui, les yeux en larmes.

M. Bruno qu'il n'avait pas aperçu dans la chapelle vint le rejoindre. Ils traversèrent, sans parler, la cour, et quand ils furent rentrés dans l'hôtellerie, M. Bruno alluma deux bougeoirs, en remit un à Durtal et gravement lui dit :

— Je vous souhaite une bonne nuit, Monsieur.

Durtal grimpa l'escalier derrière lui. Ils se resaluèrent sur le palier et Durtal pénétra dans sa cellule.

Le vent soufflait sous la porte et la pièce, à peine éclairée par la flamme couchée de la bougie, lui parut sinistre; le plafond très haut disparaissait dans l'ombre et pleuvait de la nuit.

Durtal s'assit, découragé, près de sa couche.

Et cependant, il était projeté par l'une de ces impulsions qu'on ne peut traduire, par une de ces jaculations où il semble que le cœur enfle et va s'ouvrir; et, devant son impuissance à se déliter et à se fuir, Durtal finit par redevenir enfant, par pleurer sans cause définie, simplement par besoin de s'alléger de larmes.

Il s'affala sur le prie-Dieu, attendant il ne savait quoi qui ne vint pas; puis devant le crucifix qui écartelait au-dessus de lui ses bras, il se mit à Lui parler, à Lui dire tout bas :

— Père, j'ai chassé les pourceaux de mon être, mais ils m'ont piétiné et couvert de purin et l'étable même est en ruine. Ayez pitié, je reviens de si loin ! faites miséricorde, Seigneur, au porcher sans place ! je suis entré chez vous, ne me chassez pas, soyez bon hôte, lavez-moi !

Ah ! fit-il soudain, cela me fait penser que je n'ai pas vu le P. Étienne qui devait m'indiquer l'heure à laquelle le confesseur me recevrait demain; il aura sans doute oublié de le consulter; tant mieux, au fond cela me reculera d'un jour; j'ai l'âme si courbaturée que j'ai vraiment besoin qu'elle repose.

Il se déshabilla, soupira : il faut que je sois debout à trois heures et demie, pour être dans la chapelle à quatre : je n'ai pas de temps à perdre, si je veux dormir. Pourvu que je n'aie pas de névralgies, demain, et que je m'éveille avant l'aube !

VII

LA CHAPELLE DU MONASTÈRE AU POINT DU JOUR. — LES FRÈRES CONVERS — LE PETIT ÉTANG EN CROIX. — ESSAI DE CONFESSION DE DURTAL

Il vécut la plus épouvantable des nuits ; ce fut si spécial, si affreux, qu'il ne se rappelait pas, pendant toute son existence, avoir enduré de pareilles angoisses, subi de semblables transes.

Ce fut une succession ininterrompue de réveils en sursaut et de cauchemars.

Il sauta au bas du lit, s'habilla, pria, mit de l'ordre dans ses affaires.

Je vais toujours, se dit-il, aller respirer de l'air frais et fumer une cigarette, vous verrons après.

Il descendit l'escalier dont les murs paraissaient ne pouvoir tenir en place et dansaient avec la lueur de la bougie, enfila les corridors, souffla et déposa son lumignon près de l'auditoire et s'élança dehors.

Il faisait nuit noire ; à la hauteur d'un premier étage, un œil de bœuf ouvert dans le mur de l'église trouait les ténèbres d'une lune rouge.

Durtal tira quelques bouffées d'une cigarette, puis il

s'achemina vers la chapelle. Il tourna doucement le loquet de la porte ; le vestibule où il pénétrait était sombre, mais la rotonde, bien qu'elle fût vide, était illuminée par de nombreuses lampes.

Il fit un pas, se signa et recula, car il venait de heurter un corps ; il regarda à ses pieds.

Il entrait sur un champ de bataille.

Par terre, des formes humaines étaient couchées dans des attitudes de combattants fauchés par la mitraille ; les unes à plat ventre, les autres à genoux ; celles-ci, affaissées les mains par terre, comme frappées dans le dos, celles-là étendues les doigts crispés sur la poitrine, celles-là encore se tenant la tête ou tendant les bras.

Et, de ce groupe d'agonisants, ne s'élevaient aucun gémissement, aucune plainte.

Durtal contemplait, stupéfié, ce massacre de moines ; et il resta soudain bouche béante. Une écharpe de lumière tombait d'une lampe que le père sacristain venait de déplacer dans la rotonde et, traversant le porche, elle éclairait un moine à genoux devant l'autel voué à la Vierge.

C'était un vieillard de plus de quatre-vingts ans ; il était immobile ainsi qu'une statue, les yeux fixes, penché dans un tel élan d'adoration que toutes les figures extasiées des Primitifs paraissaient, près de la sienne, efforcées et froides.

Le masque était pourtant vulgaire ; le crâne ras, sans couronne, hâlé par tous les soleils et par toutes les pluies, avait le ton des briques, l'œil était voilé, couvert d'une taie par l'âge ; le visage plissé, ratatiné, culotté tel qu'un vieux buis, s'enfonçait dans un taillis de poils blancs et le nez un peu camus achevait de rendre singulièrement commun l'ensemble de cette face.

Et il sortait, non des yeux, non de la bouche, mais de partout et de nulle part, une sorte d'angélité qui se diffusait sur cette tête, qui enveloppait tout ce pauvre corps courbé dans un tas de loques.

Chez ce vieillard, l'âme ne se donnait même pas la peine de réformer la physionomie, de l'anoblir; elle se contentait de l'annihiler, en rayonnant; c'était en quelque sorte, le nimbe des anciens saints ne demeurant plus autour du chef mais s'étendant sur tous ses traits, baignant, apâli, presque invisible, tout son être.

Et il ne voyait et n'entendait rien; des moines se traînaient sur les genoux, venaient pour se réchauffer, pour s'abriter auprès de lui et il ne bougeait, muet et sourd, assez rigide pour qu'on pût le croire mort, si, par instant, la lèvre inférieure n'eût remué, soulevant dans ce mouvement sa grande barbe.

L'aube blanchit les vitres et, dans l'obscurité qui commençait à se dissiper, les autres frères apparurent à leur tour, à Durtal; tous ces blessés de l'amour divin priaient ardemment, jaillissaient hors d'eux-mêmes, sans bruit, devant l'autel. Il y en avait de tout jeunes à genoux et le buste droit, d'autres, les prunelles en extase, repliés en arrière et assis sur leurs talons, d'autres encore faisaient le chemin de croix et souvent ils étaient posés, les uns devant les autres, face à face et ils se regardaient sans se voir, avec des yeux d'aveugles.

Et parmi ces convers, quelques pères, ensevelis dans leurs grandes coules blanches, gisaient, prosternés, baisaient la terre.

— Oh prier, prier comme ces moines ! s'écria Durtal.

Il sentait son malheureux être se détendre ; dans cette atmosphère de sainteté, il se dénoua et il s'affaissa sur les dalles, demandant humblement pardon au Christ de souiller par sa présence la pureté de ce lieu.

Et il pria longtemps, se descellant pour la première fois, se reconnaissant si indigne, si vil, qu'il ne pouvait comprendre comment, malgré sa miséricorde, le Seigneur le tolérait dans le petit cercle de ses élus ; il s'examina, vit clair, s'avoua qu'il était inférieur au dernier de ces convers qui ne savait peut-être même pas épeler un livre, comprit que la culture de l'esprit n'était rien et que la culture de l'âme était tout et, peu à peu, sans s'en apercevoir, ne pensant plus qu'à balbutier des actes de gratitude, il disparut de la chapelle, l'âme emmenée par celles des autres, hors du monde, loin de son charnier, loin de son corps.

Dans cette chapelle, l'élan était enfin consenti, la projection jusqu'alors refusée était enfin permise ; il ne se débattait plus de même qu'au temps où il parvenait si difficilement à s'évader de sa geôle, à Notre-Dame-des-Victoires et à Saint-Séverin.

Puis il réintégra cette chapelle où son animalité était demeurée seule et il regarda, étonné, autour de lui ; la plupart des frères étaient partis ; un père restait prostré devant l'autel de la Vierge ; il le quitta à son tour et regagna la rotonde où les autres pères entraient.

Durtal les observa ; il y en avait de toutes les tailles, de toutes les sortes, un gros, chauve, à longue barbe noire et à besicles, des petits blonds et bouffis ; de très vieux, hérissés de poils de sanglier, de très jeunes ayant de vagues airs de rêveurs allemands, avec leurs yeux bleus, sous des lunettes ; et presque tous, sauf les très jeunes, avaient ce trait commun : le ventre gonflé et les joues sillonnées de vermicelles roses.

Et soudain par la porte ouverte, dans la rotonde même, le grand moine qui conduisait, la veille, l'office, parut. Il renversa sur sa chasuble un capuchon de toile qui lui couvrait la tête et, assisté de deux moines blancs, il monta au maître-autel pour célébrer la messe.

Et ce fut une messe lente et méditée, profonde, une messe où le prêtre consacre longuement, abîmé devant l'autel et quand il éleva l'hostie, aucune sonnette ne tinta, mais les cloches du monastère épandirent des volées espacées, des coups brefs, sourds, presque plaintifs, tandis que les trappistes disparaissaient, tapis à quatre pattes, la tête cachée sous leurs pupitres.

Quand la messe prit fin, il était près de six heures ; Durtal refit le chemin de la veille au soir, passa devant la petite fabrique de chocolat qu'il avait longée, avisa au travers des vitres des pères qui enveloppaient des tablettes dans du papier de plomb, puis, dans une autre pièce, une minuscule machine à vapeur que modérait un convers.

Il gagna cette allée où il avait fumé des cigarettes dans l'ombre. Si triste, la nuit, elle était maintenant charmante avec ses deux rangées de très vieux tilleuls qui bruissaient doucement et le vent rabattait sur Durtal leur languissante odeur.

Assis sur un banc, il embrassait, d'un coup d'œil, la façade de l'abbaye.

Précédé d'un long potager où, çà et là, des rosiers

s'épanouissaient au-dessus des vasques bleuâtres et des boules veinées des choux, cet ancien château, bâti dans le goût monumental du xviie siècle, s'étendait, solennel et immense, avec ses dix-huit fenêtres d'affilée et son fronton dans le tympan duquel était logée une puissante horloge.

Il était coiffé d'ardoises, surmonté d'un jeu de petites cloches et l'on y accédait par un perron de plusieurs marches. Il arborait une altitude d'au moins cinq étages, bien qu'il n'eût en réalité qu'un rez-de-chaussée et un premier, mais à en juger par l'élévation inattendue des fenêtres, les pièces devaient se plafonner à des hauteurs démesurées d'églises ; somme toute, cet édifice était emphatique et froid, plus apte, puisqu'on l'avait converti en un couvent, à abriter des adeptes de Jansénius que des disciples de saint Bernard.

Le temps était tiède, ce matin-là ; le soleil se tamisait dans le crible remué des feuilles ; et le jour, ainsi bluté, se muait au contact du blanc, en rose. Durtal, qui s'apprêtait à lire son paroissien, vit les pages rosir et, par la loi des complémentaires, toutes les lettres, imprimées à l'encre noire, se teindre en vert.

Il s'amusait de ces détails, s'épanouissait, le dos au chaud, dans cette brise chargée d'aromes, se reposait, dans ce bain de lumière, des fatigues de la nuit, quand, au bout de l'allée, il aperçut quelques frères. Ils marchaient, silencieux, les uns, portant sous un bras de grands pains ronds, les autres, tenant des boîtes au lait ou des mannes pleines de foin et d'œufs ; ils défilèrent devant lui et le saluèrent respectueusement.

Tous avaient la mine joyeuse et grave. Ah ! les braves

gens, se dit-il, ce qu'ils m'ont, ce matin, aidé, car c'est à eux que je dois d'avoir pu ne pas me taire, d'avoir pu prier, d'avoir enfin connu la joie de l'oraison qui n'était pour moi à Paris qu'un leurre ! à eux, et surtout à Notre-Dame de l'Atre qui a eu pitié de mon pauvre être !

Il bondit de son banc, dans un élan d'allégresse, s'engagea dans des allées latérales, atteignit la pièce d'eau qu'il avait entrevue, la veille ; devant elle, se dressait la formidable croix qu'il avait distinguée de loin du haut de la voiture, dans les bois, avant que d'arriver à la Trappe.

Elle était plantée en face du monastère même et tournait le dos à l'étang ; elle supportait un Christ du XVIIIe siècle, grandeur nature, en marbre blanc ; et l'étang affectait, lui aussi, la forme d'une croix, telle qu'elle figure sur la plupart des plans des basiliques.

Et cette croix brune et liquide était granulée de pistache par des lentilles d'eau que déplaçait, en nageant, le cygne.

Il vint au-devant de Durtal, et il tendit le bec, attendant sans doute un bout de pain.

Et pas un bruit ne surgissait de ce lieu désert, sinon le craquement des feuilles sèches que Durtal froissait en marchant. L'horloge sonna sept heures.

Il se rappela que le déjeuner allait être servi et il se dirigea à grands pas vers l'abbaye. Le P. Étienne l'attendait ; il lui serra la main, lui demanda s'il avait bien dormi, puis :

— Qu'allez-vous manger ? je n'ai que du lait et du miel à vous offrir ; j'enverrai aujourd'hui même au village le plus proche pour tâcher de vous procurer un peu de fromage ; mais, vous allez subir une triste collation, ce matin.

Durtal proposa de substituer du vin au lait et déclara que ce serait pour le mieux ainsi ; j'aurais, dans tous les cas, mauvaise grâce à me plaindre, fit-il, car enfin, vous, maintenant, vous êtes à jeun.

Le moine sourit. — Pour l'instant, dit-il, nous faisons, à cause de certaines fêtes de notre ordre, pénitence. Et il expliqua qu'il ne prenait de nourriture qu'une fois par jour, à deux heures de l'après-midi, après None.

— Et vous n'avez même pas pour vous soutenir du vin et des œufs !

Le P. Étienne souriait toujours. — On s'y habitue, dit-il. Qu'est-ce que ce régime, en comparaison de celui qu'adoptèrent saint Bernard et ses compagnons, lorsqu'ils vinrent défricher la vallée de Clairvaux ? leur repas consitait en des feuilles de chêne, salées, cuites dans de l'eau trouble.

Et, après un silence, le père reprit : Sans doute la règle des Trappes est dure, mais combien elle est douce si nous nous reportons à ce que fut jadis, en Orient, la règle de saint Pacôme. Songez donc, celui qui voulait accéder à cet ordre restait dix jours et dix nuits à la porte du couvent et il y essuyait tous les crachats, tous les affronts ; s'il persistait à vouloir entrer, il accomplissait trois années de noviciat, habitait une hutte où il ne pouvait se tenir debout et se coucher de son long ; il ne se repaissait que d'olives et de choux, priait douze fois, le jour, douze fois, le soir et douze fois, la nuit ; le silence était perpétuel et les mortifications ne cessaient pas. Pour se préparer à ce noviciat et s'apprendre à dompter la faim, saint Macaire avait imaginé d'enfoncer du pain dans un vase au col très rétréci et il ne s'alimentait qu'à l'aide des miettes qu'il pouvait retirer avec ses doigts ; quand il fut admis dans le monastère, il se contenta de grignoter des feuilles de choux crus, le dimanche. Hein, ils étaient plus résistants que nous, ceux-là ! nous n'avons plus, hélas ! ni l'âme, ni le corps assez solides pour supporter de tels jeûnes. — Mais que cela ne vous empêche pas de goûter ; allons, bon appétit ; — ah ! pendant que j'y pense, reprit le moine, soyez à dix heures précises à l'auditoire, c'est là que le père prieur vous confessera.

Et il sortit.

Durtal aurait reçu un coup de maillet sur la tête qu'il n'eût pas été mieux assommé. Tout l'échafaudage si rapidement exhaussé de ses joies croula. Ce fait étrange avait lieu ; dans cet élan d'allégresse qui le portait depuis l'aube, il avait complètement oublié qu'il fallait se confesser. Et il eut un moment d'aberration. Mais je suis pardonné ! se dit-il ; la preuve est cet état de bonheur que je n'ai jamais connu, cette dilatation vraiment merveilleuse d'âme que j'ai ressentie dans la chapelle et dans les bois !

L'idée que rien n'était commencé, que tout était à effectuer, l'effara ; il n'eut pas le courage d'avaler son pain ; il but une goutte de vin et, dans un vent de panique, il se rua dehors.

Il allait, affolé, à grands pas. — Se confesser ! le prieur ? qui était le prieur ? il cherchait vainement parmi les pères dont il se rappelait le visage celui qui allait l'entendre.

Mon Dieu, fit-il, tout à coup, mais je ne sais même pas comment l'on se confesse !

Il chercha un coin désert où il pût se recueillir. Il arpentait alors, sans même savoir comment il y était venu, une allée de noyers que bordait un mur. Il y avait là des arbres énormes ; il se dissimula derrière le tronc de l'un d'eux et, assis sur la mousse, il feuilleta son paroissien, lut : « En arrivant au confessionnal, mettez-vous à genoux, faites le signe de la croix, demandez la bénédiction du prêtre en disant : Bénissez-moi, mon père, parce que j'ai péché ; récitez ensuite le Confiteor jusqu'à mea culpa... et...

Il s'arrêta et sans même qu'il eût besoin de la sonder, sa vie bondit en des jets d'ordures.

Il recula, il y en avait tant, de toutes sortes, qu'il s'abîma dans le désespoir.

Tous les districts des péchés qu'énumérait patiemment le paroissien, il les avait traversés ! il ne s'était jamais confessé depuis sa première communion et c'était, avec l'entassement des années, de successives alluvions de fautes ; et il pâlissait à l'idée qu'il allait détailler à un autre homme toutes ses saletés, lui avouer ses pensées les plus secrètes, lui dire ce qu'on n'ose se répéter à soi-même, de peur de se mépriser trop.

Il en sua d'angoisse ; puis une nausée de son être, un remords de sa vie le souleva et il se rendit ; le regret d'avoir si longtemps vécu dans ce cloaque le crucifia ; il pleura longtemps, doutant du pardon, n'osant même plus le solliciter, tant il se sentait vil.

Enfin il eut un sursaut ; l'heure de l'expiation devait être proche ; sa montre marquait, en effet, dix heures moins le quart. A se laminer ainsi, il avait agonisé pendant plus de deux heures.

Il rejoignit précipitamment la grande allée qui conduisait au monastère. Il marchait, la tête basse, en refoulant ses larmes.

Il ralentit un peu le pas, lorsqu'il atteignit le petit étang ; il leva des yeux suppliants vers la croix et, les baissant, il rencontra un regard si ému, si pitoyable, si doux qu'il s'arrêta ; et le regard disparut avec le salut du convers qui continua son chemin.

Il a lu en moi, se dit Durtal — Oh ! il a raison de me plaindre, le charitable moine, car vraiment ce que je souffre ! ah ! Seigneur, être comme cet humble frère ! cria-t-il, se rappelant avoir remarqué, le matin même, ce jeune et grand garçon, priant, dans la chapelle, avec une telle ferveur qu'il semblait s'effuser du sol, devant la Vierge.

Il arriva dans un état affreux à l'auditoire, et s'effondra sur une chaise ; puis, ainsi qu'une bête traquée qui se croit découverte, il se dressa et, perturbé par la peur, emporté par un vent de déroute, il songea à fuir, à aller chercher sa valise, à s'élancer dans un train.

Et il se retenait, indécis, tremblant, l'oreille aux aguets, le cœur lui battant à grands coups ; il écoutait des bruits lointains de pas. — Mon Dieu ! fit-il, épiant ces pas qui se rapprochaient, quel est le moine qui va entrer ?

Le pas se tut et la porte s'ouvrit ; Durtal terrifié n'osa fixer le confesseur, en lequel il reconnut le grand trappiste, au profil impérieux, celui qu'il croyait être l'abbé du monastère.

Suffoqué, il recula sans proférer un mot.

Surpris de ce silence, le prieur dit :

— Vous avez demandé à vous confesser, Monsieur ?

Et, sur un geste de Durtal, il lui désigna le prie-Dieu posé contre le mur et lui-même s'agenouilla, en lui tournant le dos.

Durtal se roidit, s'éboula sur ce prie-Dieu et perdit complètement la tête. Il avait vaguement préparé son entrée en matière, noté des points de repère, classé à peu près ses fautes ; il ne se rappelait plus rien.

Le moine se releva, s'assit sur une chaise de paille, se pencha sur le pénitent, l'oreille ramenée par la main en cornet, pour mieux entendre.

Et il attendit.

Durtal souhaitait de mourir pour ne pas parler ; il parvint cependant à prendre le dessus, à refréner sa honte ; il desserra les lèvres et rien ne sortit ; il resta accablé, la tête dans ses mains, retenant les larmes qu'il sentait monter.

Le moine ne bougeait pas.

Enfin, il fit un effort désespéré, bredouilla le commencement du Confiteor et dit :

— Je ne me suis pas confessé depuis mon enfance ; j'ai mené, depuis ce temps-là, une vie ignoble, j'ai.....

Les mots ne vinrent pas.

Le trappiste demeurait silencieux, ne l'assistait point.

— J'ai commis toutes les fautes..., j'ai fait tout..., tout...

Il s'étrangla et les larmes contenues partirent ; il pleura, le corps secoué, la figure cachée dans ses mains.

Et comme le prieur, toujours penché sur lui, ne bronchait point.

— Mais je ne peux pas, cria-t-il, je ne peux pas !

8.

Toute cette vie qu'il ne pouvait rejeter l'étouffait ; il sanglotait, désespéré par la vue de ses péchés et atterré aussi de se trouver ainsi abandonné, sans un mot de tendresse, sans un secours. Il lui sembla que tout croulait, qu'il était perdu, repoussé par Celui-là même qui l'avait pourtant envoyé dans cette abbaye !

Et une main lui toucha l'épaule, en même temps qu'une voix douce et basse disait :

— Vous avez l'âme trop lasse pour que je veuille la fatiguer par des questions ; revenez à neuf heures, demain, nous aurons du temps devant nous, car nous ne serons pressés, à cette heure, par aucun office ; d'ici là, pensez à cet épisode du Calvaire : la croix qui était faite de tous les péchés du monde pesait sur l'épaule du Sauveur d'un tel poids que ses genoux fléchirent et qu'il tomba. Un homme de Cyrène passait là, qui aida le Seigneur à la porter. Vous, en détestant, en pleurant vos péchés, vous avez allégé, vous avez délesté, si l'on peut dire, cette croix du fardeau de vos fautes et, l'ayant rendue moins pesante, vous avez ainsi permis à Notre-Seigneur de la soulever.

Il vous en a récompensé par le plus surprenant des miracles, par le miracle de vous avoir attiré de si loin ici. Remerciez-le donc de tout votre cœur et ne vous désolez plus. Vous réciterez aujourd'hui pour pénitence les Psaumes de la Pénitence et les litanies des Saints. Je vais vous donner ma bénédiction.

Et le prieur le bénit et disparut. Durtal se releva à bout de larmes ; ce qu'il craignait tant était arrivé, le moine qui devait l'opérer était impassible, presque muet ! hélas ! se dit-il, mes abcès étaient mûrs, mais il fallait un coup de lancette pour les percer !

— Après tout, reprit-il, en grimpant l'escalier pour aller se rafraîchir les yeux dans sa cellule, ce trappiste a été compatissant à la fin, moins dans ses observations que dans le ton dont il les a prononcées, puis, il convient d'être juste, il a peut-être été ahuri par mes larmes ; l'abbé Gévresin n'avait sans doute pas écrit au P. Étienne que je me réfugiais à la Trappe, pour me convertir ; mettons-nous alors à la place d'un homme vivant en Dieu, hors le monde, et auquel on décharge tout à coup une tinette sur la tête !

Enfin nous verrons demain ; et Durtal se hâta de se tamponner le visage, car il était près de onze heures et l'office de Sexte devait commencer.

Il se rendit à la chapelle ; elle était à peu près vide, car les frères travaillaient, à ce moment, dans la fabrique de chocolat et dans les champs.

Les pères étaient, à leur place, dans la rotonde. Le prieur tira la cliquette, tous s'enveloppèrent d'un grand signe de croix et à gauche, là où il ne pouvait voir, — car Durtal s'était installé à la même place que le matin, devant l'autel de saint Joseph, — une voix monta :

— « Ave, Maria, gratia plena, Dominus tecum. »

Et l'autre partie du chœur répondit :

— « Et benedictus fructus ventris tui, Jesus. »

Il y eut une seconde d'intervalle et la voix pure et faible, du vieux trappiste, chanta comme avant l'office des Complies, la veille :

— « Deus, in adjutorium meum intende. »

Et la liturgie se déroula, avec ses « Gloria Patri », etc. pendant lesquels les moines courbaient le front sur leurs livres et sa série de psaumes articulés sur un ton bref, d'un côté et long, de l'autre.

Durtal agenouillé se laissait aller au bercement de la psalmodie, si las qu'il ne pouvait parvenir à prier lui-même.

Puis quand Sexte se termina, tous les pères se recueillirent et Durtal surprit un regard de pitié chez le prieur qui se tourna un peu vers son banc. Il comprit que le moine implorait le Sauveur pour lui, suppliait peut-être Dieu de lui indiquer la manière dont il pourrait, demain, s'y prendre.

Durtal rejoignit M. Bruno dans la cour ; ils se serrèrent la main, puis l'oblat lui annonça la présence d'un nouveau convive.

— Un retraitant ?

— Non, un vicaire des environs de Lyon ; il reste un jour seulement ; il est venu visiter l'abbé qui est malade.

— Je croyais d'abord que l'abbé de Notre-Dame de l'Atre était ce grand moine qui conduit l'office...

— Mais non, c'est le prieur, le P. Maximin ; quant à l'abbé, vous ne l'avez pas vu et je doute que vous puissiez le voir, car il ne sortira sans doute pas de son lit avant votre départ.

VIII

CONFESSION DE DURTAL.
LA MALADIE DU SCRUPULE. — LE CHAPELET

Il se réveilla en sursaut, à onze heures, avec cette impression de quelqu'un qui se sent regardé pendant qu'il dort. Il fit craquer une allumette, ne vit personne, vérifia l'heure et, retombant sur sa couche, dormit d'un trait jusqu'à près de quatre heures. Il s'habilla en hâte et courut à l'église.

Le vestibule, obscur, la veille, était éclairé, ce matin-là, car un vieux moine célébrait une messe à l'autel de saint Joseph, un moine, chauve et cassé, avec une barbe blanche fuyant de toutes parts, en coup de vent, volant en de très longs fils.

Un convers l'assistait, un petit homme au poil noir et au crâne rasé, pareil à une boule peinte en bleu; il ressemblait à un bandit, avec sa barbe en désordre et son sac usé de bure.

Et ce bandit avait l'œil doux et étonné des gosses. Il servait le prêtre avec un respect presque craintif, avec une joie contenue vraiment touchante.

Les autres, à genoux sur les dalles, priaient, concentrés, ou lisaient leur messe. Durtal distingua le très vieux de quatre-vingts ans, immobile, la face tendue en avant et les yeux clos ; et le jeune, celui dont le regard miséricordieux l'avait secouru près de l'étang, méditait attentivement sur son paroissien l'office. Il devait être âgé de vingt ans, était grand et robuste ; la figure un peu fatiguée était tout à la fois mâle et tendre, avec ses traits émaciés et sa barbe blonde qui rebroussait sur la robe, en pointe.

Durtal s'abandonna dans cette chapelle où chacun mettait un peu du sien pour l'adjuver et, songeant à la confession qu'il allait faire, il supplia le Seigneur de le soutenir, il l'implora pour que le moine voulût bien le déplier.

Et il se sentit moins apeuré, plus maître de soi, plus ferme. Il se collationnait et se groupait, éprouvait une douloureuse confusion, mais il n'avait plus ce découragement qui l'avait abattu, la veille. Il se remontait avec cette idée qu'il ne se délaissait pas, qu'il s'aidait de toutes ses forces, qu'il ne pouvait, dans tous les cas, se rassembler mieux.

Il fut distrait de ses réflexions par le départ du vieux trappiste qui avait fini d'offrir le sacrifice, et par l'entrée du prieur qui monta entre deux pères blancs dans la rotonde, au maître-autel, pour dire la messe.

Durtal s'absorba dans son eucologe, mais après que le prêtre eut consommé les Espèces, il cessa de lire car tous se levaient et il béa, confondu, devant un spectacle dont il ne se doutait même pas, une communion de moines.

Ils s'avançaient, un à un, muets et les yeux bas, puis arrivé devant l'autel, celui qui marchait le premier se retournait et embrassait le camarade qui venait après lui ; celui-ci, à son tour, serrait dans ses bras le religieux qui le suivait et il en était ainsi jusqu'au dernier. Tous, avant que d'aller recevoir l'Eucharistie, échangeaient le baiser de paix, puis ils s'agenouillaient, communiaient et ils revenaient encore, un à un, en tournant dans la rotonde derrière l'autel.

Et le retour de ces gens était inouï ; les pères blancs en tête, ils s'acheminaient très lentement, les yeux fermés et les mains jointes. Les figures avaient quelque chose de modifié ; elles étaient éclairées autrement, en dedans ; il semblait que, refoulée par la puissance du Sacrement contre les parois du corps, l'âme filtrât, au travers des pores, éclairât l'épiderme de cette lumière spéciale de la joie, de cette sorte de clarté qui s'épand des âmes blanches, file ainsi qu'une fumée presque rose le long des joues et rayonne, en se concentrant au front.

A considérer l'allure mécanique et hésitante de ces moines, l'on devinait que les corps n'étaient plus que des automates, exécutant par habitude leur mouvement de marche, que les âmes ne se souciaient plus d'eux, étaient ailleurs.

Durtal reconnaissait le vieux convers maintenant si courbé que son visage disparaissait dans sa barbe relevée par la poitrine et ses deux grosses mains noueuses tremblaient, en s'étreignant ; il apercevait aussi le jeune et grand frère, les traits tirés dans une face dissoute, glissant à petits pas, sans yeux.

Fatalement, il délibéra sur lui-même. Il était le seul qui ne communiait pas, car il voyait, sortant le dernier derrière l'autel, M. Bruno qui rejoignait, les bras croisés, sa place.

Cette exclusion lui faisait si clairement comprendre combien il était différent, combien il était éloigné de ce monde-là ! tous étaient admis et, lui seul, restait. Son indignité s'attestait davantage et il s'attristait d'être mis à l'écart, traité, ainsi qu'il le méritait, en étranger, séparé de même que le bouc des Ecritures, parqué, loin des brebis, à la gauche du Christ.

Ces remarques lui furent saines, car elles dissipèrent la terreur de la confession qui s'affirmait encore. Cet acte lui parut si naturel, si juste, dans sa nécessaire humiliation, dans son indispensable souffrance, qu'il eût voulu l'accomplir tout de suite et pouvoir se représenter dans cette chapelle, émondé, lavé, devenu au moins un peu plus semblable aux autres.

Quand la messe prit fin, il se dirigea vers sa cellule pour y chercher une tablette de chocolat.

En haut de l'escalier M. Bruno, enveloppé d'un grand tablier, s'apprêtait à nettoyer les marches.

Durtal l'examinait, surpris. L'oblat sourit et lui serra la main.

— C'est une excellente besogne pour l'âme, fit-il, en montrant son balai ; cela vous rappelle aux sentiments de modestie que l'on est trop enclin à oublier, lorsqu'on a vécu dans le monde.

Et il se mit à frotter vigoureusement et à recueillir sur une pelle la poussière qui remplissait, comme une poudre de poivre, les salières creusées dans les carreaux du sol.

Durtal emporta sa tablette dans le jardin. Réfléchissons, se dit-il, en la grignotant ; si je longeais une autre route, si j'allais me promener dans la partie du bois que j'ignore. Et il n'en eut aucun désir. — Non, dans l'état où je suis, j'aime mieux hanter le même endroit, ne point quitter les lieux où j'ai fixé mes habitudes ; je suis déjà si peu coordonné, si facilement épars, que je ne veux pas risquer de me désunir dans la curiosité de nouveaux sites. Et il s'en fut près de l'étang en croix.

Il remonta le long de ses rives et quand il eut atteint le sommet, il s'étonna de rencontrer, à quelques minutes de là, un ruisseau moucheté de pellicules vertes, creusé entre deux haies qui servaient de clôture au monastère. Plus loin, s'étendaient des champs, une vaste ferme dont on entrevoyait les toits dans des arbres, et, partout, à l'horizon, sur des collines, des forêts qui semblaient arrêter la marche en avant du ciel.

— Je me figurais ce territoire plus grand, se dit-il, en revenant sur ses pas et lorsqu'il eut regagné le haut de l'étang en croix, il contempla l'immense crucifix de bois, dressé en l'air et qui se réverbérait dans cette glace noire. Il s'y enfonçait, vu de dos, tremblait dans les petites ondes que plissait le vent, paraissait descendre en tournoyant dans cette étendue d'encre. Et l'on n'apercevait de ce Christ de marbre dont le corps était caché, par son bois, que deux bras blancs qui dépassaient l'instrument de supplice et se tordaient dans la suie des eaux.

Assis sur l'herbe, Durtal regardait l'obscur miroir de cette croix couchée et, songeant à son âme qui était, ainsi que cet étang, tannée, salie, par un lit de feuilles mortes, par un fumier de fautes, il plaignait le Sauveur qu'il allait convier à s'y baigner, car ce ne serait même plus le martyre du Golgotha, consommé, sur une éminence, la tête haute, au jour, en plein air, au moins! mais ce serait, par un surcroît d'outrages, l'abominable plongeon du corps crucifié, la tête en bas, la nuit, dans un fond de boue!

— Ah! il serait temps de l'épargner, en me filtrant, en me clarifiant, se cria-t-il. — Et le cygne, demeuré jusqu'alors immobile dans un bras de l'étang, balaya, en s'avançant, la lamentable image, blanchit de son reflet tranquille le deuil remué des eaux.

Et Durtal songea à l'absolution qu'il obtiendrait peut-être et il rouvrit son eucologe et dénombra ses fautes; et, lentement, ainsi que la veille, il se tarauda, parvint, en se sondant, à faire sortir du sol de son être un jet de larmes.

Il s'agit de se contenir, se dit-il, tremblant à l'idée qu'il suffoquerait encore, qu'il ne pourrait parler; et il résolut de commencer à rebours sa confession, d'énumérer d'abord les petits péchés, de garder les gros pour la fin, de terminer par l'aveu des méfaits charnels; si alors je succombe, j'arriverai quand même à m'expliquer en deux mots. — Mon Dieu! pourvu néanmoins que le prieur ne se taise pas comme hier, pourvu qu'il me délie!

Il secoua sa tristesse, quitta l'étang, rejoignit son allée de tilleuls et il se plut à inspecter de près ces arbres. Ils érigeaient des troncs énormes, frottés d'orpin roux, gouachés d'argent gris par des mousses; et plusieurs, ce matin-là, étaient enveloppés ainsi que d'une mantille couturée de perles, par des fils de la Vierge que la rosée attachait avec les nœuds clairs de ses gouttes.

Il s'assit sur un banc, puis craignant une ondée, car le temps tournait à la pluie, il se retira dans sa cellule.

Il ne se sentait aucune envie de lire ; il n'avait plus qu'une hâte, atteindre, tout en la redoutant, la neuvième heure, en finir avec le lest de son âme et s'en décharger, et il priait mécaniquement, sans savoir ce qu'il marmottait, pensant toujours à cette confession, repris d'alarmes, retraversé de transes.

Il descendit un peu avant l'heure — et le cœur lui manqua, lorsqu'il pénétra dans l'auditoire.

Malgré lui, ses yeux se braquaient sur ce prie-Dieu où il avait si cruellement souffert.

Dire qu'il allait falloir se remettre sur cette claie, s'étendre encore sur ce chevalet de torture ! Il essaya de se colliger, de se résumer — et il se cabra brusquement ; il entendait les pas du moine.

La porte s'ouvrit et, pour la première fois, Durtal osa dévisager le prieur ; ce n'était plus du tout le même homme, plus du tout la figure qu'il discernait de loin ; autant le profil était hautain, autant la face était douce ; et c'était l'œil qui émoussait l'altière énergie des traits, un œil familier et profond où il y avait, à la fois, de la joie placide et de la pitié triste.

— Allons, dit-il, ne vous troublez pas, car c'est à Notre Seigneur seul qui connaît vos fautes que vous allez parler.

Et il s'agenouilla, pria longuement et vint, ainsi que la veille, s'asseoir près du prie-Dieu ; il se pencha sur Durtal et tendit l'oreille.

Un peu rassuré, le pénitent commença sans trop d'angoisses. Il s'accusait de toutes les fautes communes aux hommes, manque de charité envers le prochain, médisance, haine, jugements téméraires, injures, mensonges, vanité, colère, etc.

Le moine l'interrompit, un moment.

— Vous avez déclaré, je crois, tout à l'heure, que, dans votre jeunesse, vous aviez contracté des dettes ; les avez-vous payées ?

Et sur un signe affirmatif de Durtal, il fit : Bien — et poursuivit :

— Avez-vous fait partie d'une société secrète ? vous êtes-vous battu en duel ? — je suis obligé de poser ces questions, car ce sont des péchés réservés.

Non ? — Bien — et il se tut.

— Envers Dieu, je m'accuse de tout, reprit Durtal ; comme je vous l'ai avoué, hier, depuis ma première communion, j'ai tout quitté, prières, messe, enfin tout ; j'ai nié Dieu, je l'ai blasphémé, j'avais entièrement perdu la Foi.

Et Durtal s'arrêta.

Il arrivait aux forfaits des chairs. Sa voix faiblit.

— Ici, je ne sais plus comment m'expliquer, fit-il, en refoulant ses larmes.

— Voyons, dit doucement le moine, vous m'avez affirmé, hier, que vous aviez commis tous les actes que comporte la malice spéciale de la Luxure.

— Oui, mon père. — Et, tremblant, il ajouta : — Dois-je entrer dans des détails ?

— Non, c'est inutile, et c'est tout ?

— Je crois avoir tout avoué, répondit Durtal.

Le confesseur garda le silence, pendant quelques minutes, puis d'une voix pensive, il murmura :

— Je suis plus qu'hier encore frappé par l'étonnant miracle que le ciel a opéré en vous.

Vous étiez malade, si malade que vraiment l'on pouvait dire de votre âme ce que Marthe disait du corps de Lazare : « Jam fœtet ! » — Et le Christ vous a, en quelque sorte, ressuscité. Seulement, ne vous y trompez pas, la conversion du pécheur n'est pas sa guérison, mais seulement sa convalescence ; et cette convalescence dure quelquefois plusieurs années, est souvent longue.

Il convient donc que vous vous déterminiez, dès à présent, à vous prémunir contre les rechutes, à tenter ce qui dépendra de vous pour vous rétablir. Ce traitement préventif se compose de la prière, du Sacrement de Pénitence, de la sainte communion.

La prière ? — vous la connaissez, car après une vie agitée telle que fut la vôtre, vous n'avez pu vous décider à émigrer ici, sans avoir auparavant beaucoup prié.

— Ah ! si mal !

— Peu importe, puisque votre désir était de prier bien ! — La confession ? — Elle vous fut pénible ; elle le sera moins maintenant que vous n'aurez plus à avouer des années accumulées de fautes. La communion m'inquiète davantage ; l'on pourrait en effet craindre que dans le cas où vous triompheriez de la chair, le Démon ne vous attendît là et qu'il ne s'efforçât de vous en éloigner, car il sait fort bien que, sans ce divin Magistère, aucune guérison n'est possible. Vous aurez donc à porter sur ce point toute votre attention.

Le moine réfléchit une minute, puis il reprit :

— La sainte Eucharistie... vous en aurez plus qu'un autre besoin, car vous serez plus malheureux que les êtres moins cultivés, que les êtres plus simples. Vous serez torturé par l'imagination. Elle vous a fait beaucoup pécher et, par un juste retour, elle vous fera beaucoup souffrir ; elle sera la porte mal fermée de votre personne et c'est par là que le Démon s'introduira et s'épandra en vous. — Veillez donc de ce côté et priez ardemment pour que le Seigneur vous vienne en aide. Dites-moi, avez-vous un chapelet ?

— Non, mon père.

— Je sens, reprit le moine, dans le ton dont vous avez prononcé ce non, percer une certaine hostilité contre le chapelet.

— Je vous avouerai que ce moyen mécanique pour réciter des oraisons me gêne un peu ; je ne sais pas, mais il me semble qu'au bout de quelques secondes, je ne pourrais plus penser à ce que je répète ; je bafouillerais, je finirais certainement par balbutier des bêtises...

— Vous avez connu, fit tranquillement le prieur, des pères de famille. Leurs enfants leur bredouillaient des caresses, leur racontaient n'importe quoi et ils étaient cependant ravis de les entendre ! Pourquoi voulez-vous que Notre-Seigneur, qui est un bon père, n'aime pas à écouter ses enfants même lorsqu'ils ânonnent, même lorsqu'ils lui débitent des bêtises ?

Et après une pause, il poursuivit :

— Je flaire un peu de ruse diabolique dans votre avis, car de grandes grâces sont attachées à cette couronne d'oraisons. La Très Sainte Vierge a elle-même révélé ce moyen de prier aux Saints ; Elle a déclaré s'y complaire ; cela doit suffire pour nous le faire aimer.

Faites-le donc pour Elle qui a puissamment aidé à

votre conversion, qui a intercédé auprès de son Fils pour vous sauver. Rappelez-vous aussi que Dieu a voulu que toutes les grâces nous vinssent par Elle. Saint Bernard le déclare expressément : « Totum nos habere voluit per Mariam. »

Le moine fit une nouvelle pause et il ajouta :

— Le chapelet met, du reste, les sots en fureur et c'est là un signe sûr. Vous voudrez bien, comme pénitence, réciter une dizaine, pendant un mois, chaque jour.

Il se tut, puis lentement, il reprit :

— Nous gardons tous, hélas ! cette cicatrice du péché originel qu'est le penchant au mal ; chacun la ménage plus ou moins ; vous, depuis l'âge de discrétion, vous l'avez constamment ouverte, mais il suffit que vous exécriez votre plaie pour que Dieu la ferme. Je ne vous parlerai donc pas de votre passé, puisque votre repentir et votre ferme propos de ne plus pécher l'effacent. Demain, vous recevrez le gage de la réconciliation, vous communierez ; après tant d'années, le Seigneur s'engagera dans la route de votre âme et s'y arrêtera ; abordez-le avec grande humilité et préparez-vous d'ici là, par la prière, à ce mystérieux cœur à cœur que sa bonté désire. Dites maintenant votre acte de contrition, je vais vous donner la sainte absolution.

Le moine leva les bras et les manches de sa coule blanche volèrent ainsi que deux ailes au-dessus de lui. Il proférait, les yeux au ciel, l'impérieuse formule qui rompt les liens ; et trois mots prononcés, d'une voix plus haute et plus lente : « Ego te absolvo » tombèrent sur Durtal qui frémit de la tête aux pieds.

Il s'affaissa presque sur le sol, incapable de se réunir, de se comprendre, sentant seulement et cela d'une façon très nette, — que le Christ était en personne présent, était là, près de lui dans cette pièce, — et, ne trouvant aucune parole pour le remercier, il pleura, ravi, courbé sous le grand signe de croix dont le couvrait le moine.

Il lui sembla sortir d'un rêve, alors que le prieur lui dit : « Réjouissez-vous, votre vie est morte ; elle est enterrée dans un cloître et c'est aussi dans un cloître qu'elle va renaître ; c'est un bon présage ; ayez confiance en Notre Seigneur et allez en paix.

Et le père ajouta, en lui serrant la main : n'ayez aucune crainte de me déranger, je suis à votre entière disposition, non seulement pour la confession, mais encore pour tous les entretiens, pour tous les conseils qui pourraient vous être utiles ; c'est bien entendu, n'est-ce pas ?

Ils quittèrent ensemble l'auditoire ; le moine le salua dans le corridor et disparut. Durtal hésitait entre aller méditer dans sa cellule ou dans l'église, quand M. Bruno survint.

Il s'approcha de Durtal et lui dit :

— Hein ? c'est un fameux poids de moins sur l'estomac !

Et Durtal le regardant, étonné, il rit.

— Pensez-vous donc qu'un vieux pécheur tel que moi n'ait pas découvert à mille riens, ne fût-ce qu'à vos pauvres yeux qui maintenant s'éclairent, que vous n'étiez pas encore réconcilié lorsque vous êtes débarqué ici. Or, je viens de surprendre le révérend père qui retourne dans le cloître et, vous, je vous rencontre sortant de l'auditoire ; il n'est pas dès lors nécessaire d'être bien malin pour deviner que le grand lavage vient d'avoir lieu !

— Mais, fit Durtal, le prieur que vous n'avez pu voir avec moi, puisqu'il était parti quand vous êtes entré, aurait pu accomplir une autre tâche.

— Non, car il n'était pas en scapulaire ; il avait la coule. Et comme il n'endosse cette robe que pour se rendre à l'église ou à confesse, j'étais bien certain, étant donnée cette heure-ci qui ne comporte aucun office, qu'il venait de l'auditoire. J'avancerai encore que les trappistes n'étant pas confessés dans cette pièce, deux personnes seulement pouvaient s'y entretenir avec lui, vous ou moi.

— Vous m'en direz tant, répliqua Durtal, en riant.

Le Père Étienne les accosta sur ces entrefaites et Durtal lui réclama un chapelet.

— Mais je n'en ai pas, s'écria le moine.

— J'en possède plusieurs, fit M. Bruno et je serai très heureux de vous en offrir un. Vous permettez, mon père...

Le moine acquiesça d'un signe.

— Alors si vous voulez bien m'accompagner, reprit l'oblat, en s'adressant à Durtal, je vous le remettrai, sans plus tarder.

Ils montèrent ensemble l'escalier et Durtal connut alors que M. Bruno demeurait dans une pièce située au fond d'un petit corridor, pas bien loin de la sienne.

Cette cellule était très simplement meublée d'un ancien mobilier bourgeois, d'un lit, d'un bureau d'acajou, d'une large bibliothèque pleine de livres ascétiques, d'un poêle de faïence et de fauteuils.

Ces meubles appartenaient évidemment à l'oblat, car ils ne ressemblaient en rien au mobilier des Trappes.

— Asseyez-vous, je vous prie, dit M. Bruno, en montrant un fauteuil ; et ils causèrent.

Après s'être d'abord engagée sur le Sacrement de la Pénitence, la conversation se fixa sur le P. Maximin et Durtal avoua que la haute mine du prieur l'avait terrifié tout d'abord.

M. Bruno se mit à rire. — Oui, fit-il, il produit cet effet sur ceux qui ne l'approchent point, mais quand on le fréquente, on discerne qu'il n'est rigide que pour lui-même, car nul n'est, pour les autres, plus indulgent ; c'est un vrai et un saint moine, dans toute l'acception du terme ; aussi a-t-il de grandes lumières.....

Et comme Durtal lui parlait des autres cénobites et s'étonnait qu'il y eût, parmi eux, de très jeunes gens, M. Bruno répondit :

— S'imaginer que la plupart des trappistes ont vécu dans le monde est une erreur. Cette idée, si répandue, que les gens se réfugient dans les Trappes, après de longs chagrins, après des existences désordonnées, est absolument fausse ; d'ailleurs, pour pouvoir endurer le régime débilitant du cloître, il faut commencer jeune et surtout ne pas apporter un corps usé par des abus de toute sorte.

Il convient aussi de ne pas confondre la misanthropie et la vocation monastique ; — ce n'est pas l'hypocondrie mais l'appel divin, qui conduit dans les Trappes. Il y a là une grâce spéciale qui fait que de tout jeunes gens, qui n'ont jamais vécu, aspirent à pouvoir s'interner dans le silence et à y souffrir les privations les plus dures ;

et ils sont heureux ainsi que je vous souhaiterais de l'être ; et cependant leur existence est encore plus rigoureuse que vous ne la supposez ; prenons les convers, par exemple.

Songez qu'ils se livrent aux labeurs les plus pénibles et qu'ils n'ont même pas comme les pères la consolation d'assister à tous les offices et de les chanter ; songez que leur récompense qui est la communion ne leur est même pas très souvent concédée.

Représentez-vous maintenant l'hiver ici. Le froid y est terrible ; dans ces bâtiments délabrés, rien ne ferme et le vent balaie la maison du haut en bas ; ils y gèlent sans feu, couchent sur des grabats ; et ils ne peuvent se soutenir, s'encourager entre eux, car ils se connaissent à peine, puisque toute conversation est interdite.

Pensez aussi que ces pauvres gens n'ont jamais un mot aimable, un mot qui les soulage ou qui les réconforte. Ils travaillent de l'aube à la nuit et jamais le maître ne les remercie de leur zèle, jamais il ne dit au bon ouvrier qu'il est content.

Considérez encore que, l'été, lorsque pour faucher la moisson, l'on embauche, dans les villages voisins, des hommes, ceux-là se reposent quand le soleil torréfie les champs ; ils s'asseoient à l'ombre des meules, en manches de chemise et ils boivent s'ils ont soif et ils mangent ; et le convers les regarde dans ses lourds vêtements, et il continue sa besogne et il ne mange pas et il ne boit point. Allez, il faut des âmes fortement trempées pour résister à une vie pareille !

— Mais enfin, dit Durtal, il doit y avoir des jours de détente, des moments où la règle se relâche.

— Jamais ; il n'y a même pas, ainsi que dans des ordres bien austères pourtant — chez les Carmélites, pour en citer un — une heure de récréation où le religieux peut parler et rire. Ici, le silence est éternel.

— Même lorsqu'ils sont ensemble au réfectoire ?

— On lit alors les conférences de Cassien, l'Échelle sainte de Climaque, les vies des Pères du Désert, ou quelque autre volume pieux.

— Et le dimanche ?

— Le dimanche, on se lève une heure plus tôt ; mais c'est, en effet leur bon jour, car ils peuvent suivre tous les offices, passer tout leur temps dans l'église !

— L'humilité, l'abnégation, exacerbées jusqu'à ce point sont surhumaines ! s'écria Durtal. — Mais, pour qu'ils puissent se livrer, du matin au soir, aux travaux éreintants des champs, encore faut-il qu'on leur accorde, en quantité suffisante, une nourriture assez forte.

M. Bruno sourit.

— Ils consomment tout bonnement des légumes qui ne valent même pas ceux qu'on nous sert et, en guise de vin, ils se désaltèrent avec une boisson aigre et douceâtre qui dépose une moitié de lie par verre. Ils en ont la valeur d'une hémine ou d'une pinte, mais ils peuvent l'allonger avec de l'eau, s'ils ont soif.

— Et ils font combien de repas ?

— Cela dépend — Du 14 Septembre au Carême, ils ne mangent qu'une fois par jour, à 2 heures 1/2 — et, durant le Carême, ce repas est reculé jusqu'à 4 heures. De Pâques au 14 Septembre où le jeûne Cistercien est moins rigide, le dîner a lieu vers 11 heures 1/2 et l'on peut y ajouter le mixte, c'est-à-dire une légère collation, le soir.

— C'est effrayant! travailler et, pendant des mois, ne s'alimenter qu'à deux heures de l'après-midi, alors qu'on est debout depuis deux heures du matin et que l'on n'a pas dîné la veille !

— Aussi est-on, parfois, obligé d'élargir un peu la règle et lorsqu'un moine tombe de faiblesse, on ne lui refuse pas un morceau de pain.

Il faudra bien, du reste, continua M. Bruno d'un ton pensif, que l'on desserre davantage encore l'étreinte de ces observances, car cette question de la table devient une véritable pierre d'achoppement pour le recrutement des Trappes; des âmes qui se plairaient dans ces cloîtres sont forcées de les fuir, parce que le corps qu'elles traînent après elles ne peut s'accoutumer à ce régime.

— Et les Pères mènent la même existence que les convers ?

— Absolument — ils donnent l'exemple ; tous avalent la même pitance et couchent dans le même dortoir, sur des lits pareils ; c'est l'égalité absolue. Seulement, les pères ont l'avantage de chanter l'office et d'obtenir des communions plus fréquentes.

— Parmi les convers, il en est deux qui m'ont particulièrement intéressé, l'un, tout jeune, un grand blond qui a une barbe allongée en pointe, l'autre un très vieux, tout courbé.

— Le jeune est le frère Anaclet; c'est une véritable colonne de prières que ce jeune homme et l'une des plus précieuses recrues dont le ciel ait doté notre abbaye. Quant au vieux Siméon, il est un enfant des Trappes, car il a été élevé dans un orphelinat de l'ordre. Celui-là est une âme extraordinaire, un véritable saint, qui vit déjà fondu en Dieu. Nous en causerons plus longuement, un autre jour, car il est temps que nous descendions ; l'heure de Sexte est proche.

Tenez, voici le chapelet que je me suis permis de vous offrir. Laissez-moi y joindre une médaille de saint Benoît. — Et il remit à Durtal un petit chapelet de bois et l'étrange rondelle, gravée de lettres cabalistiques, qu'est l'amulette de saint Benoît.

— Vous connaissez le sens de ces signes ?

— Oui, je l'ai lu autrefois dans une brochure de Dom Guéranger.

— Bon — Et, à propos, quand communiez-vous ?

— Demain.

— Demain, c'est impossible !

— Pourquoi est-ce impossible ?

— Mais parce que, demain, l'on ne célèbrera qu'une seule messe, celle de cinq heures et que la règle empêche d'y communier isolément. Le P. Benoît, qui en dit d'habitude une autre avant, est parti, ce matin, et il ne reviendra que dans deux jours. Il y a donc erreur.

— Enfin le prieur m'a positivement déclaré que je communierais demain ! s'écria Durtal. — Tous les pères ne sont donc pas prêtres, ici ?

— Non, en fait de prêtres, il y a l'abbé qui est malade, le prieur qui offrira, demain, le sacrifice à cinq heures, le P. Benoît dont je vous ai parlé, un autre que vous n'avez pas vu et qui voyage. Au reste, si cela avait été possible, je me serais approché, moi aussi, de la Sainte Table.

— Alors, s'ils ne sont pas tous consacrés, quelle différence existe-t-il entre les pères qui n'ont pas obtenu le sacerdoce et les simples convers ?

— L'éducation. — Pour être père, il faut avoir fait ses études, savoir le latin, n'être pas, en un mot, ce que sont les frères lais, des paysans ou des ouvriers. — Dans tous les cas, je verrai le prieur et je vous rendrai, pour la communion de demain, réponse après l'office. Mais c'est ennuyeux ; il aurait fallu que vous pussiez vous mêler ce matin, à nous !

Durtal eut un geste de regret. Il s'en fut à la chapelle, ruminant sur ce contre-temps, priant Dieu de ne pas retarder plus longtemps sa rentrée en grâce.

Après Sexte, l'oblat vint le rejoindre. — C'est bien comme je pensais, fit-il, mais vous serez néanmoins admis à la consomption du Sacrement. — Le père prieur s'est entendu avec le vicaire qui dîne auprès de nous. Il dira, demain matin, avant son départ, une messe et vous y communierez.

— Oh ! gémit Durtal.

Cette nouvelle lui crevait le cœur. Etre venu à la Trappe pour recevoir l'Eucharistie des mains d'un prêtre de passage, d'un prêtre jovial tel qu'était celui-là ! — Ah non, j'ai été confessé par un moine et je voudrais être communié par un moine ! se cria-t-il. — Il vaudrait mieux attendre que le P. Benoît fût rentré — mais comment faire ? Je ne puis cependant exposer au prieur que ce prêtre inconnu me déplaît et qu'il me serait vraiment pénible, après avoir tant fait, de finir par être réconcilié, dans un cloître, ainsi !

Et il se plaignit à Dieu, lui dit que tout le bonheur qu'il pouvait avoir, d'être décanté, d'être enfin clair, était maintenant gâté par ce mécompte.

Il arriva au réfectoire, la tête basse.

Le vicaire était déjà là. Voyant la mine contrite de Durtal, il tenta charitablement de l'égayer, mais les plaisanteries qu'il essaya produisirent l'effet contraire. Pour être poli, Durtal souriait, mais d'un air si gêné, que M. Bruno, qui l'observait, détourna la conversation et accapara le prêtre.

Durtal avait hâte que le dîner prît fin. Il avait mangé son œuf et il absorbait péniblement une purée de pommes de terre à l'huile chaude qui ressemblait à s'y méprendre, comme aspect, à de la vaseline ; mais la nourriture, il s'en souciait peu maintenant !

Il se disait : c'est terrible d'emporter d'une première communion un souvenir irritant, une impression pénible et je me connais, ce sera pour moi une hantise. Parbleu, je sais bien qu'au point de vue théologique, il importe peu que j'aie affaire à un prêtre ou à un trappiste ; l'un et l'autre ne sont que des truchements entre Dieu et moi, mais enfin, je sens très bien aussi que ce n'est pas du tout la même chose. Pour une fois au moins, j'ai besoin d'une garantie, d'une certitude de sainteté. — Il s'arrêta, songeant que l'abbé Gévresin l'avait précisément, par crainte de ces méfiances, envoyé dans une Trappe. — Quelle déveine ! se dit-il.

Il n'écoutait même point l'entretien qui se traînait, à côté de lui, entre le vicaire et l'oblat.

Il se battait, tout seul, en mâchant, le nez dans son assiette.

— Je n'ai pas envie de communier demain, reprit-il ; et il se révolta. Il était lâche et il devenait imbécile à la fin. Est-ce que le Sauveur ne se donnerait pas à lui, quand même ?

Il sortit de table, agité par une angoisse sourde et il erra dans le parc et dévala au hasard des allées.

Une autre idée s'implantait maintenant, l'idée d'une épreuve que lui infligeait le Ciel. Je manque d'humilité, se répétait-il ; eh bien, c'est pour me punir que la joie d'être sanctifié par un moine m'est refusée. — Le Christ m'a pardonné, c'est déjà beaucoup. — Pourquoi m'accorderait-il davantage, en tenant compte de mes préférences, en exauçant mes vœux ?

Cette pensée l'apaisa, pendant quelques minutes ; et il se reprocha ses révoltes, s'accusa d'être injuste envers un prêtre qui pouvait être, après tout, un saint.

Ah ! laissons cela, se dit-il ; acceptons le fait accompli, tâchons pour une fois d'être un peu humble ; en attendant j'ai mon chapelet à réciter ; il s'assit sur l'herbe et commença.

Il n'en était pas au deuxième grain, qu'il était à nouveau poursuivi par son mécompte. Il recommença son Pater et son Ave, continua, ne songeant même plus au sens de ses prières, ruminant : — Quelle malechance, il faut que justement un moine, qui célèbre la messe tous les jours, s'absente pour que, demain, je subisse une déception pareille !

Il se tut, eut une minute d'acalmie et soudain un nouvel élément de trouble fondit sur lui.

Il regardait son chapelet dont il avait égrené dix grains.

Mais, voyons, le prieur m'a commandé d'en débiter une dizaine, tous les jours, une dizaine de grains ou une dizaine de chapelets ?

De grains, se répondit-il — et presque aussitôt il se répliqua : de chapelets.

Il demeura perplexe.

— Mais c'est idiot, il n'a pu m'ordonner de défiler dix chapelets par jour; cela ferait quelque chose comme cinq cents oraisons, à la suite ; personne ne pourrait, sans dérailler, parfaire une semblable tâche ; il n'y a donc pas à hésiter, il s'agit de dix grains, c'est clair !

— Eh non ! car enfin si le confesseur vous impose une pénitence, on doit admettre qu'il la proportionne à la grandeur des fautes qu'elle répare. Puis, j'avais une répugnance pour ces gouttes de dévotion mises en globules, il est donc naturel qu'il m'ingurgite le rosaire, à haute dose!

Pourtant... pourtant... cela ne se peut ! je n'aurais même pas à Paris le temps matériel de l'ânonner; c'est absurde !

Et l'idée qu'il se trompait revint, lancinante, à la charge.

Il n'y a pas à barguigner, cependant ; dans le langage ecclésiastique, une dizaine désigne dix grains ; sans doute... mais je me rappelle fort bien qu'après avoir prononcé le mot chapelet, le père s'est exprimé ainsi : vous direz une dizaine, ce qui signifie une dizaine de chapelets, car autrement il eût spécifié une dizaine... d'un chapelet.

Et il se riposta aussitôt : — le père n'avait pas à mettre les points sur les i, puisqu'il employait un terme convenu, connu de tous. Cet ergotage sur la valeur d'un mot est ridicule !

Il essaya de chasser cette tourmente en faisant vainement appel à sa raison; et subitement, il se sortit un argument qui acheva de le détraquer.

Il s'inventa que c'était par lâcheté, par paresse, par

désir de contradiction, par besoin de révolte, qu'il ne voulait pas dévider ses dix bobines. Entre les deux interprétations, j'ai choisi celle qui me dispensait de tout effort, de toute peine, c'est vraiment trop facile ! — Cela seul prouve que je me leurre lorsque j'essaie de me persuader que le prieur ne m'a pas prescrit d'égrapper plus de dix grains !

Puis un Pater, dix Ave et un Gloria, mais alors ce n'est rien ; ce n'est pas sérieux comme pénitence !

Et il dut se répondre : c'est pourtant beaucoup pour toi, puisque tu ne peux parvenir à les proférer, sans t'évaguer !

Il pivotait sur lui-même sans avancer d'un pas.

— Je n'ai jamais éprouvé une pareille hésitation, se dit-il, en tâchant de se reprendre : je ne suis pas fou et pourtant je me bats contre mon bon sens, car il n'y a pas à en douter, je le sais, je dois égoutter une dizaine d'Ave et pas un de plus !

Il demeura interloqué, presque effrayé de cet état qui était nouveau pour lui.

Et, pour se débarrasser, pour se faire taire, il s'imagina une nouvelle réflexion qui conciliait vaguement les deux parties, qui parait au plus pressé, qui présentait au moins une solution provisoire.

Dans tous les cas, reprit-il, je ne puis communier demain si je n'ai pas accompli aujourd'hui ma pénitence ; dans le doute, le plus sage est de s'atteler aux dix chapelets ; plus tard nous verrons ; je pourrais, au besoin, consulter le prieur. Il est vrai qu'il va me croire imbécile, si je lui parle de ces chapelets ! je ne puis cependant lui demander cela !

— Mais alors, tu vois bien, tu l'avoues toi-même, il ne saurait être question que de dix grains !

Il s'exaspéra, se rua, pour obtenir son propre silence, sur le rosaire.

Il avait beau fermer les yeux, tenter de se ramasser, de se grouper, il lui fut impossible, au bout de deux dizaines, de suivre ses oraisons ; il bafouillait, oubliait les bols du Pater, s'égarait dans les granules des Ave, piétinait sur place.

Il s'avisa, pour se réprimer, de se transporter en imagination, à chaque dose, dans une des chapelles de la Vierge qu'il aimait à fréquenter à Paris, à Notre-Dame des Victoires, à Saint-Sulpice, à Saint-Séverin ; mais ces Vierges n'étant pas assez nombreuses pour qu'il pût leur dédier chaque dizain, il évoqua les Madones des tableaux des Primitifs et, recueilli devant leur image, il tourna le treuil de ses exorations, ne comprenant pas ce qu'il marmottait, mais priant la mère du Sauveur d'accepter ses patenôtres, comme elle recevrait la fumée perdue d'un encensoir, oublié devant l'autel.

Je ne puis me forcer davantage, se dit-il ; il sortit de ce labeur, harassé, moulu, voulut souffler ; il lui restait encore trois chapelets à épuiser.

Et aussitôt qu'il se fut arrêté, la question de l'Eucharistie, qui s'était tue, reprit.

— Mieux valait ne pas communier que de communier mal ; et il était impossible qu'après de tels débats, qu'avec de pareilles préventions, il pût aborder proprement la Sainte Table.

Oui, mais alors comment faire ? — au fond, n'était-ce pas déjà monstrueux que de discuter les ordres du moine, que de vouloir opérer à sa guise, que de réclamer ses aises ! — Je vais, si cela continue, si bien pécher aujourd'hui que je serai obligé de me reconfesser, se dit-il.

Pour rompre cette obsession, il s'élança encore sur son rouet, mais alors, il s'assotit complètement ; l'artifice dont il s'était servi pour se tenir au moins devant la Vierge était usé. Quand il voulut s'abstraire, puis se susciter un souvenir de Memling, il ne put y parvenir et ses oraisons purement labiales, en l'excédant, le désolèrent.

J'ai l'âme exténuée, pensa-t-il, j'agirai sagement en la laissant reposer, en demeurant tranquille.

Il erra autour de l'étang, ne sachant plus que devenir. Si j'allais dans ma cellule ? — Il s'y rendit, essaya de s'absorber dans le Petit Office de la Vierge et il ne saisit pas un seul mot des phrases qu'il lisait. Il redescendit et recommença à rôder dans le parc.

— Il y a de quoi devenir fou ! se cria-t-il — et, mélancoliquement, il se répéta : je devrais être heureux, prier en paix, me préparer à l'acte de demain et jamais je n'ai été si inquiet, si bouleversé, si loin de Dieu !

Il faut pourtant que j'achève cette pénitence ! Le désespoir l'abattit, il fut sur le point de tout lâcher ; il se mâta encore, s'astreignit à épeler ses grains.

Il finit par les expédier ; il était à bout de forces.

Et aussitôt il trouva un nouveau moyen de se torturer.

Il se reprocha d'avoir geint ces prières, négligemment, sans même avoir sérieusement tenté d'agréger ses sens.

Et il fut sur le point de recommencer tout le chapelet ; mais devant l'évidente folie de cette suggestion, il se cabra, se refusa de s'écouter, puis il se harcela encore.

— Il n'en est pas moins vrai que tu n'as pas exactement rempli la tâche assignée par le confesseur, puisque ta conscience te reproche ton manque de recueillement, tes diversions.

Mais je suis crevé! se cria-t-il, je ne puis, dans cet état, réitérer ces exercices! — et, cette fois encore, il aboutit, pour se départager, à s'inventer un nouveau joint.

Il pourrait compenser par une dizaine, réfléchie, prononcée avec soin, toutes les boules du rosaire qu'il avait marmonnées, sans les comprendre.

Et il essaya de remettre la manivelle en marche, mais dès qu'il eut extrait le Pater, il divagua; il s'entêta quand même à vouloir moudre les Ave, mais alors son esprit se dispersa, s'enfuit de toutes parts.

Il s'arrêta, songeant: à quoi bon? du reste, une dizaine, même bien dite, équivaudrait-elle à cinq cents oraisons ratées? et puis, pourquoi une dizaine et pas deux, pas trois ; c'est absurde!

La colère le gagnait, à la fin du compte, conclut-il, ces récidives sont ineptes ; le Christ a positivement déclaré qu'il ne fallait pas user de vaines redites dans les prières. Alors quel est le but de ce moulinet d'Ave?

— Si je m'appesantis sur cet ordre d'idées, si j'ergote sur les injonctions du moine, je suis perdu, se dit-il, tout à coup; et, d'un effort de volonté, il étouffa les révoltes qui grondaient en lui.

Il se réfugia dans sa cellule ; les heures s'allongeaient interminables ; il les tuait à se ressasser toujours les mêmes objections, toujours les mêmes réponses. Cela devenait un rabâchage dont il avait, lui-même, honte.

Ce qui est certain, c'est que je suis victime d'une aberration, reprit-il ; je ne parle pas de l'Eucharistie ; là, mes pensées peuvent n'être point justes, mais elles ne sont pas démentielles au moins, tandis que pour cette question des patenôtres !

Il s'ahurit si bien, à se sentir, martelé tel qu'une enclume, entre ces deux hantises, qu'il finit par s'assoupir sur une chaise.

Il atteignit ainsi l'heure des Vêpres et le souper. Après ce repas, il retourna dans le parc.

Et alors les litiges en léthargie se ranimèrent et tout revint. Ce fut une mêlée furieuse dans tout son être. Il restait là, immobile, s'écoutait, atterré, quand un pas rapide s'approcha et M. Bruno, lui dit :

— Prenez garde, vous êtes sous le coup d'une attaque démoniaque !

Et comme Durtal, stupéfait, ne répondait pas.

— Oui, fit-il ; le bon Dieu m'accorde parfois des intuitions, et je suis certain, à l'heure qu'il est, que le Diable vous travaille les côtes. Voyons, qu'avez-vous ?

— J'ai... que je n'y comprends rien, moi-même, et Durtal narra l'étonnante bataille qu'il se livrait depuis le matin, à propos du chapelet

— Mais c'est fou, s'écria l'oblat ; c'est dix grains que le prieur vous a commandé de dire ; dix chapelets sont impossibles à réciter !

— Je le sais... et cependant je doute encore.

— C'est toujours la même tactique, fit M. Bruno ; arriver à vous dégoûter de la chose qu'on doit pratiquer ; oui, le Diable a voulu vous rendre le chapelet odieux, en vous en accablant. Puis qu'y a-t-il encore ? vous n'avez pas envie de communier demain ?

— C'est vrai, répondit Durtal.

— Je m'en doutais, lorsque je vous observai pendant le repas. Ah ! dame, après les conversions, le Malin s'agite ; et ce n'est rien, il m'en a fait voir à moi de plus dures que cela, je vous prie de le croire.

Il glissa son bras sous celui de Durtal, le ramena à l'auditoire, le pria d'attendre et disparut.

Quelques minutes après, le prieur entrait.

— Eh bien, dit-il, M. Bruno me raconte que vous souffrez. Qu'y a-t-il, au juste ?

— C'est si bête que j'ai honte de m'expliquer.

— Vous n'étonnerez jamais un moine, fit le prieur, en souriant.

— Eh bien, je sais pertinemment, je suis sûr que vous m'avez donné dix grains de chapelets à débiter, pendant un mois, chaque jour, et, depuis ce matin, je me dispute, contre toute évidence, contre tout bon sens, pour me convaincre que c'est de dix chapelets quotidiens que se compose ma pénitence.

— Prêtez-moi votre chapelet, dit le moine et regardez ces dix grains ; eh bien, c'est tout ce que je vous avais prescrit et c'est tout ce que vous aurez à réciter. Alors, vous avez égrené dix chapelets entiers, aujourd'hui ?

Durtal, fit signe que oui.

— Et, naturellement, vous vous êtes embrouillé, vous vous êtes impatienté et vous avez fini par battre la campagne.

Et voyant que Durtal souriait piteusement.

— Eh bien, entendez-moi, déclara le père, d'un ton énergique, je vous défends absolument, à l'avenir, de jamais recommencer une prière ; elle est mal dite, tant pis, passez, ne la répétez pas.

Je ne vous demande même point si l'idée de repousser la communion vous est venue, car cela va de soi ; c'est là où l'ennemi porte tous ses efforts. N'écoutez donc pas la voix diabolique qui vous la déconseille ; vous communierez demain, quoi qu'il arrive. Vous ne devez avoir aucun scrupule, car c'est moi qui vous enjoins de recevoir le Sacrement ; d'ailleurs je prends tout sur moi.

Autre question maintenant, comment sont les nuits ?

Durtal lui relata l'abominable nuit de son arrivée à la Trappe et cette sensation d'être épié qui l'avait réveillé, la veille.

— Ce sont des manifestations que nous connaissons de longue date, elles sont sans danger imminent ; ne vous en inquiétez donc point. Toutefois, si elles persistaient, vous voudriez bien m'en aviser car nous ne négligerions pas alors d'y mettre ordre.

Et le trappiste sortit tranquillement, tandis que Durtal restait songeur.

Que ces phénomènes spéciaux du sommeil soient sataniques, je n'en ai jamais douté, pensa-t-il, mais ce que j'ignorais, ce sont ces attaques de l'âme, cette charge à fond de train contre la raison qui demeure intacte et qui est vaincue néanmoins ; ça c'est fort ; il sied seulement que cette leçon me serve et que je ne sois plus ainsi désarçonné à la première alerte !

Il remonta dans sa cellule ; une grande paix était descendue en lui. A la voix du moine tout s'était tu ; il n'éprouvait plus que la surprise d'avoir déraillé pendant des heures ; il comprenait maintenant qu'il avait été assailli à l'improviste et que ce n'était pas avec lui-même qu'il avait lutté.

Il pria, se coucha. Et, soudain, par une nouvelle tactique qu'il ne devina point, l'assaut reprit.

Sans doute, se dit-il, je communierai, demain, mais... mais... suis-je bien préparé à un pareil acte ? j'aurais dû me recueillir, dans la journée, j'aurais dû remercier le Seigneur de m'avoir absous, et j'ai perdu mon temps à des sottises !

Pourquoi n'ai-je pas avoué cela, tout à l'heure au P. Maximin ? comment n'y ai-je pas songé ? — Puis j'aurais dû me reconfesser. — Et ce prêtre qui doit me communier, ce prêtre !

L'horreur qu'il ressentit pour cet homme s'accrut subitement, devint si véhémente qu'il finit par s'étonner. Ah ça mais, voilà que je suis encore roulé par l'ennemi, se dit-il et il s'affirma :

— Tout cela ne m'empêchera pas de consommer, demain, les célestes Apparences, car j'y suis bien décidé; seulement n'est-ce pas affreux de se laisser ainsi épreindre et harceler sans répit par l'Esprit de Malice, de n'avoir aucun indice du ciel qui n'intervient pas, de ne rien savoir ?

Ah ! Seigneur, si j'étais seulement certain que cette communion vous plaise ! — donnez-moi un signe, montrez-moi que je puis sans remords m'allier à Vous ; faites que, par impossible, demain, ce ne soit pas ce prêtre, mais bien un moine...

Et il s'arrêta, confondu lui-même de son audace, se demandant comment il osait solliciter, en le précisant, un signe.

C'est imbécile! se cria-t-il; d'abord, on n'a pas le droit de réclamer de Dieu de semblables faveurs; puis comme Il n'exaucera pas ce vœu, j'y aurai gagné quoi? d'aggraver encore mes angoisses, car j'augurerai quand même de ce refus que ma communion ne vaut rien !

Et il supplia le Seigneur d'oublier son souhait, s'excusa de l'avoir formulé, voulut se convaincre, lui-même, qu'il n'en devait tenir aucun compte, et, abêti par les transes de cette journée, il finit, en priant, par s'endormir.

IX

COMMUNION DE DURTAL. — LE GRAND ÉTANG. — LES TRAPPISTES
LE FRÈRE SIMÉON, LE PORCHER

Il se répétait, quand il descendit de sa cellule : c'est ce matin, que je communie et ce mot, qui eût dû le percuter et le faire vibrer, n'éveillait en lui aucun zèle. Il restait assoupi, n'ayant de goût à rien, las de tout, se sentant froid dans le fond de l'être.

Une crainte le dégourdit pourtant, lorsqu'il fut dehors. J'ignore, se dit-il, le moment où il faudra quitter mon banc et aller m'agenouiller devant le prêtre ; je sais que la communion des fidèles a lieu après celle de l'officiant ; oui mais à quel instant au juste dois-je bouger ? c'est vraiment une déveine de plus que d'être obligé de se diriger, seul, vers l'inquiétante Table ; autrement, je n'aurais qu'à suivre les autres et je ne risquerais pas au moins d'être inconvenant.

Il scruta, en y pénétrant, la chapelle ; il cherchait M. Bruno qui eût peut-être pu, en se plaçant à son côté, lui éviter ces soucis, mais l'oblat ne s'y trouvait point.

Durtal s'assit, désemparé, songeant à ce signe qu'il avait imploré la veille, s'efforçant de rejeter ce souvenir, y pensant quand même.

Il voulut se compulser et se réunir et il priait le Ciel de lui pardonner ces allées et venues d'esprit, quand M. Bruno entra, et s'en fut s'agenouiller devant la statue de la Vierge.

Presque à la même minute, un frère, qui avait une barbe en varech plantée au bas d'une figure en poire, apporta près de l'autel de saint Joseph une petite table de jardin, sur laquelle il posa un bassin, un manuterge, deux burettes et une serviette.

Devant ces préparatifs qui lui rappelaient l'imminence du Sacrifice, Durtal se roidit et parvint, d'un effort, à renverser ses anxiétés, à culbuter ses troubles et, s'échappant de lui-même, il supplia ardemment Notre-Dame d'intervenir pour qu'il pût, pendant cette heure au moins, sans s'extravaguer, prier en paix.

Et quand il eut terminé son oraison, il leva les yeux, eut un sursaut, examina, béant, le prêtre qui s'avançait, précédé du convers, pour célébrer la messe.

Ce n'était plus le vicaire qu'il connaissait, mais un autre, plus jeune, d'allure majestueuse, très grand, les joues pâles et rasées, la tête chauve.

Durtal le considérait, marchant, solennel et les yeux baissés, vers l'autel et il vit, tout à coup, une flamme violette brûler ses doigts.

Il a l'anneau épiscopal, c'est un évêque, se dit Durtal qui se pencha pour discerner, sous la chasuble et sous l'aube, la couleur de la robe. Elle était blanche.

Alors, c'est un moine, reprit-il ahuri; — et, machinalement, il se tourna vers la statue de la Vierge, appela d'un regard précipité l'oblat qui vint s'asseoir auprès de lui.

— Qui est-ce ?
— C'est Dom Anselme, l'abbé du monastère.
— Celui qui était malade ?
— Oui, c'est lui qui va nous communier.

Durtal tomba à genoux, suffoqué, presque tremblant : il ne rêvait pas ! le Ciel lui répondait par le signe qu'il avait fixé !

Il eût dû s'abîmer devant Dieu, s'écraser à ses pieds, s'épandre en une fougue de gratitude ; il le savait et il le voulait ; et, sans qu'il sût comment, il s'ingéniait à chercher des causes naturelles qui pussent justifier cette substitution d'un moine au prêtre.

C'est, sans doute, très simple ; car enfin, avant d'admettre une sorte de miracle..... au reste, j'en aurai le cœur net, car je veux, après la cérémonie, tirer cette aventure au clair.

Et il se révolta contre les insinuations qui se glissaient en lui. Eh ! quel intérêt pouvait présenter le motif de ce changement ; il en fallait évidemment un ; mais celui-là n'était qu'une conséquence, qu'un accessoire ; l'important c'était la volonté surnaturelle qui l'avait fait naître. Dans tous les cas, tu as obtenu plus que tu n'avais demandé ; tu as même mieux que le simple moine que tu désirais, tu as l'abbé même de la Trappe ! Et il se cria : O croire, croire comme ces pauvres convers, ne pas être nanti d'une âme qui vole ainsi à tous les vents ; avoir la Foi enfantine, la Foi immobile, l'indéracinable Foi ! ah ! Père, Père, enfoncez-la, rivez-la en moi !

Et il eut un tel élan qu'il se projeta ; tout disparut autour de lui et il dit, en balbutiant, au Christ : « Seigneur, ne vous éloignez point. Que votre miséricorde réfrène votre équité ; soyez injuste, pardonnez-moi ; accueillez le mendiant de communion, le pauvre d'âme ! »

M. Bruno lui toucha le bras et l'invita, d'un coup d'œil, à l'accompagner. Ils marchèrent jusqu'à l'autel et s'agenouillèrent sur les dalles, puis quand le prêtre les eut bénis, ils s'agenouillèrent plus près, sur la seule marche, et le convers leur tendit une serviette, car il n'y avait ni barre, ni nappe.

Et l'abbé de la Trappe les communia.

Ils rejoignirent leur place. Durtal était dans un état de torpeur absolue ; le Sacrement lui avait, en quelque sorte, anesthésié l'esprit ; il gisait, à genoux, sur son banc, incapable même de démêler ce qui pouvait se mouvoir au fond de lui, inapte à se rallier et à se ressaisir.

Et il eut, tout à coup, l'impression qu'il étouffait, qu'il manquait d'air ; la messe était finie ; il s'élança dehors, courut à son allée ; là, il voulut s'expertiser et il trouva le vide.

Et devant l'étang en croix dans l'eau duquel se noyait le Christ, il éprouva une mélancolie infinie, une tristesse immense.

Ce fut une véritable syncope d'âme ; elle perdit connaissance ; et quand elle revint à elle, il s'étonna de n'avoir pas ressenti un transport inconnu de joie ; puis il s'attarda sur un souvenir gênant, sur tout le côté trop humain de la déglutition d'un Dieu ; il avait eu l'hostie, collée au palais, et il avait dû la chercher et la rouler, ainsi qu'une crêpe, avec la langue, pour l'avaler.

Ah! c'était encore trop matériel! il n'eût fallu qu'un fluide, qu'un feu, qu'un parfum, qu'un souffle!

Et il chercha à s'expliquer le traitement que le Sauveur lui faisait suivre.

Toutes ses prévisions étaient retournées; c'était l'absolution et non la communion qui avait agi. Près du confesseur, il avait très nettement perçu la présence du Rédempteur; tout son être avait été, en quelque sorte, injecté d'effluves divins et l'Eucharistie lui avait seulement apporté un tribut d'étouffement et de peine.

Il semblait que les deux Sacrements eussent substitué leurs effets, l'un à l'autre; ils avaient manœuvré à rebours sur lui : le Christ s'était rendu sensible à l'âme, avant et non après.

Mais, c'est assez compréhensible, se dit-il, la grande question pour moi, c'était d'avoir la certitude absolue du pardon; par une faveur spéciale, Jésus m'a ratifié ma foi dans le dictame de Pénitence. Pourquoi eût-il fait davantage?

Et puis, quels seraient alors les largesses qu'Il réserverait à ses Saints? non mais, je suis, tout de même, étonnant. Je voudrais être traité comme il traite certainement le frère Anaclet et le frère Siméon, c'est un comble!

J'ai obtenu plus que je ne méritais. Et cette réponse que j'eus, ce matin même? bien oui, mais pourquoi tant d'avance pour aboutir subitement à ce recul?

Et, en s'acheminant vers l'abbaye pour y manger son fromage et son pain, il se dit : mon tort envers Dieu, c'est de toujours raisonner, alors que je devrais tout bêtement l'adorer ainsi que le font, ici, les moines. Ah!

pouvoir se taire, se taire à soi-même, en voilà une grâce !

Il arriva au réfectoire ; il y était, d'habitude, seul, M. Bruno n'assistant jamais, le matin, au repas de sept heures. Il commençait à se tailler une miche, quand le P. hôtelier parut.

Il tenait un pavé de grès et des couteaux. Il sourit à Durtal et lui dit : je vais faire reluire les lames du monastère, car elles en ont vraiment besoin ; — et il les déposa, sur une table, dans une petite pièce qui attenait au réfectoire.

— Eh bien, êtes-vous content? fit-il en revenant.

— Certainement — mais, que s'est-il passé, ce matin, comment ai-je été communié par l'abbé de la Trappe, alors que je devais l'être par ce vicaire qui dîne avec moi?

— Ah ! s'écria le moine, j'ai été aussi surpris que vous. Le père abbé a subitement, en se réveillant, déclaré qu'il lui fallait, ce matin, célébrer sa messe. Il s'est levé, malgré les observations du prieur qui, en tant que médecin, lui défendait de quitter son lit. Je ne sais pas et personne ne sait ce qui l'a pris. Toujours est-il qu'on lui a alors annoncé qu'il y aurait un retraitant à communier et il a répondu : parfaitement, c'est moi qui le communierai. M. Bruno en a, du reste, profité pour s'approcher, lui aussi, du Sacrement, car il aime à recevoir Notre-Seigneur des mains de Dom Anselme.

Et cette combinaison a aussi satisfait le vicaire, poursuivit en souriant, le moine ; car il est parti de la Trappe de meilleure heure, ce matin, et il a pu dire sa messe dans une commune où il était attendu... A propos, il m'a chargé de l'excuser auprès de vous de n'avoir pu vous présenter ses adieux.

Durtal s'inclina. — Il n'y a plus à douter, pensait-il, Dieu a voulu me répondre d'une façon nette.

— Et votre estomac ?

— Mais il va bien, mon père ; je suis stupéfié ; je n'ai jamais si bien digéré qu'ici ; sans compter que les névralgies, que je craignais tant, m'épargnent.

— Cela prouve que, Là-Haut, on vous protège.

— Oui, certes, je vous assure. Tiens, pendant que j'y pense, il y a longtemps du reste, que je voulais vous demander cela — comment donc sont organisés vos offices ? ils ne s'adaptent pas, avec ceux que détaille mon eucologe.

— Mais, en effet, ils diffèrent des vôtres qui appartiennent au rituel romain. Les Vêpres sont pourtant presque semblables, sauf parfois les capitules et puis ce qui vous déroute peut-être, c'est que les nôtres sont très souvent précédées des Vêpres de la Sainte Vierge. En règle générale, nous avons un psaume de moins, par office, et presque partout des leçons brèves.

Excepté, reprit, en souriant, le P. Etienne, dans les Complies, là où justement vous en récitez. Ainsi, vous avez pu le remarquer, nous ignorons l' « In manus tuas Domine », qui est une des rares leçons brèves que les paroisses chantent.

Maintenant, nous possédons aussi un Propre des Saints spécial : nous célébrons la commémoration des Bienheureux de notre ordre qui ne figurent pas dans vos livres. En somme, nous suivons à la lettre le bréviaire monastique de saint Benoît.

Durtal avait terminé son déjeuner. Il se leva, craignant d'importuner le père, par ses questions.

Un mot du moine lui trottait quand même dans la cervelle, ce mot que le prieur tenait l'emploi de médecin ; et, avant de sortir, il interrogea encore le P. Etienne.

— Non — le R. P. Maximin n'est pas médecin, mais il connaît très bien les simples et il a une petite pharmacie qui suffit, en somme, tant qu'on ne tombe pas gravement malade.

— Et, dans ce cas-là ?

— Dans ce cas-là, on peut appeler le praticien d'une des villes les plus proches, mais on n'est jamais malade à ce point ici ; ou alors on approche de sa fin et la visite d'un docteur serait inutile...

— En somme le prieur soigne l'âme et le corps, à la Trappe.

Le moine approuva d'un signe de tête.

Durtal s'en fut se promener. Il espéra dissiper son étouffement par une longue marche.

Il s'engagea dans un chemin qu'il n'avait pas encore parcouru et il déboucha dans une clairière où se dressaient les ruines de l'ancien couvent, quelques pans de murs, des colonnes tronquées, des chapiteaux de style roman ; malheureusement ces débris étaient dans un déplorable état, couverts de mousse, granités, rêches et troués, pareils à des pierres ponces.

Il continua sa route, aboutit à une longue allée, au-dessus de laquelle s'étendait un étang ; celui-là était cinq ou six fois grand comme le petit étang en forme de croix qu'il fréquentait.

Cette allée qui le surmontait était bordée de vieux chênes et, au milieu, s'érigeait, près d'un banc de bois, une statue de la Vierge, en fonte.

Il s'installa, en bas, près de l'étang dont les bords étaient ceinturés par des roseaux qu'entouraient des touffes d'osiers ; et il s'amusait à contempler les couleurs de ces arbustes, leurs feuilles d'un vert lisse, leurs tiges d'un jaune citron ou d'un rouge sang, à observer l'eau qui frisait, qui se mettait à bouillir sous un coup de vent. Et des martinets la rasaient, l'effleuraient du bout de leur aile, en détachaient des gouttes qui sautaient ainsi que des perles de vif-argent. Et ces oiseaux remontaient, tournoyaient au-dessus, poussant les huit, huit, huit, de leurs cris, tandis que des libellules s'allumaient dans l'air qu'elles sabraient de flammes bleues.

Le pacifiant refuge ! pensait Durtal ; j'aurais dû m'y reposer plus tôt ; il s'assit sur un lit de mousse, et il s'intéressa à la vie sourde et active des eaux. C'était, par instants, le clapotis et l'éclair d'une carpe qui se retournait, en bondissant : par d'autres, c'étaient de grands faucheux qui patinaient, à la surface, traçant de petits cercles, se cognant les uns sur les autres, s'arrêtant, puis refilant, en dessinant de nouveaux ronds ; et, par terre, alors auprès de lui, Durtal voyait jaillir les sauterelles vertes au ventre vermillon, ou, grimpant à l'assaut des chênes, des colonies de ces bizarres insectes qui ont sur le dos une tête de diable peinte au minium sur un fond noir.

Et, au-dessus de tout cela, s'il levait les yeux, c'était la mer silencieuse et renversée du ciel, une mer bleue, crêtée de nuages blancs qui s'escaladaient comme des vagues ; et ce firmament courait en même temps dans l'eau où il moutonnait sous une vitre glauque.

Durtal se dilatait, en fumant des cigarettes ; la mélancolie qui le comprimait depuis l'aube commençait à se fondre et la joie s'insinuait en lui de se sentir une âme lavée dans la piscine des Sacrements et essorée dans l'aire d'un cloître. Et il était, à la fois, heureux et inquiet; heureux car l'entretien qu'il venait d'avoir avec le père hôtelier lui ôtait les doutes qu'il pouvait conserver sur le côté surnaturel que présentait le soudain échange d'un prêtre et d'un moine, pour le communier; heureux aussi de savoir que, non seulement, malgré les désordres de sa vie, le Christ ne l'avait pas repoussé, mais encore qu'il lui accordait des encouragements et lui donnait des gages, qu'il entérinait par des actes sensibles l'annonce de ses grâces. Et il était néanmoins inquiet car il se jugeait encore aride et il se disait qu'il allait falloir reconnaître ces bontés par une lutte contre soi-même, par une nouvelle existence complètement différente de celle qu'il avait jusqu'ici menée.

Enfin, nous verrons! et il s'en fut, presque rasséréné, à l'office de Sexte et de là au dîner où il retrouva M. Bruno.

— Nous irons nous promener aujourd'hui, fit l'oblat, en se frottant les mains.

Et Durtal le considérant, étonné.

— Mais oui, j'ai pensé qu'après une communion un peu d'air hors les murs vous ferait du bien et j'ai proposé au R. P. abbé de vous libérer aujourd'hui de la règle, au cas où cette offre ne vous déplairait pas.

— J'accepte volontiers et je vous remercie, et vraiment, de votre charitable attention, s'écria Durtal.

Ils dînèrent d'un potage à l'huile dans lequel nageaient une côte de choux et des pois; ce n'était pas mauvais, mais le pain fabriqué à la Trappe rappelait, lorsqu'il était rassis, le pain du siège de Paris et faisait tourner les soupes.

Puis ils goûtèrent d'un œuf à l'oseille et d'un riz salé au lait.

Nous rendrons d'abord, si vous le voulez bien, dit l'oblat, une visite à Dom Anselme qui m'a exprimé le désir de vous connaître.

Et à travers un dédale de couloirs et d'escaliers, M. Bruno conduisit Durtal dans une petite cellule où se tenait l'abbé. Il était vêtu de même que tous les pères de la robe blanche et du scapulaire noir; seulement, il portait, pendue au bout d'un cordon violet, sur la poitrine, une croix abbatiale d'ivoire, au centre de laquelle des reliques étaient insérées, sous un rond de verre.

Il tendit la main à Durtal et le pria de s'asseoir.

Puis, il lui demanda si la nourriture lui paraissait suffisante. Et, sur la réponse affirmative de Durtal, il s'enquit de savoir si le silence prolongé ne lui pesait pas trop.

— Mais du tout, cette solitude me convient parfaitement.

— Eh bien, fit l'abbé, en riant, vous êtes un des seuls laïques qui supportiez aussi facilement notre régime. Généralement tous ceux qui ont tenté de faire une retraite parmi nous étaient rongés par la nostalgie et par le spleen et ils n'avaient plus qu'un désir, prendre la fuite.

Voyons, reprit-il, après une pause; il n'est tout de même pas possible qu'un changement si brusque d'habitudes n'amène point des privations pénibles; il en est une, au moins, que vous devez ressentir plus vivement que les autres?

— C'est vrai, la cigarette, allumée à volonté, me manque.

— Mais, fit l'abbé qui sourit, je présume que vous n'êtes pas resté sans fumer, depuis que vous êtes ici ?

— Je mentirais si je vous racontais que je n'ai pas fumé en cachette.

— Mon Dieu, le tabac n'avait pas été prévu par saint Benoît ; sa règle n'en fait donc pas mention et je suis dès lors libre d'en permettre l'usage ; fumez donc, Monsieur, autant de cigarettes qu'il vous plaira et sans vous gêner.

Et Dom Anselme ajouta :

— J'espère avoir un peu plus de temps à moi, prochainement, — si toutefois je ne suis pas encore obligé de garder la chambre, — auquel cas, je serais heureux de causer longuement avec vous.

Et le moine, qui paraissait exténué, leur serra la main. En redescendant avec l'oblat dans la cour, Durtal s'écria :

— Il est charmant, le père abbé, et il est tout jeune.

— Il a quarante ans à peine.

— Il a l'air vraiment souffrant.

— Oui, il ne va pas et il lui a fallu, ce matin, une énergie peu commune pour dire sa messe ; mais voyons, nous allons tout d'abord visiter le domaine même de la Trappe que vous ne devez pas avoir exploré en son entier, puis nous sortirons et nous pousserons jusqu'à la ferme.

Ils avaient quitté, tout en causant, la clôture et, coupant à travers champs, ils atteignaient une immense ferme ; des trappistes les saluèrent respectueusement quand ils entrèrent dans la cour. M. Bruno, s'adressant à l'un d'eux, le pria de vouloir bien leur faire visiter le domaine.

Le convers les conduisit dans des étables, puis dans des écuries, puis dans des poulaillers; Durtal, que ce spectacle n'intéressait pas, se bornait à admirer la bonne grâce de ces braves gens. Aucun ne parlait, mais ils répondaient aux questions par des mimiques et des clins d'yeux.

— Mais comment font-ils pour communiquer entre eux? demanda Durtal, lorsqu'il fut hors de la ferme.

— Vous venez de le voir; ils correspondent avec des signes; ils emploient un alphabet plus simple que celui des sourds-muets, car chacune des idées qu'ils peuvent avoir besoin d'exprimer pour leurs travaux en commun, est prévue.

Ainsi, le mot « lessive » est traduit par une main qui en tape une autre; le mot « légume » par l'index gauche qu'on ratisse; le sommeil est simulé par la tête penchée sur le poing; la boisson par une main close portée aux lèvres. — Et pour les termes dont le sens est plus spirituel, ils usent d'un moyen analogue. La confession se rend par un doigt que l'on pose, après l'avoir baisé, sur le cœur; l'eau bénite est signifiée par les cinq doigts serrés de la main gauche, sur lesquels on trace une croix avec le pouce de la droite; le jeûne par les doigts qui étreignent la bouche; le mot « hier » par le bras retourné vers l'épaule; la honte par les yeux couverts avec la main.

— Bien, mais supposons qu'ils aient envie de me désigner, moi qui ne suis pas un des leurs, comment s'y prendraient-ils?

— Ils se serviraient du signe « hôte » qu'ils figurent, en éloignant le poing et en le rapprochant du corps.

— Ce qui veut dire que je viens de loin chez eux; le fait est que c'est ingénu et même transparent, si l'on veut.

Ils marchèrent, silencieusement, le long d'une allée qui dévalait dans des champs de labour.

— Je n'ai pas aperçu, parmi ces moines, le frère Anaclet et le vieux Siméon, s'écria, tout à coup, Durtal.

— Ils ne sont pas occupés à la ferme; le frère Anaclet est employé à la chocolaterie et le frère Siméon garde les porcs; tous les deux travaillent dans l'enceinte même du monastère. Si vous le voulez, nous irons souhaiter le bonjour à Siméon.

Et l'oblat ajouta : — Vous pourrez attester, en rentrant à Paris, que vous avez vu un véritable saint, tel qu'il en exista au XIe siècle; celui-là nous reporte au temps de saint François d'Assise; il est, en quelque sorte, la réincarnation de cet étonnant Junipère dont les Fioretti nous célèbrent les innocents exploits. Vous connaissez cet ouvrage?

— Oui, il est, après la Légende dorée, le livre où s'est le plus candidement empreinte l'âme du Moyen Age.

— Eh bien, pour en revenir à Siméon, ce vieillard est un saint d'une simplicité peu commune. — En voici une preuve entre mille. Il y a de cela quelques mois, j'étais dans la cellule du prieur, quand le frère Siméon se présente. Il dit au père la formule usitée pour demander la parole : « Benedicite »; — le P. Maximin lui répond « Dominus » et sur ce mot, qui l'autorise à converser, le frère montre ses lunettes et raconte qu'il ne voit plus clair.

— Ce n'est pas bien surprenant, dit le prieur, voilà bientôt dix ans que vous portez les mêmes lunettes; vos yeux ont pu s'affaiblir depuis ce temps; ne vous inquiétez pas, nous trouverons le numéro qui convient maintenant à votre vue.

Tout en discourant, le P. Maximin remuait le verre des lunettes, machinalement, entre ses mains et soudain il rit, en me montrant ses doigts qui étaient devenus noirs. Il se détourne, prend un linge, achève de nettoyer les lunettes, et, les replaçant sur le nez du frère, il lui dit : voyez-vous, frère Siméon?

Et le vieux, stupéfait, s'écrie : oui... j'y vois!

Mais ceci n'est qu'une des faces de ce brave homme. Une autre c'est l'amour de ses bêtes. Quand une truie va mettre bas, il sollicite la permission de passer la nuit auprès d'elle, il l'accouche, la soigne comme son enfant, pleure lorsqu'on vend les gorets ou qu'on expédie ses cochons à l'abattoir. Aussi ce que tous ces animaux l'adorent!

Vraiment, reprit l'oblat, après un silence, Dieu aime par-dessus tout les âmes simples, car il comble le frère Siméon de grâces. Seul, ici, il possède le don de commandement sur les Esprits et peut résorber et même prévenir les accidents démoniaques qui surgissent dans les cloîtres. — L'on assiste alors à des actes étranges : un beau matin, tous les porcs tombent sur le flanc; ils sont malades et sur le point de crever.

Siméon, qui connaît l'origine de ces maux, crie au Diable : attends, attends un peu, toi, et tu vas voir! Il court chercher de l'eau bénite, en asperge, en priant, son troupeau et toutes les bêtes qui agonisaient se relèvent et gambadent, en remuant la queue.

Quant aux incursions diaboliques dans le couvent même, elles ne sont que trop réelles et, parfois, on ne les refoule qu'après de persistantes obsécrations et d'énergiques jeûnes; à certains moments, dans la plupart des abbayes, le Démon répand des semis de larves dont on ne sait comment se défaire. Ici, le père abbé, le prieur, tous ceux qui sont prêtres, ont échoué; il a fallu, pour que les exorcismes fussent efficaces, que l'humble convers intervînt; aussi, en prévision de nouvelles attaques, a-t-il obtenu le droit de laver, quand bon lui semble, avec de l'eau bénite et des oraisons, le monastère.

Il a le pouvoir de sentir le Malin là où il se cache et il le poursuit, le traque, finit par le jeter dehors.

Voici la porcherie, continua M. Bruno, en désignant en face de l'aile gauche du cloître une masure entourée de palissades et il ajouta :

— Je vous préviens, le vieux grunnit tel qu'un pourceau, mais il ne répondra, lui aussi, que par des signes à nos questions.

— Mais il peut parler à ses animaux.

— Oui, à eux seuls.

L'oblat poussa une petite porte et le convers, tout courbé, leva péniblement la tête.

— Bonjour, mon frère, dit M. Bruno; voici Monsieur qui voudrait visiter vos élèves.

Il y eut un grognement de joie sur les lèvres du vieillard. Il sourit et les invita d'un signe à le suivre.

Il les introduisit dans une étable et Durtal recula, assourdi par des cris affreux, suffoqué par l'ardeur pestilentielle des purins. Tous les porcs se dressaient debout, derrière leur barrière, hurlaient d'allégresse, à la vue du frère.

— Paix, paix, fit le vieillard, d'une voix douce, et, haussant le bras au-dessus des palis, il cajola les groins qui s'étouffaient à grogner, en le flairant.

Il tira Durtal par la manche, et le faisant pencher au-dessus du treillage, il lui montra une énorme truie au nez retroussé, de race anglaise, un animal monstrueux, entouré d'une bande de gorets qui se ruaient, ainsi que des enragés, sur ses tétines.

— Oui, ma belle, va, ma belle, murmura le vieux, en lui lissant les soies avec la main.

Et la truie le regardait avec des petits yeux languissants et lui léchait les doigts; elle finit par pousser des clameurs abominables lorsqu'il partit.

Et le frère Siméon exhiba d'autres élèves, des cochons avec des oreilles en pavillon de trompe et des queues en tire-bouchons, des truies dont les ventres traînaient et dont les pattes semblaient à peine sorties du corps, des nouveau-nés qui pillaient goulûment la calebasse des pis et d'autres plus grands qui jouaient à se poursuivre et se roulaient dans la boue, en reniflant.

Durtal lui fit compliment de ses bêtes et le vieillard jubila, s'essuya, avec sa grosse main, le front; puis, sur une question de l'oblat s'informant de la portée de telle truie, il tétait ses doigts à la file; répondait à cette réflexion que ces animaux étaient vraiment voraces, en tendant les bras au ciel, en indiquant les baquets vides, en enlevant des bouts de bois, en arrachant des touffes d'herbes qu'il portait à ses lèvres, en grouinant comme s'il avait le museau plein.

Puis il les conduisit dans la cour, les rangea contre le mur, ouvrit, plus loin, une porte et s'effaça.

Un formidable verrat passa tel une trombe, culbuta une brouette, fit jaillir tout autour de lui, ainsi qu'un obus, des éclats de terre; puis il courut au galop, en rond, tout autour de la cour et finit par aller piquer une tête dans une mare de purin. Il s'y ventrouilla, s'y retourna, gigota, les quatre pattes en l'air, s'échappa de là, noir, sale de même qu'un fond de cheminée, ignoble.

Après quoi, il se mit en arrêt, sonna joyeusement du groin et voulut aller caresser le moine qui le contint, d'un geste.

— Il est magnifique votre verrat! dit Durtal.

Et le convers regarda Durtal avec des yeux humides; et il se frotta le cou avec la main, en soupirant.

— Cela signifie qu'on le tuera prochainement, dit l'oblat.

Et le vieux acquiesça d'un hochement douloureux de tête.

Ils le quittèrent, en le remerciant de sa complaisance.

— Quand je songe à la façon dont cet être, qui s'est voué aux plus basses besognes, prie dans l'église, ça me donne envie de me mettre à genoux et de faire, ainsi que ses pourceaux, de lui baiser les mains! s'écria Durtal, après un silence.

— Le frère Siméon est un être angélique, répliqua l'oblat. Il vit de la vie Unitive, l'âme ensevelie, noyée dans l'océan de la divine Essence. Sous cette grossière enveloppe, dans ce pauvre corps réside une âme absolument blanche, une âme sans péchés; aussi, est-il bien juste que Dieu le gâte! Il lui a, ainsi que je vous l'ai dit, délégué tout pouvoir sur le Démon; et, dans certains cas, il lui concède également la puissance de guérir, par l'imposition des mains, les maladies. Il a renouvelé ici les guérisons miraculeuses des anciens Saints.

Ils se turent, puis, prévenus par les cloches qui sonnaient les Vêpres, ils se dirigèrent vers l'église.

Et, revenant alors sur lui-même, tentant de se récupérer, Durtal demeura stupéfait. La vie monastique reculait le temps. Il était à la Trappe, depuis combien de semaines et il y avait déjà combien de jours qu'il s'était approché des Sacrements? cela se perdait dans le lointain; ah! l'on vivait double, dans les cloîtres! — Et, pourtant, il ne s'y ennuyait pas; il s'était aisément plié au dur régime et, malgré la concision des repas, il n'avait aucune migraine, aucune défaillance; il ne s'était même jamais si bien porté! — mais ce qui persistait, c'était cette sensation d'étouffement, de soupirs contenus, cette ardente mélancolie des heures et, plus que tout, cette vague inquiétude d'entendre enfin en soi, d'y écouter les voix de cette Trinité, Dieu, le Démon et l'homme, réunie en sa propre personne.

Ce n'est pas la paix rêvée de l'âme — et c'est même pis qu'à Paris, se disait-il, en se rappelant l'épreuve démentielle du chapelet et, cependant — expliquez cela, l'on est, quand même, heureux, ici!

Levé de meilleure heure que de coutume, le lendemain, Durtal descendit à la chapelle. L'office de Matines était terminé, mais quelques convers, parmi lesquels se trouvait le frère Siméon, priaient, à genoux, sur le sol.

La vue de ce divin porcher jeta Durtal dans de longues rêveries. Il essayait vainement de pénétrer dans le sanctuaire de cette âme cachée comme une invisible chapelle derrière le rempart en fumier d'un corps, il ne parvenait même pas à se figurer les aîtres si adhésifs et si dociles de cet homme qui avait atteint l'état le plus élevé auquel, ici-bas, la créature humaine puisse prétendre.

Quelle force de prières il possède! se disait-il, en regardant ce vieillard.

Et il se remémorait les détails de son entrevue, la veille. C'est pourtant vrai, pensait-il, il y a chez ce moine un peu de l'allure de ce frère Junipère dont la surprenante simplicité a franchi les âges.

Et il se recordait des aventures de ce Franciscain que ses compagnons laissèrent, un jour, seul, dans le couvent, en lui recommandant de s'occuper du repas, afin qu'il fût prêt, dès leur retour.

Et Junipère réfléchit : — que de temps dépensé à préparer des mets! les frères qui se relaient dans cet emploi n'ont plus le moyen de vaquer aux oraisons! — et désirant alléger ceux qui lui succèderont à la cuisine, il se résout à conditionner de si copieux plats que la communauté puisse s'alimenter avec eux pendant quinze jours.

Il allume tous les fourneaux, se procure, on ne sait comment, d'énormes chaudrons, les remplit d'eau, y précipite, pêle-mêle, des œufs avec leurs écailles, des poulets avec leurs plumes, des légumes qu'il omet d'éplucher et il s'évertue devant un feu à rôtir des bœufs, à piler, à remuer avec un bâton la pâtée saugrenue de ses bassines.

Quand les frères rentrent et s'installent au réfectoire, il accourt, la figure rissolée et les mains cuites, et sert, joyeux, sa ratatouille. Le supérieur lui demande s'il n'est pas fol et il demeure stupéfié que l'on ne s'empiffre pas cet étonnant salmis. Il avoue, en toute humilité, qu'il a cru rendre service à ses frères et ce n'est que, sur l'observation que tant de nourriture sera perdue, qu'il pleure à chaudes larmes et se déclare un misérable ; il crie qu'il n'est propre qu'à gâter les biens du bon Dieu tandis que les moines sourient, admirant la débauche de charité et l'excès de simplicité de Juni-père.

Le frère Siméon serait assez humble et assez naïf pour renouveler d'aussi splendides gaffes, se disait Durtal ; mais mieux encore que le brave Franciscain, il m'évoque le souvenir de cet exorbitant saint Joseph de Cupertino dont l'oblat parlait hier.

Celui-là, qui s'appelait lui-même frère Ane, était un délicieux et pauvre être, si modeste, si borné qu'on le chassait de partout. Il passe dans la vie, la bouche ouverte, se cognant, ahuri, contre tous les cloîtres qui le repoussent. Il vagabonde, inapte à remplir même les besognes les plus viles. Il a, comme dit le peuple, des mains en beurre, il casse tout ce qu'il touche. On lui commande d'aller chercher de l'eau, et, il erre, sans comprendre, absorbé en Dieu, finit, quand personne n'y pense plus, par en apporter au bout d'un mois.

Un monastère de Capucins, qui l'avait recueilli, s'en débarrasse. Il repart, vague, désorbité, dans les villes, échoue dans un autre couvent où il s'emploie à soigner les animaux qu'il adore ; et il surgit dans une perpétuelle extase, se révèle le plus singulier des thaumaturges, chasse les démons et guérit les maux. Il est tout à la fois idiot et sublime; dans l'hagiographie, il reste unique et semble y figurer pour fournir la preuve que l'âme s'identifie avec l'Eternelle Sagesse, plus par le non-savoir que par la science.

Et, lui aussi, il aime les bêtes, se disait Durtal, en contemplant le vieux Siméon; et, lui aussi, il poursuit le Malin et opère par sa sainteté des guérisons.

Dans une époque où tous les hommes sont exclusivement hantés par des pensées de luxure et de lucre, elle paraît extraordinaire l'âme décortiquée, l'âme candide et toute nue, de ce bon moine. Il a quatre-vingts ans sonnés, et il mène, depuis sa jeunesse, l'existence sommaire des Trappes; il ne sait probablement pas dans quel temps il vit, sous quelles latitudes il habite, s'il est en Amérique ou en France, car il n'a jamais lu un journal et les bruits du dehors ne parviennent pas jusqu'à lui.

Il ne se doute même pas du goût de la viande et du vin; il n'a aucune notion de l'argent dont il ne soupçonne ni la valeur, ni l'aspect.

Il vit seul, concentré dans le silence et terré dans l'ombre; il médite sur les mortifications des Pères du Désert qu'on lui détaille pendant qu'il mange; et la frénésie de leurs jeûnes le rend honteux de son misérable repas et il s'accuse de son bien-être!

Ah! ce père Siméon, il est innocent; il ne sait rien de ce que nous connaissons et il sait ce que tout le monde ignore; son éducation est faite par le Seigneur même qui l'instruit de ses vérités incompréhensibles pour nous, qui lui modèle l'âme avec du ciel, qui s'infond en lui et le possède et le déifie dans l'union de Béatitude !

Durtal, qui était sorti de la chapelle, errait sur les bords du grand étang. Il regarda les roseaux qui se courbaient comme une moisson encore verte, sous un coup de vent; puis il entrevit, en se penchant, un vieux bateau qui portait, sur sa coque bleuâtre, le nom presque effacé de « l'Alleluia »; cette barque disparaissait sous des touffes de feuilles autour desquelles s'enroulaient les clochettes du volubilis; une fleur symbolique, car elle s'évase, telle qu'un calice et elle a la blancheur mate d'une oublie.

La senteur tout à la fois câline et amère des eaux le grisait. Ah! se dit-il, le bonheur consiste certainement à être interné dans un lieu très fermé, dans une prison bien close, où une chapelle est toujours ouverte; et il reprit : tiens, voici le frère Anaclet; le convers s'avançait, courbé sous une banne.

Il passa devant Durtal, en lui souriant des yeux; et, tandis qu'il continuait sa route, Durtal pensa : cet homme est pour moi un sincère ami; quand je souffrais tant, avant de me confesser, il m'a tout exprimé dans un regard. Aujourd'hui qu'il me croit plus rasséréné, plus joyeux, il est content et il me le déclare dans un sourire; et jamais je ne lui parlerai, jamais je ne le remercierai, jamais même je ne saurai qui il est — jamais je ne le reverrai peut-être !

En partant d'ici, je conserverai un ami pour lequel je sens, moi aussi, de l'affection; et aucun de nous n'aura même échangé avec l'autre un geste !

Au fond, ruminait-il, cette réserve absolue ne rend-elle pas notre amitié plus parfaite; elle s'estompe dans un éternel lointain, reste mystérieuse et inassouvie, plus sûre.

Tout en se ratiocinant ces réflexions, Durtal se dirigea vers la chapelle où l'appelait l'office et, de là, il se rendit au réfectoire.

X

L'EUCHARISTIE. — LE SALUT DE LA NATURE

Non, dit tout bas Durtal, je ne veux pas usurper la place de ces braves gens.

— Mais je vous assure que ça leur est égal.

Et Durtal se défendant encore de passer avant les convers qui attendaient leur tour de confession, le P. Étienne insista : je vais rester avec vous et dès que la cellule sera libre, vous y entrerez.

Durtal était alors sur le palier d'un escalier qui portait, échelonné sur chacune de ses marches, un frère agenouillé ou debout, la tête enveloppée dans son capuchon, le visage tourné contre le mur. Tous se récolaient, s'épuçaient, silencieux, l'âme.

De quelles fautes peuvent-ils bien s'accuser, pensait Durtal ? qui sait ? reprit-il, apercevant le frère Anaclet, la tête dans sa poitrine et les mains jointes ; qui sait s'il ne se reproche pas l'affection si discrète qu'il a pour moi ; car, dans les couvents, toute amitié est interdite !

Et il se remémorait, dans le « Chemin de la Perfection »

de sainte Térèse, une page à la fois ardente et glacée où elle crie le néant des liaisons humaines, déclare que l'amitié est une faiblesse, avère nettement que toute religieuse qui désire voir ses proches est imparfaite.

— Venez, dit le P. Étienne qui interrompit ses réflexions et le poussa par la porte d'où sortait un moine, dans la cellule. Le P. Maximin y était assis, près d'un prie-Dieu.

Durtal s'agenouilla et lui raconta, brièvement, ses scrupules, ses luttes de la veille.

— Ce qui vous arrive n'est pas surprenant après une conversion ; au reste, c'est bon signe, car, seules, les personnes sur lesquelles Dieu a des vues sont soumises à ces épreuves, dit lentement le moine, lorsque Durtal eut terminé son récit.

Et il poursuivit :

— Maintenant que vous n'avez plus de péchés graves, le Démon s'efforce de vous noyer dans un crachat. En somme, dans ces épisodes d'une malice aux abois, il y a pour vous tentation et non pas faute.

Vous avez, si je sais résumer vos aveux, subi la tentation de la chair et de la Foi et vous avez été torturé par le scrupule.

Laissons de côté les visions sensuelles ; telles qu'elles se sont produites, elles demeurent indépendantes de votre volonté, pénibles, sans doute, mais inactives.

Les doutes sur la Foi sont plus dangereux.

Pénétrez-vous bien de cette vérité qu'il n'existe, en sus de la prière, qu'un remède qui soit souverain contre ce mal, le mépris.

Satan est l'orgueil, méprisez-le et aussitôt son audace

croule ; il parle ; haussez les épaules, et il se tait. Ce qu'il faut, c'est ne pas disserter avec lui ; si retors que vous puissiez être vous auriez le dessous, car il possède la plus rusée des dialectiques.

— Oui, mais comment faire ? je ne voulais pas l'écouter et je l'entendais quand même ; j'étais bien obligé, ne fût-ce que pour le réfuter, de lui répondre.

— Et c'est justement sur cela qu'il comptait pour vous réduire ; retenez avec soin ceci : afin de vous donner la facilité de le rétorquer, il vous présentera, au besoin, des arguments grotesques et, une fois qu'il vous verra, confiant, naïvement satisfait de l'excellence de vos répliques, il vous embrouillera dans des sophismes si spécieux que vous vous débattrez vainement pour les résoudre.

Non, je vous le répète, eussiez-vous la meilleure des raisons à lui opposer, ne ripostez pas, refusez la lutte.

Le prieur se tut, puis tranquillement, il reprit :

— Il y a deux manières de se débarrasser d'une chose qui gêne, la jeter au loin ou la laisser tomber. Jeter au loin exige un effort dont on peut n'être pas capable, laisser tomber n'impose aucune fatigue, est simple, sans péril, à la portée de tous.

Jeter au loin implique encore un certain intérêt, une certaine animation, voire même une certaine crainte ; laisser tomber, c'est l'indifférence, le mépris absolu ; croyez-moi, usez de ce moyen et Satan fuira.

Cette arme du mépris serait aussi toute-puissante pour vaincre l'assaut des scrupules si, dans les combats de cette nature, la personne assiégée y voyait clair. Malheureusement, le propre du scrupule est d'affoler les gens, de leur faire perdre aussitôt la tramontane, et il est dès lors indispensable de s'adresser au prêtre, pour se défendre.

En effet, poursuivit le moine, qui s'était interrompu, un moment, pour réfléchir — plus on se regarde de près et moins on se voit ; l'on devient presbyte dès qu'on s'observe ; il est nécessaire de se placer à un certain point de vue pour distinguer les objets, car lorsqu'ils sont très rapprochés, ils deviennent aussi confus que s'ils étaient loin. C'est pourquoi, il faut, en pareil cas, recourir au confesseur qui n'est ni trop éloigné, ni trop contigu, qui se tient juste à l'endroit d'où les objets se détachent dans leur relief. Seulement, il en est du scrupule ainsi que de certaines maladies qui, lorsqu'elles ne sont pas prises à temps, deviennent presque incurables.

Ne lui permettez donc point de s'implanter en vous ; le scrupule ne résiste pas à l'aveu, dès qu'il débute. Au moment où vous le formulez devant le prêtre, il se dissout ; c'est une sorte de mirage qu'un mot efface.

Vous m'objecterez, continua le moine, après un silence, qu'il est très mortifiant d'avouer des chimères qui sont, la plupart du temps, absurdes ; mais c'est bien pour cela que le Démon vous suggère presque toujours moins des arguties que des sottises. Il vous appréhende ainsi, par la vanité, par la fausse honte.

Le moine se tut encore, puis il continua :

— Le scrupule non traité, le scrupule non guéri mène au découragement qui est la pire des tentations, car, dans les autres, Satan n'attaque qu'une vertu en particulier et il se montre, tandis que, dans celle-là, il les attaque toutes en même temps et il se cache.

Et cela est si vrai que si vous êtes séduit par la concupiscence, par l'amour de l'argent, par l'orgueil, vous pouvez, en vous examinant, vous rendre compte de la nature de la tentation qui vous épuise; dans le découragement, au contraire, votre entendement est obscurci à un tel degré que vous ne soupçonnez même pas que cet état, dans lequel vous croupissez, n'est qu'une manœuvre diabolique qu'il faut combattre; et vous lâchez tout, vous livrez même la seule arme qui pouvait vous sauver, la prière, dont le Démon vous détourne ainsi que d'une chose vaine.

N'hésitez donc jamais à couper le mal dans sa racine, à soigner le scrupule aussitôt qu'il naît.

Maintenant, dites-moi, vous n'avez pas autre chose à confesser?

— Non, si ce n'est l'indésir de l'Eucharistie, la langueur dans laquelle maintenant je fonds.

— Il y a de la fatigue dans votre cas, car l'on n'endure pas impunément un pareil choc; ne vous inquiétez pas de cela — ayez confiance — ne prétendez point vous présenter devant Dieu, tiré à quatre épingles; allez à lui, simplement, naturellement, en négligé même, tel que vous êtes; n'oubliez pas que si vous êtes un serviteur, vous êtes aussi un fils; ayez bon courage, Notre-Seigneur va dissiper tous ces cauchemars.

Et lorsqu'il eut reçu l'absolution, Durtal descendit à l'église, pour attendre l'heure de la messe.

Et quand le moment de la communion fut venu, il suivit M. Bruno derrière les convers; tous étaient agenouillés, sur les dalles et, les uns après les autres, ils se relevaient pour échanger le baiser de paix, et gagner l'autel.

Tout en se répétant les conseils du P. Maximin, tout en s'exhortant à l'abandon, Durtal ne pouvait s'empêcher de penser, en voyant tous ces moines aborder la Table : ce que le Seigneur va trouver un changement lorsque je m'avancerai, à mon tour ; après être descendu dans les sanctuaires, il va être réduit à visiter les bouges. Et sincèrement, humblement, il le plaignit.

Et il éprouva, comme la première fois qu'il s'était approché du pacifiant mystère, une sensation d'étouffement, de cœur gros, lorsqu'il fut retourné à sa place. Il quitta, aussitôt la messe terminée, la chapelle et s'échappa dans le parc.

Alors, doucement, sans effets sensibles, le Sacrement agit ; le Christ ouvrit, peu à peu, ce logis fermé et l'aéra ; le jour entra à flots chez Durtal. Des fenêtres de ses sens qui plongeaient jusqu'alors sur il ne savait quel puisard, sur quel enclos humide et noyé d'ombre, il contempla subitement, dans une trouée de lumière, la fuite à perte de vue du ciel.

Sa vision de la nature se modifia ; les ambiances se transformèrent ; ce brouillard de tristesse qui les voilait s'évanouit ; l'éclairage soudain de son âme se répercuta sur les alentours.

Il eut cette sensation de dilatement, de joie presque enfantine du malade qui opère sa première sortie, du convalescent qui, après avoir traîné dans sa chambre, met enfin le pied dehors ; tout se rajeunit. Ces allées, ces bois qu'il avait tant parcourus, qu'il commençait à connaître, à tous leurs détours, dans tous leurs coins, lui apparurent sous un autre aspect. Une allégresse contenue, une douceur recueillie émanaient de ce site qui lui paraissait, au lieu de s'étendre ainsi qu'autrefois, se rapprocher, se rassembler autour du crucifix, se tourner, attentif, vers la liquide croix.

Les arbres bruissaient, tremblants, dans un souffle de prières, s'inclinaient devant le Christ qui ne tordait plus ses bras douloureux dans le miroir de l'étang mais qui étreignait ces eaux, les éployait contre lui, en les bénissant.

Et elles-mêmes différaient ; leur encre s'emplissait de visions monacales, de robes blanches qu'y laissait, en passant, le reflet des nuées, et le cygne les éclaboussait, dans un clapotis de soleil, faisait, en nageant, courir devant lui de grands ronds d'huile.

L'on eût dit de ces ondes dorées par l'huile des catéchumènes et le saint Chrême que l'Eglise exorcise, le samedi de la Semaine Sainte ; et, au-dessus d'elles, le ciel entr'ouvrit son tabernacle de nuages, en sortit un clair soleil semblable à une monstrance d'or en fusion, à un saint sacrement de flammes.

C'était un salut de la nature, une génuflexion d'arbres et de fleurs, chantant dans le vent, encensant de leurs parfums le Pain sacré qui resplendissait là-haut, dans la custode embrasée de l'astre.

Durtal regardait, transporté. Il avait envie de crier à ce paysage son enthousiasme et sa foi ; il éprouvait enfin une aise à vivre. L'horreur de l'existence ne comptait plus devant de tels instants qu'aucun bonheur simplement terrestre n'est capable de donner. Dieu seul avait le pouvoir de gorger ainsi une âme, de la faire déborder et ruisseler en des flots de joie ; et, lui seul pouvait aussi combler la vasque des douleurs, comme aucun évènenement de ce monde ne le savait faire. Durtal venait de l'expérimenter; la souffrance et la liesse spirituelles atteignaient, sous l'épreinte divine, une acuité que les gens les plus humainement heureux ou malheureux ne soupçonnent même pas.

XI

GRANDEUR DE L'ÉGLISE. — BEAUTÉ DE LA LITURGIE

J'ai envie, dit Durtal, de visiter aujourd'hui cette petite chapelle, au bout du parc, dont vous m'avez parlé, l'autre jour. Quel est le chemin le plus court pour l'accoster?

M. Bruno lui établit son itinéraire et Durtal s'en fut, en roulant une cigarette, rejoindre le grand étang; là, il bifurqua par un sentier, sur la gauche, et escalada une ruelle d'arbres.

Il glissait sur la terre détrempée, avançait avec peine. Il finit par atteindre cependant un bouquet de noyers qu'il contourna. Derrière eux, s'élevait une tour naine coiffée d'un minuscule dôme et percée d'une porte. A gauche et à droite de cette porte, sur des socles où des ornements de l'époque romane apparaissaient encore sous la croûte veloutée des mousses, deux anges de pierre étaient debout.

Ils appartenaient évidemment à l'école Bourguignonne, avec leurs grosses têtes rondes, leurs cheveux ébouriffés et divisés en ondes, leurs faces joufflues au nez relevé, leurs solides draperies à tuyaux durs. Eux aussi provenaient des ruines du vieux cloître, mais ce qui était malheureusement bien moderne, c'était l'intérieur de cette chapelle si exiguë que les pieds touchaient presque le mur d'entrée lorsqu'on s'agenouillait devant l'autel.

Dans une niche enfumée par une gaze blanche, une Vierge qui exhibait des yeux en plâtre bleu et deux pommes d'api à la place des joues, souriait en étendant les mains. Elle était d'une insignifiance vraiment gênante, mais son sanctuaire, qui gardait la tiédeur des pièces toujours closes, était intime. Les cloisons tapissées de lustrine rouge étaient époussetées, le plancher était balayé et les bénitiers pleins; de superbes roses-thé s'épanouissaient dans des pots, entre les candélabres. Durtal comprit alors pourquoi il avait si souvent aperçu M. Bruno se dirigeant, des fleurs à la main, de ce côté; il devait orer dans ce lieu qu'il aimait sans doute parce qu'il était isolé dans la solitude profonde de cette Trappe.

Le brave homme! se cria Durtal, resongeant aux services affectueux, aux prévenances fraternelles que l'oblat avait eus pour lui. Et il ajouta : l'heureux homme aussi, car il se possède et vit si placide ici!

Et en effet, reprit-il, à quoi bon lutter si ce n'est contre soi-même? s'agiter pour de l'argent, pour de la gloire, se démener afin d'opprimer les autres et d'être adulé par eux, quelle besogne vaine!

Seule, l'Eglise, en dressant les reposoirs de l'année liturgique, en forçant les saisons à suivre, pas à pas, la vie du Christ, a su nous tracer le plan des occupations nécessaires, des fins utiles. Elle nous a fourni le moyen de marcher toujours côte à côte avec Jésus, de vivre l'au jour le jour des Evangiles ; pour les chrétiens elle a fait du temps le messager des douleurs et le héraut des joies ; elle a confié à l'année le rôle de servante du Nouveau Testament, d'émissaire zélée du culte.

Et Durtal réfléchissait à ce cycle de la liturgie qui débute au premier jour de l'an religieux, à l'Avent, puis tourne, d'un mouvement insensible, sur lui-même, jusqu'à ce qu'il revienne à son point de départ, à cette époque où l'Eglise se prépare, par la pénitence et la prière, à célébrer la Noël.

Et, feuilletant son eucologe, voyant ce cercle inouï d'offices, il pensait à ce prodigieux joyau, à cette couronne du roi Recceswinthe que le musée de Cluny recèle.

L'année liturgique n'était-elle pas, comme elle, pavée de cristaux et de cabochons par ses admirables cantiques, par ses ferventes hymnes, sertis dans l'or même des Saluts et des Vêpres ?

Il semblait que l'Eglise eût substitué à cette couronne d'épines dont les Juifs avaient ceint les tempes du Sauveur, la couronne vraiment royale du Propre du Temps, la seule qui fût ciselée dans un métal assez précieux, avec un art assez pur, pour oser se poser sur le front d'un Dieu !

Et la grande Lapidaire avait commencé son œuvre en incrustant, dans ce diadème d'offices, l'hymne de saint Ambroise, et l'invocation tirée de l'Ancien Testament le « Rorate cœli », ce chant mélancolique de l'attente et du regret, cette gemme fumeuse, violacée, dont l'eau s'éclaire alors qu'après chacune de ses strophes, surgit la déprécation solennelle des patriarches appelant la présence tant espérée du Christ.

Et les quatre dimanches de l'Avent disparaissaient avec les pages tournées de l'eucologe; la nuit de la Nativité était venue : après le « Jesu Redemptor » des Vêpres, le vieux chant Portugais l' « Adeste fideles » s'élevait, au Salut, de toutes les bouches. C'était une prose d'une naïveté vraiment charmante, une ancienne image où défilaient les pâtres et les rois, sur un air populaire approprié aux grandes marches, apte à charmer, à aider, par le rythme en quelque sorte militaire des pas, les longues étapes des fidèles quittant leurs chaumières pour se rendre aux églises éloignées des bourgs.

Et, imperceptiblement, ainsi que l'année, en une invisible rotation, le cercle virait, s'arrêtait à la fête des Saints Innocents où s'épanouissait, telle qu'une flore d'abattoir, en une gerbe cueillie sur un sol irrigué par le sang des agneaux, cette séquence rouge et sentant la rose qu'est le « Salvete flores martyrum » de Prudence; — la couronne bougeait encore et l'hymne de l'Epiphanie le « Crudelis Herodes », de Sedulius, paraissait à son tour.

Maintenant, les dimanches gravitaient, les dimanches violets où l'on n'entend plus « le Gloria in excelsis », où l'on chante l' « Audi Benigne » de saint Ambroise et le « Miserere », ce psaume couleur de cendre qui est peut-être le plus parfait chef-d'œuvre de tristesse qu'ait puisé, dans ses répertoires de plain-chants, l'Eglise.

C'était le Carême dont les améthystes s'éteignaient dans le gris mouillé des hydrophanes, dans le blanc embrumé des quartz et l'invocation magnifique l' « At-

« tende Domine » montait sous les cintres. Issu, comme le « Rorate cœli », des proses de l'Ancien Testament, ce chant humilié, contrit, énumérant les punitions méritées des fautes, devenait sinon moins douloureux, en tout cas plus grave encore et plus pressant, lorsqu'il confirmait, lorsqu'il résumait, dans la strophe initiale de son refrain, l'aveu déjà confessé des hontes.

Et, subitement, sur cette couronne éclatait, après les feux las des Carêmes, l'escarboucle en flamme de la Passion. Sur la suie bouleversée d'un ciel, une croix rouge se dressait et des hourras majestueux et des cris éplorés acclamaient le Fruit ensanglanté de l'arbre; et le « Vexilla regis » se répétait encore, le dimanche suivant, à la férie des Rameaux qui joignait à cette prose de Fortunat l'hymne verte qu'elle accompagnait d'un bruit soyeux de palmes, le « Gloria, laus et honor » de Théodulphe.

Puis les feux des pierreries grésillaient et mouraient. Aux braises des gemmes, succédaient les charbons éteints des obsidiennes, des pierres noires, renflant à peine sur l'or terni, sans un reflet, de leurs montures; l'on entrait dans la Semaine Sainte; partout le « Pange lingua », de Claudien Mamert et le « Stabat » gémissaient sous les voûtes; et c'étaient les Ténèbres, les lamentations et les psaumes dont le glas faisait vaciller la flamme des cierges de cire brune, et, après chaque halte, à la fin de chacun des psaumes, l'un des cierges expirait et sa fusée de fumée bleue s'évaporait encore dans le pourtour ajouré des arches, lorsque le chœur reprenait la série interrompue des plaintes.

Et la couronne conversait une fois de plus ; les grains de ce rosaire musical coulaient encore et tout changeait. Jésus était ressuscité et les chants d'allégresse sautaient des orgues. Le « Victimæ Paschali laudes » exultait avant l'évangile des messes et, au Salut, l' « O filii et filiæ », vraiment créé pour être entonné par les jubilations éperdues des foules, courait, jouait, dans l'ouragan joyeux des orgues qui déracinait les piliers et soulevait les nefs.

Et les fêtes carillonnées se suivaient à de plus longs intervalles. A l'Ascension, les cristaux lourds et clairs de saint Ambroise emplissaient d'eau lumineuse le bassin minuscule des chatons ; les feux des rubis et des grenats s'allumaient à nouveau avec l'hymne cramoisie et la prose écarlate de la Pentecôte « le Veni Creator » et le « Veni Spiritus ». La fête de la Trinité passait, signalée par les Quatrains de Grégoire le Grand et pour la fête du Saint Sacrement, la liturgie pouvait exhiber le plus merveilleux écrin de son douaire, l'office de saint Thomas, le « Pange lingua », l' « Adoro te », le « Sacris Solemniis », le « Verbum supernum » et surtout le « Lauda Sion », ce pur chef-d'œuvre de la poésie latine et de la scolastique, cette hymne si précise, si lucide dans son abstraction, si ferme dans son verbe rimé autour duquel s'enroule la mélodie la plus enthousiaste, la plus souple peut-être du plain-chant.

Le cercle se déplaçait encore, montrant sur ses différentes faces les vingt-trois à vingt-huit dimanches qui défilent derrière la Pentecôte, les semaines vertes du temps de Pèlerinage, et il s'arrêtait à la dernière férie, au dimanche après l'octave de la Toussaint, à la Dédicace des Eglises qu'encensait le « Cœlestis urbs », de vieilles stances dont les ruines avaient été mal consolidées par les architectes d'Urbain VIII, d'antiques cabochons dont l'eau trouble dormait, ne s'animait qu'en de rares lueurs.

La soudure de la couronne religieuse, de l'année liturgique se faisait alors aux messes où l'évangile du dernier dimanche qui suit la Pentecôte, l'évangile selon saint Mathieu répète, ainsi que l'évangile selon saint Luc qui se récite au premier dimanche de l'Avent, les terribles prédictions du Christ sur la désolation des temps, sur la fin annoncée du monde.

Ce n'est pas tout, reprit Durtal que cette course au travers de son paroissien intéressait. Dans cette couronne du Propre du Temps, s'insèrent, telles que des pierres plus petites, les proses du Propre des Saints qui comblent les places vides et achèvent de parer le cycle.

D'abord, les perles et les gemmes de la Sainte Vierge, les joyaux limpides, les saphirs bleus et les spinelles roses de ses antiennes, puis l'aigue-marine si lucide, si pure de l' « Ave maris stella », la topaze pâlie des larmes, de l' « O quot undis lacrymarum » de la fête des Sept Douleurs, et l'hyacinte, couleur de sang essuyé, du « Stabat »; puis s'égrènent les fêtes des Anges et des Saints, les hymnes dédiées aux Apôtres et aux Evangélistes, aux Martyrs solitaires ou accouplés, hors et pendant le temps pascal, aux Confesseurs Pontifes ou non Pontifes, aux Abbés, aux Vierges, aux saintes Femmes, toutes fêtes différenciées par des séquences particulières, par des proses spéciales, dont quelques-unes naïves, comme les quatrains tressés en l'honneur de la nativité de saint Jean-Baptiste, par Paul Diacre.

Il reste enfin la Toussaint avec le « Placare Christe » et les trois coups de tocsin, le glas en tercets du « Dies iræ » qui retentit, le jour réservé à la Commémoration des morts.

Quel immense bien-fonds de poésie, quel incomparable fief d'art l'Église possède ! s'écria-t-il, en fermant son livre ; et des souvenirs se levaient pour lui de cette excursion dans l'eucologe.

Que de soirs où la tristesse de vivre s'était dissipée, en écoutant ces proses clamées dans les églises !

Il repensait à la voix suppliante de l'Avent et il se rappelait un soir où il rôdait, sous une pluie fine, le long des quais. Il était chassé de chez lui par d'horribles visions et en même temps obsédé par le dégoût croissant de ses vices. Il avait fini, sans le vouloir, par échouer à Saint-Gervais.

Dans la chapelle de la Vierge, de pauvres femmes étaient prostrées. Il s'était agenouillé, las, abasourdi, l'âme si mal à l'aise, qu'elle somnolait, sans force pour s'éveiller. Des chantres et des gamins de la maîtrise s'étaient installés avec deux ou trois prêtres dans cette chapelle ; on avait allumé des cierges, et une voix blonde et ténue d'enfant avait, dans le noir de l'église, chanté les longues antiennes du Rorate.

Dans l'état d'accablement, de tristesse où il stagnait, Durtal s'était senti ouvert et saigné jusqu'au fond de l'âme, alors que moins tremblante qu'une voix plus âgée qui eût compris le sens des paroles qu'elle disait, cette voix racontait ingénument, presque sans confusion au Juste : « Peccavimus et facti sumus tanquam immundus nos. »

Et Durtal reprenait ces mots, les épelait, terrifié, pensait : ah oui, nous avons péché et nous sommes devenus semblables au lépreux, Seigneur ! — Et le chant continuait et, à son tour, le Très-Haut empruntait ce même organe innocent de l'enfance, pour confesser à l'homme sa pitié, pour lui confirmer le pardon assuré par la venue du Fils.

Et la soirée s'était terminée par un Salut de plainchant au milieu de ce silence prosterné de malheureuses femmes.

Durtal se rappelait être sorti de l'église, étayé, renfloué, débarrassé de ses hantises et il était reparti sous la bruine, surpris que le chemin fût aussi court, fredonnant le Rorate dont l'air l'obsédait, finissant par y voir l'attente personnelle d'un inconnu propice.

Et c'étaient d'autres soirs... l'Octave des Morts à Saint-Sulpice et à Saint-Thomas d'Aquin où l'on ressuscitait, après les Vêpres des trépassés, la vieille séquence disparue du bréviaire romain, le « Languentibus in Purgatorio. »

Cette église était la seule à Paris qui eût conservé ces pages de l'hymnaire gallican et elle les faisait détailler, sans maîtrise, par deux basses, mais ces chantres, si médiocres d'habitude, aimaient sans doute cette mélodie, car s'ils ne la chantaient pas avec art, ils l'expulsaient au moins dans un peu d'âme.

Et cette invocation à la Madone que l'on adjurait de sauver les âmes du Purgatoire était dolente comme ces âmes mêmes, et si mélancolique, si languide qu'on oubliait l'alentour, l'horreur de ce sanctuaire dont le chœur est une scène de théâtre, entourée de baignoires fermées, et garnie de lustres ; on rêvait, loin de Paris, quelques instants, hors de cette population de dévotes et de domestiques qui fréquente ce lieu, ce soir.

Ah ! l'Eglise, se disait-il, en descendant le sentier qui conduisait au grand étang, quelle génitrice d'art !

XII

DÉPART DE DURTAL DE LA TRAPPE

DURTAL voulut, aussitôt après la messe, visiter, une dernière fois, ces bois qu'il avait, tour à tour, si languissamment et si violemment battus. Il se promena d'abord dans la vieille allée de ces tilleuls dont les pâles émanations étaient vraiment pour son esprit ce que leurs feuilles infusées sont pour le corps, une sorte de panacée très faible, de sédatif bénin, très doux.

Puis il s'assit à leur ombre, sur un banc de pierre. En se penchant un peu, par les trous agités des branches, il apercevait la façade solennelle de l'abbaye, et, vis-à-vis d'elle, séparée par le potager, la gigantesque croix debout, devant ce plan liquide d'une basilique que simulait l'étang.

Il se leva, s'approcha de cette croix d'eau dont le ciel bleuissait le jus de chique et il contemplait le grand Christ de marbre blanc qui dominait toute la Trappe, semblait se dresser, en face d'elle, comme un rappel permanent des vœux de souffrances qu'il avait acceptés et qu'il se réservait de changer, à la longue, en joies.

Le fait est, se dit Durtal qui repensait à ces aveux contradictoires des moines, confessant qu'ils menaient, à la fois, la vie la plus attrayante et la plus atroce, le fait est que le bon Dieu les dupe. Ils atteignent ici-bas le paradis en y cherchant l'enfer ; quelle étrange existence, j'ai moi-même égouttée dans ce cloître, reprit-il, car j'y ai été, presque en même temps, et très malheureux et très heureux ; et maintenant je sens bien le mirage qui déjà commence ; avant deux jours, le souvenir des chagrins qui furent cependant, si je les recense avec soin, très supérieurs aux liesses, aura disparu et je ne me rappellerai plus que des témulences intérieures à la chapelle, que des vols délicieux, le matin, dans les sentiers du parc.

Ce que je regretterai la geôle en plein air de ce couvent ! — C'est curieux, je m'y découvre attaché par d'obscurs liens ; il me remonte, lorsque je suis dans ma cellule, je ne sais quelles souvenances de famille ancienne. Je me suis aussitôt retrouvé chez moi, dans un lieu que je n'avais jamais vu ; j'ai reconnu, dès le premier instant, une vie très spéciale et que j'ignorais néanmoins. Il me semble que quelque chose qui m'intéresse, qui m'est même personnel, s'est passé, avant que je ne fusse né, ici. Vraiment, si je croyais aux métempsycoses, je pourrais m'imaginer que j'ai été, dans les existences antérieures, moine... mauvais moine alors, se dit-il, en souriant de ces réflexions, puisque j'aurais dû me réincarner et retourner, pour expier mes fautes, dans un cloître.

Tout en se causant, il avait arpenté une longue allée qui conduisait au bout de la clôture et, coupant à mi-chemin, à travers des halliers, il flâna sur la lisière du grand étang.

Il ne bouillonnait pas de même que certains jours où le vent le creusait et l'enflait, le faisait courir et revenir sur lui-même, dès qu'il touchait ses rives. Il restait immobile, n'était remué que par des reflets de nuages mouvants et d'arbres. Par moments, une feuille tombée des peupliers voisins voguait sur l'image d'une nuée ; par d'autres, des bulles d'air filaient du fond et crevaient à la surface, dans le bleu réverbéré du ciel.

Durtal chercha la loutre, mais elle ne se montra point ; il revoyait seulement les martinets qui écorchaient l'eau d'un coup d'aile, les libellules qui pétillaient comme des aigrettes, éclairaient comme les flammes azurées des soufres.

S'il avait souffert près de l'étang en croix, il ne pouvait évoquer devant la nappe de cet autre étang que le rappel des lénitives heures qu'il y avait coulées, étendu sur un lit de mousse ou sur une couche de roseaux secs ; et il le regardait, attendri, essayant de le fixer, de l'emporter dans sa mémoire, pour revivre à Paris, les yeux fermés, sur ses bords.

Il poursuivit sa marche, s'attarda dans une allée de noyers qui longeait les murailles au-dessus du monastère ; de là, il plongeait dans la cour, devant le cloître, sur des communs, des écuries, des bûchers, sur les cabines mêmes des porcs. Il tentait d'apercevoir le frère Siméon, mais il était probablement occupé dans les étables, car il ne parut pas. Les bâtiments étaient muets, les pourceaux rentrés ; seuls, quelques chats efflanqués, rôdaient, taciturnes, se regardant à peine lorsqu'ils se rencontraient, allant chacun de son côté, à la recherche sans doute d'un nourrissant gibier qui les consolerait de ces éternels repas de soupe maigre que leur servait la Trappe.

L'heure pressait, il s'en fut prier, une dernière fois, à la chapelle et regagna sa cellule, afin de préparer sa valise.

Tout en rangeant ses affaires, il pensait à l'inutilité des logis qu'on pare. Il avait dépensé tout son argent, à Paris, pour acheter des bibelots et des livres, car il avait jusqu'alors détesté la nudité des murs.

Et aujourd'hui, considérant les parois désertes de cette pièce, il s'avouait qu'il était mieux chez lui entre ces quatres cloisons blanchies à la chaux, que dans sa chambre tendue, à Paris, d'étoffes.

Subitement, il discernait que la Trappe l'avait détaché de ses préférences, l'avait en quelques jours renversé de fond en comble. La puissance d'un pareil milieu ! se dit-il, un peu effrayé de se sentir ainsi transformé. Et il reprit, en bouclant sa malle : Il faut pourtant que je rejoigne le P. Étienne, car enfin, il s'agit de régler ma dépense ; je ne veux pas du tout être à la charge de ces braves gens.

Il visita les corridors, finit par croiser le père dans la cour.

Il était un peu gêné pour aborder cette question ; aux premiers mots, l'hôtelier sourit.

— La règle de saint Benoît est formelle, fit-il, nous devons recevoir les hôtes comme nous recevrions Notre-Seigneur Jésus même ; c'est vous dire que nous ne pouvons échanger contre de l'argent nos pauvres soins.

Et Durtal insistant, embarrassé.

— S'il ne vous convient pas d'avoir partagé, sans la payer, notre maigre pitance, faites alors comme il vous plaira; seulement la somme que vous donnerez sera distribuée, par pièces de dix et de vingt sous, aux pauvres qui viennent, chaque matin, de bien loin souvent, frapper à la porte du monastère.

Durtal s'inclina et remit l'argent qu'il tenait tout préparé, dans sa poche, au père; puis il s'enquit s'il ne pourrait pas entretenir le P. Maximin avant son départ.

— Mais si; au reste, le père prieur ne vous aurait pas laissé partir, sans vous serrer la main. Je vais m'assurer s'il est libre; attendez-moi dans le réfectoire. — Et le moine disparut et rentra, quelques minutes après, précédé du prieur.

— Eh bien, dit celui-ci, vous allez donc vous replonger dans la bagarre!

— Oh! sans joie, mon père.

— Je comprends cela. C'est si bon, n'est-ce pas, de ne plus rien entendre et de se taire? enfin, prenez courage, nous prierons pour vous.

Et comme Durtal les remerciait, tous les deux, de leurs attentives bontés.

— Mais c'est plaisir que d'accueillir un retraitant, tel que vous, s'écria le P. Etienne; rien ne vous rebute et vous êtes si exact que vous êtes debout avant l'heure; vous m'avez rendu mon rôle de surveillant facile. Si tous étaient aussi peu exigeants et aussi souples!

Sur ces entrefaites, un convers apporta des plats recouverts par des assiettes et les déposa sur la table.

— Nous avons modifié l'heure de votre dîner, à cause du train, fit le P. Etienne.

— Bon appétit, adieu, et que le Seigneur vous bénisse, dit le prieur.

Il leva la main et enveloppa d'un grand signe de croix Durtal qui s'agenouilla, surpris par le ton subitement ému du moine. Mais le P. Maximin se reprit aussitôt et il le salua, au moment où M. Bruno entrait.

Le repas fut silencieux; l'oblat était visiblement peiné du départ de ce compagnon qu'il aimait et Durtal considérait, le cœur gros, ce vieillard qui était si charitablement sorti de sa solitude, pour lui prêter son aide.

— Vous ne viendrez donc pas, un jour, à Paris, me voir? lui dit-il.

— Non, j'ai quitté la vie sans espoir de retour; je suis mort au monde; je ne veux plus revoir Paris, je ne veux plus revivre.

Mais si Dieu me prête encore quelques années d'existence, j'espère vous retrouver ici, car ce n'est pas en vain que l'on a franchi le seuil de l'ascétère mystique, pour y vérifier, par une expérience sur soi-même, la réalité de ces perquisitions que Notre-Seigneur opère. Or, comme Dieu ne procède pas au hasard, il achèvera certainement, en vous triturant, son œuvre. J'ose vous le recommander, tâchez de ne pas vous céder et essayez de mourir assez à vous-même pour ne point contrarier ses plans.

— Je sais bien, fit Durtal, que tout s'est déplacé en moi, que je ne suis plus le même, mais ce qui m'épouvante, c'est d'être sûr maintenant que les travaux de l'école Térésienne sont exacts... alors, alors... s'il faut passer par tous les rouleaux des laminoirs que saint Jean de la Croix décrit...

Un bruit de voiture, dans la cour, l'interrompit. M. Bruno s'en fut à la fenêtre et s'informa :

— Vos bagages sont descendus ?

— Oui.

Ils se regardèrent.

— Ecoutez, je voudrais vraiment vous dire...

— Non, non, ne me remerciez pas, s'écria l'oblat. Voyez-vous, je n'ai jamais si bien compris la misère de mon être ; ah ! si j'avais été un autre homme, j'aurais pu, en priant mieux, vous aider plus !

La porte s'ouvrit et le P. Etienne déclara :

— Vous n'avez pas une minute à perdre, si vous ne voulez pas manquer le train.

Ainsi bousculé par l'heure, Durtal n'eut que le temps d'embrasser son ami qui l'accompagna dans la cour. Sur une sorte de char à banc, un trappiste qui allongeait, sous un crâne chauve et des joues vergetées de fils roses, une grande barbe noire, l'attendait, assis.

Durtal pressait, une dernière fois, la main de l'hôtelier et de l'oblat, quand le père abbé vint, à son tour, lui souhaiter un bon voyage et, au bout de la cour, Durtal aperçut deux yeux qui le fixaient, ceux du frère Anaclet qui, de loin, lui disait, un peu incliné, sans un geste, adieu.

Jusqu'à ce pauvre homme dont le regard éloquent racontait une affection vraiment touchante, une pitié de saint pour l'étranger qu'il avait vu, si tumultueux et si triste, dans l'abandon désolé des bois !

Certes, la rigidité de la règle interdisait toute effusion à ces moines, mais Durtal sentait bien qu'ils étaient allés pour lui jusqu'aux limites des concessions permises et son affliction fut affreuse lorsqu'il leur jeta, en partant, un dernier merci.

Et la porte de la Trappe se referma, cette porte devant laquelle il avait tremblé, en arrivant, et qu'il considérait, les larmes aux yeux, maintenant.

— Nous allons détaler bon train, fit le procureur, car nous sommes en retard. Et le cheval courut, ventre à terre, sur les routes.

Durtal reconnaissait son compagnon pour l'avoir entrevu dans la rotonde, chantant, au chœur, pendant l'office.

Il avait l'air, à la fois bonhomme et décidé et son petit œil gris souriait, en furetant, derrière des lunettes à branches.

— Eh bien, dit-il, comment avez-vous supporté notre régime ?

— J'ai eu toutes les chances ; je suis débarqué, ici, l'estomac détraqué, le corps malade et les repas laconiques de la Trappe m'ont guéri !

Et Durtal lui narrant brièvement les stages d'âme qu'il avait subis, le moine murmura :

— Ce n'est rien, en fait d'assauts démoniaques, nous avons eu, ici, de véritables cas de possession.

— Et c'est le frère Siméon qui les a résolus !

— Ah ! vous savez cela... Et il répliqua très simplement à Durtal qui lui parlait de son admiration pour les pauvres convers.

— Vous avez raison, Monsieur ; si vous pouviez causer avec ces paysans et ces illettrés, vous seriez surpris des réponses souvent profondes que ces gens vous feraient ; puis ils sont les seuls qui soient réellement courageux à la Trappe; nous autres, les pères, lorsque nous nous croyons trop affaiblis, nous acceptons volontiers le supplément autorisé d'un œuf; eux pas; ils prient davantage et il faut admettre que Notre-Seigneur les écoute, puisqu'ils se rétablissent et ne sont, en somme, jamais malades.

Et à une question de Durtal lui demandant en quoi consistaient ses fonctions de procureur, le moine repartit :

— Elles consistent à tenir des comptes, à être placier de commerce, à voyager, à pratiquer tout, hélas! sauf ce qui concerne la vie du cloître; mais nous sommes si peu nombreux à Notre-Dame de l'Atre que nous devenons forcément des maîtres Jacque. Voyez le P. Etienne qui est célerier de l'abbaye et hôtelier, il est aussi sacristain et sonneur de cloches; moi, je suis également premier chantre et professeur de plain-chant.

Et, tandis que la voiture roulait, cahotée dans les ornières, le procureur affirmait à Durtal qui lui racontait combien les offices chantés de la Trappe l'avaient ravi :

— Ce n'est pas chez nous qu'il convient de les entendre; nos chœurs sont trop restreints, trop faibles, pour pouvoir soulever la masse géante de ces chants. Il faut aller chez les moines noirs de Solesmes ou de Ligugé, si vous voulez retrouver les mélodies grégoriennes exécutées, telles qu'elles le furent au Moyen Age. A propos, connaissez-vous, à Paris, les Bénédictines de la rue Monsieur?

— Oui, mais ne pensez-vous point qu'elles roucoulent un peu?

— Je ne dis pas; n'empêche cependant que leur

répertoire est authentique ; mais au petit séminaire de Versailles, vous avez mieux encore, puisqu'on y chante exactement comme à Solesmes ; remarquez-le bien, du reste, à Paris, quand les églises consentent à ne pas répudier les cantilènes liturgiques, elles usent, pour la plupart, de la fausse notation imprimée et répandue à foison dans tous les diocèses de France, par la maison Pustet, de Ratisbonne.

Or, les erreurs et les fraudes dont pullulent ces éditions sont avérées.

La légende sur laquelle ses partisans l'étayent est inexacte. Prétendre, ainsi qu'ils le font, que cette version n'est autre que celle de Palestrina qui fut chargé par le pape Paul V de réviser la liturgie musicale de l'Eglise, est un argument dénué de véracité et privé de force, car tout le monde sait que lorsque Palestrina est mort, il avait à peine commencé la correction du Graduel.

J'ajouterai que, quand bien même ce musicien aurait achevé son œuvre, cela ne prouverait pas que son interprétation devrait être préférée à celle qui a été récemment constituée, après de patientes recherches, par l'Abbaye de Solesmes ; car les textes Bénédictins s'appuient sur la copie conservée au monastère de Saint-Gall, de l'antiphonaire de saint Grégoire qui représente le monument le plus ancien, le plus sûr que l'Eglise détienne du vrai plain-chant.

Ce manuscrit dont des fac-simile, dont des photographies existent, est le code des mélodies grégoriennes et il devrait être, s'il m'est permis de parler de la sorte, la bible neumatique des maîtrises.

Les disciples de saint Benoît ont donc absolument

raison lorsqu'ils attestent que leur version est la seule fidèle, la seule juste.

— Comment se fait-il alors que tant d'églises se fournissent à Ratisbonne ?

— Hélas ! comment se fait-il que Pustet ait pendant si longtemps accaparé le monopole des livres liturgiques et.. mais non, mieux vaut se taire... tenez seulement pour certain que les volumes allemands sont la négation absolue de la tradition grégorienne, l'hérésie la plus complète du plain-chant.

A propos, quelle heure avons-nous ? — Ah ! il faut nous dépêcher, fit le Procureur, en regardant la montre que lui tendait Durtal. — Hue, la belle ! — et il cingla la bête.

— Vous conduisez avec un entrain ! s'écria Durtal.

— C'est vrai, j'ai oublié de vous dire qu'en sus de mes autres fonctions, j'exerçais encore, au besoin, celle de cocher.

Durtal pensait qu'ils étaient tout de même extraordinaires ces gens qui vivaient de la vie intérieure, en Dieu. Dès qu'ils consentaient à redescendre sur la terre, ils se révélaient les plus sagaces et les plus audacieux des commerçants. Un abbé fondait, avec les quelques sous qu'il réussissait à se procurer, une fabrique ; il décernait l'emploi qui convenait à chacun de ses moines et il improvisait avec eux des artisans, des commis aux écritures, transformait un professeur de plain-chant en un placier, se débrouillait dans la bagarre des achats et des ventes et, peu à peu, la maison, qui ne s'élevait qu'au ras du sol, grandissait, poussait, finissait par nourrir de ses fruits l'abbaye qui l'avait plantée.

Transportés dans un autre milieu, ces gens-là eussent tout aussi facilement créé de grandes usines et lancé des banques. Et il en était de même des femmes. Quand on songe aux qualités pratiques d'homme d'affaires et au sang-froid de vieux diplomate que doit posséder, pour régir sa communauté, une mère abbesse, l'on est bien obligé de s'avouer que les seules femmes vraiment intelligentes, vraiment remarquables, sont, hors les salons, hors le monde, à la tête des cloîtres!

Et comme il s'étonnait, tout haut, que les moines fussent si experts à monter des entreprises.

— Il le faut bien, soupira le père; mais si vous croyez que nous ne regrettons pas le temps où l'on pouvait se suffire, en piochant la terre! on avait l'esprit libre, au moins; on pouvait se sanctifier dans ce silence qui est aussi nécessaire que le pain au moine, car c'est grâce à lui que l'on étouffe la vanité qui surgit, que l'on réprime l'indocilité qui murmure, que l'on refoule toutes les aspirations, toutes les pensées vers Dieu, que l'on devient enfin attentif à sa Présence.

Au lieu de cela... mais nous voici à la gare; ne vous occupez pas de votre valise et allez prendre votre billet car j'entends siffler le train. Et Durtal n'eut que le temps, en effet, de serrer la main du père qui lui déposa son bagage dans le wagon.

Là, quand il fut seul, assis, regardant le moine qui s'éloignait, il se sentit le cœur gonflé, prêt à se rompre.

Et dans le vacarme des ferrailles, le train partit.

Nettement, clairement, en une minute, Durtal se rendit compte de l'effrayant désarroi dans lequel l'avait jeté la Trappe.

13.

Ah! ce qu'en dehors d'elle, tout m'est égal et ce que plus rien ne m'importe! se cria-t-il. Et il gémit, sachant qu'il ne parviendrait plus, en effet, à s'intéresser à tout ce qui fait la joie des hommes! L'inutilité de se soucier d'autre chose que de la Mystique et de la liturgie, de penser à autre chose qu'à Dieu, s'implanta si violemment en lui qu'il se demanda ce qu'il allait devenir à Paris avec des idées pareilles.

Il se vit, subissant les tracas des controverses, la lâcheté des condescendances, la vanité des affirmations, l'inanité des preuves. Il se vit, choqué, heurté par les réflexions de tout le monde, contraint désormais de s'avancer ou de reculer, de batailler ou de se taire.

Dans tous les cas, c'était la paix à jamais perdue. Comment, en effet, se rallier et se recouvrer, alors qu'il faudrait s'habiter dans un lieu de passage, dans une âme ouverte à tous les vents, visitée par la foule des pensées publiques?

Son mépris des relations, son dégoût des accointances s'accrurent. Non, tout, plutôt que de me mêler encore à la société, se clama-t-il; et il se tut, désespéré, car il n'ignorait point qu'il ne pourrait, loin de la zone monastique, rester dans l'isolement. C'était l'ennui, à bref délai, le vide; aussi pourquoi ne s'était-il rien réservé, pourquoi s'était-il confié tout entier au cloître? il n'avait même pas su se ménager le plaisir de rentrer dans son intérieur; il avait découvert le moyen de perdre l'amusement du bibelot, de s'extirper cette dernière satisfaction, dans la blanche nudité d'une cellule! il ne tenait plus à rien, gisait, démantelé, se disait : j'ai renoncé au peu de bonheur qui pouvait m'échoir et je vais mettre quoi à la place ?

Et, terrifié, il perçut les inquiétudes d'une conscience habile à se tourmenter, les reproches permanents d'une tiédeur acquise, les appréhensions des doutes contre la Foi, la crainte des clameurs furieuses des sens remués par des rencontres.

Et il se répétait que le plus difficile ne serait pas encore de mâter les émois de sa chair, mais bien de vivre chrétiennement, de se confesser, de communier, à Paris, dans une église. — Ça, jamais, il n'y arriverait. — Et il supputait ses discussions avec l'abbé Gévresin, ses atermoiements, ses refus, prévoyait que leur amitié se traînerait dans des disputes.

Puis où se réfugier ? au souvenir seul de la Trappe, les représentations théâtrales de Saint-Sulpice le faisaient bondir. Saint-Séverin lui semblait et distrait et fade. Comment enfin retrouver dans la chapelle des Bénédictines, et même à Notre-Dame des Victoires, cette sourde chaleur rayonnant des âmes des moines et dégelant, peu à peu, les glaces de son pauvre être ?

Et puis ce n'était même pas cela ! ce qui était vraiment navrant, vraiment affreux, c'était de penser que jamais plus sans doute il ne l'éprouverait cette admirable allégresse qui vous soulève de terre, vous porte on ne sait où, sans qu'on sache comment, au-dessus des sens !

Ah ! ces allées de la Trappe parcourues dès l'aube, ces allées où, un jour, après une communion, Dieu lui avait dilaté l'âme de telle sorte, qu'il ne la sentait même plus sienne, tant le Christ l'avait noyée dans la mer de sa divine Infinité, engloutie dans le céleste firmament de sa Personne !

Comment réintégrer cet état de grâce, sans communion et hors d'un cloître ? Non, c'est bien fini, conclut-il.

Et il fut pris d'un tel accès de tristesse, d'un tel élan de désespoir, qu'il rêva de descendre à la première station et de retourner à la Trappe ; et il dut hausser les épaules car il n'avait ni le caractère assez patient, ni la volonté assez ferme, ni le corps assez résistant pour supporter les terribles épreuves d'un noviciat. D'ailleurs, la perspective de n'avoir pas de cellule à soi, de coucher tout habillé, pêle-mêle, dans un dortoir, l'épouvantait.

Mais quoi alors ? Et douloureusement, il se résumait.

— Ah ! se disait-il, j'ai vécu vingt années en dix jours dans ce couvent et je sors de là, la cervelle défaite et le cœur en charpie ; je suis à jamais fichu. Paris et Notre-Dame-de-l'Atre m'ont rejeté à tour de rôle comme une épave et me voici condamné à vivre dépareillé, car je suis encore trop homme de lettres pour faire un moine et je suis cependant déjà trop moine pour rester parmi des gens de lettres.

Il tressauta et se tut, ébloui par des jets de lumière électrique qui l'inondèrent, en même temps que s'arrêtait le train.

Il était de retour à Paris.

— Si ceux-là, reprit-il, pensant à ces écrivains qu'il lui serait sans doute difficile de ne pas revoir, si ceux-là savaient combien ils sont inférieurs au dernier des convers ! s'ils pouvaient s'imaginer combien l'ébriété divine d'un porcher de la Trappe m'intéresse plus que toutes leurs conversations et que tous leurs livres ! Ah ! vivre, vivre à l'ombre des prières de l'humble Siméon, Seigneur !

LA CATHÉDRALE

LA CATHÉDRALE

Nous avons laissé Durtal, au sortir de la Trappe. Il vit quelque temps à Paris dans une anémie d'âme affreuse, suivant son expression, puis, sur les instances de l'abbé Gévresin, nommé chanoine à Chartres, il va habiter auprès de lui, dans cette ville.

Là, il souffre de sécheresses et, aspirant à se rapprocher encore de Dieu, il finit, au terme du livre, par partir pour un monastère de Bénédictins où il espère être reçu, comme oblat.

Mais l'histoire de Durtal dans ce volume n'est qu'accessoire. Ce volume est en quelque sorte un volume d'attente, un pont destiné à rejoindre *En Route* et *L'Oblat*, le dernier livre à paraître de cette trilogie. Le sujet principal de cet ouvrage, celui qui domine tout, est, ainsi que l'indique son titre, *La Cathédrale*, la fameuse Cathédrale de Chartres que Durtal parcourt du haut en bas, scrute sous toutes ses faces et dont il nous donne des descriptions d'ensemble et de détails, merveilleusement colorées et exactes.

L'on peut ajouter que *La Cathédrale* complète la partie d'*En Route* relative à la mystique et à la musique grégorienne, en traitant, à son tour, de la symbolique sous toutes ses formes (architecture, faune et flore, couleurs et pierreries, parfums et nombres) et de l'art religieux, peinture, sculpture et architecture du Moyen Age.

I

LEVER DE SOLEIL DANS LA CATHÉDRALE DE CHARTRES

A Chartres, au sortir de cette petite place que balaye, par tous les temps, le vent hargneux des plaines, une bouffée de cave très douce, alanguie par une senteur molle et presque étouffée d'huile, vous souffle au visage lorsqu'on pénètre dans les solennelles ténèbres de la forêt tiède.

Durtal le connaissait ce moment délicieux où l'on reprend haleine, encore abasourdi par ce brusque passage d'une bise cinglante à une caresse veloutée d'air. Tous les matins, à cinq heures, il quittait son logis et pour atteindre les dessous de l'étrange bois, il devait traverser cette place; et toujours les mêmes gens paraissaient au débouché des mêmes rues; des religieuses courbant la tête, penchées toutes en avant, la coiffe retroussée, battant de l'aile, le vent s'engouffrant dans les jupes tenues à grand'peine; puis repliées en deux, des femmes ratatinées dans leurs vêtements, les serrant contre elles, s'avançaient, le dos incliné, fouettées par les rafales.

Jamais, il n'avait encore vu, à cette heure, une personne qui se tînt d'aplomb et marchât, sans tendre le cou et baisser le front ; et toutes ces femmes disséminées finissaient par se réunir en deux files, l'une tournant à gauche et disparaissant sous un porche éclairé, ouvert en contre-bas sur la place ; l'autre, cheminant, droit en face d'elles, s'enfonçant dans la nuit d'un invisible mur.

Et fermant la marche, quelques ecclésiastiques en retard se hâtaient, saisissant d'une main leurs robes qui s'enflaient comme des ballons, comprimant de l'autre leurs chapeaux, s'interrompant pour rattraper le bréviaire qui glissait sous le bras, s'effaçant la figure, la rentrant dans la poitrine, s'élançant, la nuque la première, pour fendre la bise, les oreilles rouges, les yeux aveuglés par les larmes, s'accrochant désespérément, lorsqu'il pleuvait, à des parapluies qui houlaient au-dessus d'eux, menaçaient de les enlever, les secouaient dans tous les sens.

Ce matin-là, la traversée avait été plus que de coutume pénible ; les bourrasques qui parcourent, sans que rien les puisse arrêter, la Beauce, hurlaient sans interruption, depuis des heures ; il avait plu et l'on clapotait dans des mares ; l'on voyait à peine devant soi et Durtal avait cru qu'il ne parviendrait jamais à franchir la masse brouillée du mur qui barrait la place, en poussant une porte derrière laquelle s'ouvrait cette bizarre forêt qui fleurait la veilleuse et la tombe, à l'abri du vent.

Il eut un soupir de satisfaction et suivit l'immense allée qui filait dans les ténèbres. Bien qu'il connût la route, il s'avançait avec précaution, dans cette avenue que bordaient d'énormes arbres dont les cimes se perdaient dans l'ombre. L'on pouvait se croire dans une serre coiffée d'un dôme de verre noir, car l'on marchait sur des dalles et nul ciel n'apparaissait et nulle brise ne passait au-dessus de vous. Les quelques étoiles mêmes dont les lueurs clignaient au loin, n'appartenaient à aucun firmament, car elles tremblotaient presque au ras des pavés, s'allumaient sur la terre, en somme.

L'on n'entendait, dans cette obscurité, que des bruits légers de pas ; l'on n'apercevait que des ombres silencieuses, modelées ainsi que sur un fond de crépuscule avec des lignes plus foncées de nuit.

Et Durtal finissait par aboutir à une autre grande avenue coupant l'allée qu'il avait quittée. Là, il trouvait un banc accoté contre le tronc d'un arbre et il s'y appuyait, attendant que la Mère s'éveillât, que les douces audiences interrompues depuis la veille, par la chute du jour, reprissent.

Il songeait à la Vierge dont les vigilantes attentions l'avaient tant de fois préservé des risques imprévus, des faciles faux-pas, des amples chutes. N'était-elle pas le Puits de la Bonté sans fond, la Collatrice des dons de la bonne Patience, la Tourière des cœurs secs et clos ; n'était-elle pas surtout l'active et la benoîte Mère ?

Toujours penchée sur le grabat des âmes, Elle lavait les plaies, pansait les blessures, réconfortait les défaillantes langueurs des conversions. Par delà les âges, Elle demeurait l'éternelle orante et l'éternelle suppliée ; miséricordieuse et reconnaissante, à la fois ; miséricordieuse pour ces infortunes qu'Elle allégeait et reconnaissante envers elles. Elle était en effet l'obligée de nos fautes, car sans le péché de l'homme, Jésus ne serait point né sous l'aspect peccamineux de notre ressemblance et Elle n'aurait pu dès lors être la génitrice immaculée d'un Dieu. Notre malheur avait donc été la cause initiale de ses joies et c'était, à coup sûr, le plus déconcertant des mystères que ce Bien suprême issu de l'intempérance même du Mal, que ce lien touchant et surérogatoire néanmoins qui nous nouait à Elle, car sa gratitude pouvait paraître superflue puisque son inépuisable miséricorde suffisait pour l'attacher à jamais à nous.

Avec l'aube qui commençait à poindre, elle devenait vraiment incohérente la forêt de cette église sous les arbres de laquelle il était assis. Les formes parvenues à s'ébaucher se faussaient dans cette obscurité qui fondait toutes les lignes, en s'éteignant. En bas, dans une nuée qui se dissipait, jaillissaient, plantés comme en des puits les étreignant dans les cols serrés de leurs margelles, les troncs séculaires de fabuleux arbres blancs ; puis la nuit, presque diaphane au ras du sol, s'épaississait, en montant, et les coupait à la naissance de leurs branches que l'on ne voyait point.

En levant la tête au ciel, Durtal plongeait dans une ombre profonde que n'éclairait aucune étoile, aucune lune.

En regardant, en l'air, encore, mais alors juste devant lui, il apercevait, au travers des fumées d'un crépuscule, des lames d'épées déjà claires, des lames, énormes, sans poignées et sans gardes, s'amenuisant à mesure qu'elles allaient vers la pointe ; et, ces lames debout à des hauteurs démesurées, semblaient, dans la brume qu'elles tranchaient, gravées de nébuleuses entailles ou d'hésitants reliefs.

Et s'il scrutait, à sa gauche et à sa droite, l'espace, il contemplait, à des altitudes immenses, de chaque côté, une gigantesque panoplie accrochée sur des pans de nuit et composée d'un bouclier, colossal, criblé de creux, surmontant cinq larges épées sans coquilles et sans pommeaux, damasquinées sur leurs plats, de vagues dessins, de confuses nielles.

Peu à peu, le soleil tâtonnant d'un incertain hiver perça la brume qui s'évapora, en bleuissant; et la panoplie pendue à la gauche de Durtal, au Nord, s'anima, la première; des braises roses, et des flammes de punchs s'allumèrent dans les fossettes du bouclier, tandis qu'au-dessous, dans la lame du milieu, surgit, en l'ogive d'acier, la figure géante d'une négresse, vêtue d'une robe verte et d'un manteau brun. La tête, enveloppée d'un foulard bleu, était entourée d'une auréole d'or et, elle regardait, hiératique, farouche, devant elle, avec des yeux écarquillés, tout blancs.

Et cette énigmatique Maure tenait sur ses genoux une négrillonne dont les prunelles saillaient, ainsi que deux boules de neige, sur une face noire.

Autour d'elle, lentement, les autres épées encore troubles s'éclaircirent et du sang ruissela de leurs pointes rougies comme par de frais carnages; et ces coulées de pourpre cernèrent les contours d'êtres sans doute issus des bords lointains d'un Gange : d'un côté, un roi jouant d'une harpe d'or; de l'autre, un monarque érigeant un sceptre que terminaient les pétales en turquoises d'un improbable lys.

Puis, à gauche du royal musicien, se dressa un autre homme barbu, le visage peint au brou de noix, les orbites des yeux vides, couvertes par les verres de lunettes rondes, le chef ceint d'un diadème et d'une tiare, les mains chargées d'un calice et d'une patène, d'un encensoir et d'un pain; et, à la droite de l'autre prince, arborant un sceptre, une figure, plus déconcertante encore, se détacha sur le corps bleuâtre du glaive, une espèce de malandrin, probablement évadé des ergastules d'une Persépolis ou d'une Suse, une sorte de bandit, coiffé d'un petit chapeau vermillon, en forme de pot à confiture renversé, bordé de jaune, habillé d'une robe couleur tannée, barrée dans le bas de blanc; et cette figure gauche et féroce portait un rameau vert et un livre.

Durtal se détourna et sonda les ténèbres, devant lui; et, à des hauteurs vertigineuses, à l'horizon, les épées luirent. Les esquisses que l'on pouvait prendre, dans l'obscurité, pour des gravures en saillie ou en creux sur le parcours de l'acier, se muèrent en des personnages drapés dans des robes à longs plis: et, au point le plus élevé du firmament, plana, dans un pétillement de rubis et de saphirs, une femme couronnée, au teint pâle, vêtue de même que la mauresque de l'allée Nord, de brun carmélite et de vert; et, à son tour, elle présentait un enfant issu comme elle de la race blanche, serrant un globe dans une main et bénissant de l'autre.

Enfin, le côté encore sombre, le côté en retard du ciel, situé à la droite de Durtal, au bout de l'allée Sud, toujours brouillée par la bruine mal évaporée de l'aube, s'éclaira; le bouclier, qui faisait face à celui du Septentrion, prit feu et, au-dessous, dans le champ buriné du glaive, dressé en vis-à-vis de l'épée contenant la royale maugrabine, une femme aux joues un peu bistrées, une vague mulâtresse, parut, habillée de même que les autres, de vert myrte et de brun, tenant un sceptre et accompagnée, elle aussi, d'un enfant.

Et, autour d'elle, émergeaient des figures d'hommes, encore indécises, paraissant chevaucher, les unes sur les autres, semblant se bousculer dans l'espace restreint qu'elles occupaient.

Un quart d'heure se passa sans que rien se définît ; puis les formes vraies s'avérèrent. Au centre des épées qui étaient, en réalité, des lames de verre, des personnages se levèrent dans le grand jour ; partout, au mitan de chaque fenêtre allongée en ogive, des visages poilus flambèrent, immobiles, dans des brasiers et, ainsi que dans le buisson ardent de l'Horeb où Dieu resplendit devant Moïse, partout, dans les taillis de flammes, surgit, en une immuable attitude de douceur impérieuse et de grâce triste, la Vierge, muette et rigide, au chef couronné d'or.

Elle se multipliait, descendait des empyrées, à des étages inférieurs, pour se rapprocher de ses ouailles, finissait par s'installer à un endroit où l'on pouvait presque lui baiser les pieds, au tournant d'une galerie à jamais sombre ; et là, Elle revêtait un nouvel aspect.

Elle se découpait, au milieu d'une croisée, semblable à une grande plante bleue, et ses illusoires feuillages grenat étaient soutenus par des tuteurs de fer noirs.

Sa physionomie un tantinet cuivrée, presque Chinoise, avec son long nez, ses yeux légèrement bridés, sa tête couverte d'un bonnet noir, nimbé d'azur, regardait fixement devant elle ; et le bas du visage, au menton court, à la bouche tirée par deux graves rides, lui donnait une apparence de femme souffrante, un peu morose. Et là encore, sous l'immémorial nom de Notre-Dame de la belle Verrière, Elle assistait un bambin vêtu d'une robe couleur de raisin sec, un bambin à peine visible dans le fouillis des tons foncés qui l'entouraient.

Celle que tous invoquaient était là, enfin. Partout, sous la futaie de cette cathédrale, la Vierge était présente. Elle paraissait être arrivée de tous les points du monde, sous l'extérieur des diverses races connues du Moyen Age : noire, telle qu'une femme d'Afrique, jaune ainsi qu'une Mongole, teintée de café au lait comme une métisse, blanche enfin de même qu'une Européenne, certifiant de la sorte que Médiatrice de l'humanité tout entière, Elle était toute à chacun et toute à tous, assurant par la présence de ce Fils, dont le visage empruntait à chaque famille son caractère, que le Messie était venu pour rédimer indifféremment tous les hommes.

Et il semblait que, dans son ascension, le jour suivit la croissance de la Vierge et voulût naître dans le vitrail où Elle était encore enfant, dans cette allée du transept Septentrional où gîtait sainte Anne, sa mère, à la face noire, flanquée de David, le roi à la harpe d'or, et de Salomon, le monarque à la fleur de lys bleu se détachant tous les deux, sur des fonds de pourpre préfigurant, l'un et l'autre, la royauté du Fils ; de Melchissédec, l'homme tiaré, tenant l'encensoir et le pain et d'Aaron coiffé de l'étrange chapeau rouge, ourlé de jaune citron, représentant, par avance, ensemble, le sacerdoce du Christ.

Et, au bout de l'abside, tout en haut, c'était encore Marie triomphale, dominant le bois sacré, longée de personnages du Vieux Testament et de saint Pierre. C'était Elle aussi à l'extrémité du transept Sud, faisant vis-à-vis à sainte Anne, Elle, grandie, devenue Mère à son tour, environnée de quatre figures énormes portant, ainsi qu'au jeu du cheval fondu, quatre petits personnages sur leurs épaules : les quatre grands prophètes qui avaient annoncé la venue du Messie, Isaïe, Jérémie, Daniel et Ezéchiel, soulevant les quatre Evangélistes, exprimant naïvement ainsi le parallélisme des deux Testaments, l'appui que prête à la Nouvelle Loi, l'Ancienne.

Puis, comme si sa présence n'était pas assez fréquente, assez certaine ; comme si Elle eût désiré qu'en se tournant dans n'importe quelle direction, ses fidèles la vissent, la Vierge se posait encore, diminuée, à de moins importantes places, trônait dans l'umbo des boucliers, dans le cœur des grandes rosaces, finissait par ne plus rester à l'état d'image, par prendre corps par se matérialiser en une statue de bois noir, par s'exhiber, vêtue d'une robe évasée, telle qu'une cloche d'argent, sur un pilier.

La forêt tiède avait disparu avec la nuit ; les troncs d'arbres subsistaient mais jaillissaient, vertigineux, du sol, s'élançaient d'un seul trait dans le ciel, se rejoignant à des hauteurs démesurées, sous la voûte des nefs ; la forêt était devenue une immense basilique, fleurie de roses en feu, trouée de verrières en ignition, foisonnant de Vierges et d'Apôtres, de Patriarches et de Saints.

Le génie du Moyen Age avait combiné l'adroit et le pieux éclairage de cette église, réglé, en quelque sorte, la marche ascendante de l'aube, dans ses vitres. Très sombre, au parvis et dans les avenues de la nef, la lumière fluait mystérieuse et sans cesse atténuée le long de ce parcours. Elle s'éteignait dans les vitraux, arrêtée par d'obscurs évêques, pas d'illucides Saints qui remplissaient en entier les fenêtres aux bordures enfumées, aux teintes sourdes des tapis persans ; tous ces carreaux absorbaient les lueurs du soleil, sans les réfracter, détenaient l'or en poudre des rayons dans leur violet noir d'aubergine, dans leur brun d'amadou et de tan, dans leur vert trop chargé de bleu, dans leur rouge de vin, mêlé de suie, pareil au jus épais des mûres.

Puis, arrivé au chœur, le jour filtrait dans les couleurs moins pesantes et plus vives, dans l'azur des clairs saphirs, dans des rubis pâles, dans des jaunes légers, dans des blancs de sel. L'obscurité se dissipait, après le transept, devant l'autel ; au centre de la croix même, le soleil entrait dans des verres plus minces, moins encombrés de personnes, liserés d'une marge presque incolore, traversée sans peine.

Enfin, dans l'abside figurant le haut de la croix, il ruisselait de toutes parts, symbolisant la lumière qui inonde le monde, du sommet de l'arbre ; et alors ces tableaux demeuraient diaphanes, tout juste couverts de teintes souples, de nuances aériennes, encadrant d'une simple gerbe d'étincelles l'image d'une Madone moins hiératique, moins barbare que les autres et d'un Enfant blanc qui bénissait, de ses doigts levés, la terre.

C'était partout maintenant, dans la cathédrale de Chartres, des bruits de sabots, des va-et-vient de jupes, des sonneries de messes.

Durtal quitta le coin du transept où il était assis, le dos appuyé à une colonne et se dirigea sur la droite, vers un renfoncement où flambait une herse allumée de cires, devant la statue de la Vierge.

Et des pensions de petites filles, conduites par des religieuses, des troupes de paysannes, des hommes de la campagne débouchaient de toutes les avenues, se prosternaient devant la statue, puis s'approchaient du pilier pour le baiser.

La vue de ces gens suggérait à Durtal cette réflexion que leurs suppliques différaient de ces prières qui sanglotent dans l'ombre des soirs, de ces exorations des femmes éprouvées, consternées par les heures vécues du jour. Ces paysannes priaient moins pour se plaindre que pour aimer; ces gens, agenouillés sur les dalles, venaient moins pour eux que pour Elle. Il y avait à ce moment une sorte de relais dans les gémissements, une espèce de grève des pleurs, et cette attitude concordait avec l'aspect spécial adopté par Marie, dans cette cathédrale; Elle s'y présentait, en effet, surtout sous les traits d'une enfant et d'une jeune mère; elle y était beaucoup plus la Vierge de la Nativité que la Notre-Dame des Sept-Douleurs. Les vieux artistes du Moyen Age paraissaient avoir craint de la contrister en lui rappelant de trop pénibles souvenirs et avoir voulu témoigner, par cette discrétion, leur gratitude à Celle qui s'était constamment révélée, dans ce sanctuaire, la Dispensatrice des bienfaits, la Châtelaine des grâces.

Durtal sentait vibrer en lui l'écho des oraisons tintées autour de lui par ces âmes éprises et il se fondait en la douceur caressante d'hymnes, ne réclamant plus rien, taisant ses désirs inexaucés, célant ses secrètes doléances, ne songeant qu'à souhaiter un affectueux bonjour à sa Mère auprès de laquelle il était revenu, après de si lointaines pérégrinations dans les pays du péché, après de si longs voyages.

Puis maintenant qu'il L'avait vue, qu'il Lui avait parlé, il se retirait, laissant la place à d'autres ; il retournait chez lui, afin de prendre un peu de nourriture et, embrassant, d'un dernier coup d'œil, l'admirable église, récapitulant les simulacres guerriers des apparences : les formes de boucliers des rosaces, de lames d'épée des vitres, les contours de casques et de heaumes des ogives, la ressemblance de certaines verrières en grisaille résillées de plomb avec les chemises treillissées de fer des combattants, et, au dehors, contemplant l'un des deux clochers découpé en lamelles comme une pomme de pin, comme une cotte de mailles, il se disait qu'il semblait vraiment que les « Logeurs du bon Dieu » eussent emprunté leurs modèles aux belliqueux atours des chevaliers ; qu'ils eussent voulu perpétuer ainsi le souvenir de leurs exploits, en figurant partout l'image agrandie des armes dont les Croisés se ceignirent, lorsqu'ils s'embarquèrent pour aller reconquérir le Saint-Sépulcre.

Et l'intérieur même de la basilique paraissait exprimer, dans son ensemble, la même idée et compléter les symboliques effigies des détails, en arquant sa nef dont la voûte en fond de barque imitait la quille retournée d'un bateau, rappelait le galbe de ces navires qui firent voile vers la Palestine.

Seulement, à l'heure actuelle, ces souvenances d'un temps héroïque étaient vaines. Dans cette ville de Chartres où saint Bernard prêcha la seconde Croisade, le vaisseau demeurait pour jamais immobile, la carène renversée, à l'ancre.

Et au-dessus de la ville indifférente, la cathédrale seule veillait, demandait grâce, pour l'indésir de souffrances, pour l'inertie de la foi que révélaient maintenant ses fils, en tendant au ciel ses deux tours ainsi que deux bras, simulant avec la forme de ses clochers les deux mains jointes, les dix doigts appliqués, debout, les uns contre les autres, en ce geste que les imagiers d'antan donnèrent aux saints et aux guerriers morts, sculptés sur des tombeaux.

II

INSTALLATION DE DURTAL A CHARTRES

Depuis trois mois déjà, Durtal habitait Chartres. Revenu de la Trappe à Paris, il vécut dans un état d'anémie spirituelle, affreux. L'âme gardait la chambre, se levait à peine, traînait sur une chaise longue, somnolait dans la tépidité d'une langueur que berçait encore le ronronnement de prières toutes labiales, d'oraisons se dévidant comme une machine détraquée dont le déclic part seul et qui tourne d'elle-même dans le vide, sans qu'on y touche.

Quelquefois cependant, pris de révolte, il parvenait à se tenir, à arrêter l'horlogerie déréglée de ses supplîques et il essayait alors de s'examiner, de se voir d'un peu haut, d'embrasser, d'un coup d'œil, les perspectives confuses de son être.

Et devant ses demeures d'âme perdues dans les brumes, il songeait à une étrange association des Révélations de sainte Térèse et des contes d'Edgar Poë.

Les salles de son château interne étaient vides et

froides, cernées, de même que les chambres de la maison
Usher, par un étang dont les brouillards finissaient par
pénétrer, par fêler la coque usée des murs. Et il rôdait,
solitaire et inquiet, dans ces réduits délabrés dont les
portes closes n'ouvraient plus ; ses promenades en lui-
même étaient donc circonscrites et le panorama qu'il
pouvait contempler s'étendait, singulièrement rétréci, se
rapprochait, presque nul. Il savait bien, d'ailleurs, que
les pièces qui entouraient la cellule située au centre,
celle réservée au Maître, étaient verrouillées, scellées par
d'indévissables écrous, maintenues par de triples barres,
inaccessibles. Il se bornait donc à errer dans les vestibules
et dans les alentours.

A Notre-Dame de l'Atre, il était allé plus loin, s'était
hasardé jusqu'aux enclos qui environnent la résidence du
Christ ; il avait aperçu, à l'horizon, les frontières de la
Mystique et, sans force pour continuer sa route, il était
tombé ; maintenant c'était lamentable car, ainsi que le
remarque sainte Térèse, « dans la vie spirituelle, ne
pas avancer, c'est reculer ». Et il était, en effet, revenu
sur ses pas, gisait à moitié paralysé, non plus même dans
les antichambres de ses domaines, mais dans leurs cours.

Jusque-là les phénomènes décrits par l'inégalable Abbesse restaient exacts. Chez Durtal, les châteaux de l'âme
étaient inhabités comme après un long deuil ; mais dans
les pièces encore ouvertes, circulait, ainsi que la sœur
de l'inquiétant Usher, le fantôme des péchés avoués, des
fautes mortes.

Semblable au déplorable malade d'Edgar Poë, Durtal
entendait avec terreur des frôlements de pas dans les
escaliers, des cris plaintifs derrière les portes.

Et pourtant les revenants des vieux forfaits ne se formulaient qu'en des figures indécises, ne parvenaient pas à se coaguler, à prendre corps. Le méfait le plus obsédant de tous, celui qui l'avait tant torturé, le méfait des sens, se taisait enfin, le laissait calme. La Trappe avait déraciné les souches des anciennes luxures ; leur souvenir le hantait bien parfois, dans ce qu'il avait de plus affligeant, de plus ignoble, mais il les regardait passer, le cœur sur les lèvres, s'étonnant d'avoir été si longtemps la dupe de ces malpropres manigances, ne comprenant même plus la puissance de ces mirages, l'illusion de ces oasis charnelles, rencontrées dans le désert d'une existence, confinée à l'écart, dans la solitude et dans les livres.

Son imagination pouvait le supplicier, mais, sans mérite, sans lutte, par une grâce toute divine, il avait pu ne pas mésavenir depuis son retour du cloître.

Par contre, s'il était en quelque sorte éviré, s'il était absous du plus gros de ses peines, il voyait s'épanouir en lui une nouvelle ivraie dont la croissance s'était jusqu'alors dissimulée derrière les végétations plus touffues des autres vices. Au premier abord, il s'était jugé moins sous la dépendance des péchés, et moins vil ; et il était cependant aussi étroitement attaché au mal ; seulement, la nature et la qualité des liens différaient, n'étaient plus les mêmes.

Outre cet état de siccité qui faisait que, dès qu'il entrait dans une église ou s'agenouillait chez lui, il sentait le froid lui geler ses prières et lui glacer l'âme, il discernait les attaques sourdes, les assauts muets d'un ridicule orgueil.

Il avait beau se tenir sur ses gardes, chaque fois il

était surpris sans même avoir le temps de se reconnaître.

Cela commençait sous le couvert des réflexions les plus modérées, les plus bénignes.

A supposer, par exemple, qu'il eût, en se privant, rendu à son prochain service, ou qu'il n'eût pas nui à une personne contre laquelle il se croyait des griefs, une personne qu'il n'aimait point, aussitôt se glissait, s'insinuait, en lui, une certaine satisfaction, une certaine gloriole, aboutissant à cette inepte conclusion qu'il était supérieur à bien d'autres ; et, sur ces sentiments de basse vanité, se greffait encore l'orgueil d'une vertu qu'il n'avait même pas conquise au prix d'efforts, la superbe de la chasteté, si insidieuse, celle-là, que la plupart des gens qui la pratiquent ne s'en doutent même pas.

Et il ne se rendait compte du but de ces agressions que trop tard, lorsqu'elles s'étaient précisées, lorsqu'il s'était oublié à les subir ; et il se désespérait de trébucher toujours dans le même piège, se disant que le peu de bien qu'il pouvait acquérir était rayé du bilan de sa vie, par les insolentes dépenses de son vice.

Il s'exaspérait, se ratiocinait les vieilles démences, se criait, à bout de forces :

La Trappe m'a brisé ; elle m'a sauvé de la concupiscence, mais pour m'encombrer de maladies que j'ignorais avant d'avoir été opéré chez elle ! Elle qui est si humble, elle m'a augmenté la vanité et décuplé l'orgueil ; puis elle m'a laissé partir, si faible et si las, que jamais, depuis, je n'ai pu surmonter cette exinanition, jamais je n'ai pu prendre goût à la Réfection mystique qui m'est nécessaire, si je ne veux pas mourir à Dieu, pourtant !

Et pour la centième fois, il se questionnait : suis-je

plus heureux qu'avant ma conversion? et il devait cependant bien, pour ne pas se mentir, répondre oui; il menait une vie chrétienne en somme, priait mal, mais priait sans relâche au moins; seulement... seulement... ah! ses pauvres demeures d'âmes étaient-elles assez vermoulues et assez arides! — Et il se demandait avec angoisse si elles ne finiraient pas, comme le manoir d'Edgar Poë, par s'effondrer subitement, en un jour de crise, dans les eaux noires de cet étang de péchés qui minait les murs!

Arrivé à ce point de ses rabâchages, forcément il déviait sur l'abbé Gévresin qui l'obligeait, malgré ses indésirs, à communier. Depuis son retour de Notre-Dame de l'Atre, ses relations avec ce prêtre s'étaient resserrées, étaient devenues tout intimes.

Il connaissait maintenant l'intérieur de cet ecclésiastique, émigré en plein Moyen Age, loin de la vie moderne. Autrefois quand il sonnait chez lui, il ne prêtait aucune attention à la servante, une femme âgée qui saluait, silencieuse, en ouvrant la porte.

Maintenant il fréquentait la singulière et l'affectueuse bonne.

La première entrevue eut lieu, un jour qu'il était allé voir l'abbé souffrant. Installée près du lit, elle avait des lunettes en vigie sur le bout de son nez et elle baisait, une à une, des images de piété insérées dans un livre vêtu de drap noir. Elle l'avait invité à s'asseoir puis, fermant le volume et remontant ses lunettes, elle avait pris part à la conversation et il était sorti de cette chambre, abasourdi par cette personne qui appelait l'abbé « père » et parlait, très simplement, ainsi que d'une chose naturelle, de son commerce avec Jésus et avec les Saints; elle paraissait vivre en parfaite amitié avec eux, en causait ainsi que de compagnons avec lesquels on bavarde sans aucune gêne.

Puis la physionomie de cette femme, que le prêtre lui présenta sous le nom de Mlle Céleste Bavoil, était pour le moins étrange. Elle était maigre, élancée et néanmoins petite. De profil, avec le nez busqué, la bouche dure, elle avait le masque désempâté d'un César mort, mais de face, la rigidité du profil s'émoussait dans une familiarité de paysanne, se fondait dans une mansuétude de placide nonne, en complet désaccord avec la solennelle énergie des traits.

Il semblait qu'avec le nez impérieux, le visage régulier, les dents blanches et menues, l'œil noir, tout en lumière, trottinant, fureteur, tel que celui d'une souris, sous de magnifiques cils, cette femme dût, malgré son âge, rester belle; il semblait au moins que l'union de pareils éléments dût marquer ce visage d'une étampe de distinction, d'une empreinte vraiment noble; et pas du tout, la conclusion démentait les prémisses; l'ensemble leurrait l'adhésion réunie des détails. Evidemment, ce déni provient, pensait-il, d'autres particularités qui contredisent l'entente des principales lignes; d'abord, de la maigreur de ces joues couleur de vieux bois, semées, çà et là, de gouttes d'éphélides, de taches paisibles d'ancien son; puis de ces bandeaux de cheveux blancs, couchés à plat sous un bonnet à ruches, enfin de cette modeste tenue, de cette robe noire mal fagottée, ondant sur la gorge et laissant voir l'armature du corset imprimée, au dos, en relief sur l'étoffe.

Il y a peut-être aussi, en elle, moins une mésalliance des traits qu'un contraste résolu entre la toilette et la mine, entre la figure et le corps, se disait-il.

En somme, en essayant de la condenser, elle sentait et la chapelle et les champs. Elle tenait donc de la sœur et de la paysanne. Oui c'est presque exact, mais ce n'est cependant pas encore cela, reprenait-il; car elle est moins digne et moins vulgaire, moins bien et mieux. Vue de derrière, elle est plus loueuse de chaises dans une église que nonne; vue de devant, elle est beaucoup au-dessus de la terrienne. Il faut bien noter aussi que lorsqu'elle célèbre des Saints, elle s'élève et diffère; alors elle s'exhausse dans une flambée d'âme; mais, toutes ces suppositions sont vaines, conclut-il, car je ne puis la définir sur une brève impression, sur un rapide aspect. Ce qui s'atteste certain, c'est que, tout en ne ressemblant pas à l'abbé, elle se dimidie, elle aussi, et se dédouble. Lui, a l'œil ingénu, des prunelles de première communiante et la bouche parfois amère d'un vieil homme; elle, est hautaine d'apparence et humble d'âme; et par des signes opposés, par des traits autres, ils obtiennent le même résultat, un identique ensemble d'indulgence paternelle et de bonté mûre.

Et Durtal était retourné bien souvent les voir. L'accueil ne variait point, Mme Bavoil le saluait par l'invariable formule : « voilà notre ami », tandis que le prêtre riait des yeux et lui pressait la main. Toujours, lorsqu'il voyait Mme Bavoil, elle priait; devant ses fourneaux, lorsqu'elle ravaudait, lorsqu'elle époussetait le ménage, lorsqu'elle ouvrait la porte, partout, elle égrenait son rosaire, sans trêve.

La joie de cette servante, plutôt taciturne, consistait à glorifier la Vierge pour laquelle elle professait un culte ; et, d'autre part, elle citait, de mémoire, des morceaux d'une mystique un peu bizarre de la fin du xvie siècle, Jeanne Chézard de Matel, la fondatrice de l'ordre du Verbe Incarné, de cet institut où les moniales arborent un voyant costume, une robe blanche serrée par une ceinture de cuir écarlate à la taille, un manteau rouge et un scapulaire couleur de sang portant, brodé en soie bleue, dans une couronne d'épines, le nom de Jésus qu'accompagnent, avec un cœur en flammes percé de trois clous, ces mots : « amor meus. »

Durtal jugeait tout d'abord Mme Bavoil un peu toquée, regardait, tandis qu'elle débitait un passage de Jeanne de Matel sur saint Joseph, le prêtre qui ne bronchait point.

— Mais alors, Mme Bavoil est une sainte ? lui dit-il, un matin qu'ils étaient seuls.

— La chère Mme Bavoil est une colonne de prières, répondit gravement l'abbé.

Et, une après-midi, alors que Gévresin était à son tour absent, Durtal interrogea cette femme.

Elle raconta ses longs pèlerinages à travers l'Europe, des pèlerinages où elle s'était rendue pendant des années, à pied, en demandant l'aumône, le long des routes.

Partout où la Vierge possédait un sanctuaire, elle s'y transféra, un paquet de linge dans une main, un parapluie dans l'autre, une croix de fer blanc sur la poitrine, un chapelet pendu à la ceinture. D'après un carnet qu'elle avait tenu à jour, elle avait ainsi fait dix mille cinq cents lieues à pied.

Puis l'âge était venu et elle avait, suivant son expression, « perdu de ses anciennes valeurs ». Le Ciel, qui lui fixait jadis, par des voix internes, l'époque de ces excursions, n'ordonnait plus maintenant ces déplacements. Il l'avait envoyée près de l'abbé Gévresin pour se reposer; mais sa manière de vivre lui avait été indiquée une fois pour toutes; en tant que coucher, une paillasse étendue sur des ais de bois; en guise de nourriture un régime champêtre et monacal comme elle, du lait, du miel et du pain — et encore, par les temps de pénitence, devait-elle substituer de l'eau au lait.

— Et vous ne consommez jamais d'autres aliments?
— Jamais.

Et elle reprenait :

— Ah! notre ami, c'est que l'on me met en pénitence, Là-Haut, et gaiement elle se moquait d'elle-même et de son allure.

— Si vous m'aviez vue, lorsque je revenais d'Espagne où j'étais allé visiter Notre-Dame del Pilar, à Saragosse, j'étais une négresse ; avec mon grand crucifix sur la poitrine, ma robe qui ressemblait à celle d'une religieuse, on se disait de tous côtés : Qu'est-ce que cette bigote-là? J'avais l'air d'une charbonnière endimanchée ; on n'apercevait que du blanc de bonnet, de manchettes et de col ; le reste, la figure, les mains, les jupes, tout était noir.

— Mais vous deviez vous ennuyer à voyager ainsi seule?

— Que non, notre ami, les Saints ne me quittaient pas le long de la route : ils me désignaient la maison où je recevais, pour la nuit, un gîte ; et j'étais sûre d'être bien accueillie.

— Jamais on ne vous a refusé l'hospitalité ?

— Jamais ; il est vrai que j'étais peu exigeante ; en voyage, je sollicitais simplement un morceau de pain et un verre d'eau — et, pour reposer, une botte de paille, dans l'étable.

— Et le père, comment l'avez-vous connu ?

— C'est toute une histoire ; imaginez que le Ciel me priva, par pénitence, de la communion, pendant un an et trois mois, jours pour jours. Lorsque je me confessais à un abbé, je lui avouais mes relations avec Notre-Seigneur, avec la Vierge, avec les Anges ; aussitôt il me traitait de folle quand il ne m'accusait pas d'être possédée par le démon ; en fin de compte, il refusait de m'absoudre ; bien heureuse encore lorsqu'il ne me fermait pas brutalement, dès les premiers mots, le guichet du confessionnal, au nez.

Je crois bien que je serais morte de chagrin, si le Sauveur n'avait fini par avoir pitié de moi. Un samedi que j'étais à Paris, Il m'envoya à Notre-Dame des Victoires où le père était prêtre habitué. Lui, m'écouta, me soumit à de rudes et à de longues épreuves, puis il me permit de communier. Je retournai souvent le voir, en qualité de pénitente, puis la nièce qui tenait son ménage étant entrée en religion je l'ai remplacée et voilà déjà près de dix ans que je suis sa gouvernante...

A plusieurs reprises, elle avait complété ces renseignements. Depuis qu'elle ne vagabondait plus à l'étranger et en province, elle fréquentait à Paris les pèlerinages qui avaient lieu en l'honneur de la Sainte Vierge et elle nommait les sanctuaires achalandés : Notre-Dame des Victoires, Notre-Dame de Paris, Notre-Dame de Bonne-

Espérance à Saint-Séverin ; de Toute Aide à l'Abbaye aux Bois ; de Paix, chez les religieuses de la rue Picpus ; des Malades à l'église Saint-Laurent ; de Bonne Délivrance, une Vierge noire provenant de l'église Saint-Étienne des Grès, chez les dames Saint-Thomas de Villeneuve, rue de Sèvres ; et hors Paris, les madones de banlieue : Notre-Dame des Miracles à Saint-Maur ; des Anges à Bondy ; des Vertus à Aubervilliers ; de Bonne-Garde à Longpont ; Notre-Dame de Spire, de Pontoise, etc... Une autre fois encore, comme il doutait de la sévérité des règlements que lui imposait le Christ, elle répliqua :

— Rappelez-vous, notre ami, ce qui advint à une grande servante du Seigneur, à Marie d'Agréda ; étant bien malade, elle céda aux instances de ses filles spirituelles et suça une bouchée de volaille ; mais elle en fut aussitôt réprimandée par Jésus qui lui dit : « Je n'aime pas que mes épouses soient délicates. »

Eh bien, je risquerais de m'attirer de pareils reproches, si j'essayais de toucher à un morceau de viande ou de boire une goutte de café ou de vin !

Il est pourtant bien évident, pensait Durtal, que cette femme n'est pas folle. Elle n'a rien, ni d'une hystérique, ni d'une démente ; elle est bien frêle et sèche, mais à peine nerveuse et, en dépit du laconisme de ses repas, elle se porte très bien, n'est même jamais souffrante ; elle est de plus, femme de bon sens et ménagère admirable. Levée dès l'aube, après s'être approchée du Sacrement, elle savonne et blanchit elle-même le linge, fabrique les draps et les chemises, raccommode les soutanes, vit avec une économie incroyable, tout en veillant à ce que son maître ne manque de rien. Cette sagace entente de la vie pratique n'a aucun rapport avec les vésanies et les délires. Il savait encore qu'elle n'avait jamais voulu accepter de gages. Il est vrai qu'aux yeux d'un monde qui ne rêve que de larcins permis, le désintéressement de cette femme pouvait suffire pour attester sa déraison ; mais, contrairement à toutes les idées reçues, Durtal ne pensait pas que le mépris de l'argent impliquât nécessairement la folie et plus il y réfléchissait, plus il demeurait convaincu qu'elle était une sainte, une sainte pas bégueule, indulgente et gaie !

Ce qu'il pouvait constater aussi, c'est qu'elle était très complaisante pour lui ; dès sa rentrée de la Trappe, elle l'avait, de toutes les manières, aidé, lui raccordant le moral quand elle le voyait triste, allant, malgré ses protestations, passer en revue ses vêtements lorsqu'elle soupçonnait qu'il y avait des sutures à opérer, des boutons à coudre.

Cette intimité était devenue encore plus complète, depuis l'existence mitoyenne qu'ils avaient, tous les trois, menée en voyage, alors que Durtal les avait, sur leurs instances, accompagnés à La Salette. Et subitement, cet affectueux train-train faillit cesser. L'abbé s'éloignait de Paris.

L'évêque de Chartres venait de mourir et son successeur était l'un des plus vieux amis de Gévresin. Le jour où l'abbé Le Tilloy des Mofflaines fut promu à l'épiscopat, il supplia Gévresin de le suivre. Ce fut, pour le vieux prêtre, un rude débat. Il se sentait malade, fatigué, propre à rien, désirait, au fond, ne plus bouger et, d'un autre côté, il manquait de courage pour refuser à Mgr

des Mofflaines son pauvre concours. Il tenta d'attendrir, sur sa vieillesse, le prélat qui ne voulut rien entendre, concéda seulement qu'il ne le nommerait pas vicaire général, mais simple chanoine. Gévresin secouait toujours doucement la tête. Enfin l'évêque eut le dessus, en faisant appel à la charité de son ami, en affirmant qu'il devait accepter, au besoin, ce poste, ainsi qu'une mortification, qu'une pénitence.

Et quand le départ fut résolu, ce fut au tour de l'abbé à investir Durtal, à le décider de quitter Paris pour aller s'installer auprès de lui, à Chartres.

Encore qu'il fût navré de ce départ qu'il avait d'ailleurs combattu de son mieux, Durtal regimbait, refusait de s'ensevelir dans cette ville.

— Mais voyons, notre ami, fit Mme Bavoil, je me demande pourquoi vous vous entêtez à vouloir vous terrer ici ; vous y vivez en pleine solitude, dans vos livres. Vous vivrez de même avec nous.

Et, comme à bout d'arguments, après une charge à fond de train contre la province, Durtal répliquait :

— Mais à Paris, il y a les quais, il y a Saint-Séverin, Notre-Dame, il y a de délicieux couvents.....

L'abbé risposta :

— Vous trouverez aussi bien à Chartres ; vous y aurez la plus belle cathédrale qui soit au monde, des monastères tels que vous les aimez et, quant aux livres, votre bibliothèque est si bien fournie qu'il me paraît difficile que vous puissiez, en flânant sur les quais, l'accroître. D'ailleurs, vous le savez mieux que moi, l'on ne déniche aucun livre de la catégorie de ceux que vous cherchez, dans les boîtes. Ces volumes-là ne figurent que sur des catalogues de librairie et, dèslors, rien n'empêche qu'on vous les envoie partout où vous serez.

— Je ne vous dis pas .. mais il y a autre chose sur les quais que des bouquins; il y a des bibelots à regarder, la Seine, il y a un paysage...

— Eh! bien, si la nostalgie vous vient de cette promenade, vous prendrez le train et longerez, pendant toute une après-midi, les parapets du fleuve.; il est facile d'aller de Chartres à Paris; vous avez, soir et matin, des express qui effectuent le trajet en moins de deux heures.

— Et puis, s'écria Mme Bavoil, il s'agit bien de cela! Ce dont il s'agit, c'est d'abandonner une ville semblable à une autre pour habiter le territoire même de la Vierge. Songez que Notre-Dame de Sous Terre est la plus antique chapelle que Marie ait en France; songez que l'on vit près d'Elle, chez Elle et qu'Elle vous comble de grâces!

— Enfin, reprit l'abbé, cet exil ne peut contrarier en rien vos projets d'art. Vous voulez écrire des vies de Saints; ne les travaillerez-vous pas mieux dans le silence de la province que dans le brouhaha de Paris?

— La province... la province! d'avance, elle m'accable, s'écria Durtal. Si vous vous doutiez de l'impression qu'elle me suggère et sous quelle apparence d'atmosphère et sous quel aspect d'odorat elle se présente! Tenez, vous connaissez, dans les vieilles maisons, ces grands placards à deux battants dont l'intérieur est tendu de papier bleu toujours humide. Eh! bien, je m'imagine, au seul mot de province, en ouvrir un et recevoir en plein visage la bouffée de renfermé qui en sort! — et si je veux parachever cette évocation, par la saveur, par le flair, je n'ai qu'à mâcher ces biscuits que l'on fabrique maintenant avec je ne sais quoi et qui sentent la colle de poisson et le plâtre sur lequel il a plu, dès qu'on y goûte! que je mange de cette pâte fade et froide, en reniflant un relent d'armoire et aussitôt la cinéraire image d'un district perdu, me hante! Évidemment votre Chartres pue ça!

— Oh! oh! s'exclama Mme Bavoil — mais vous n'en savez rien puisque vous n'avez jamais visité cette ville!

— Laissez-le dire, fit l'abbé qui riait. Il reviendra de ces préventions. Et il ajouta :

— Expliquez ces inconséquences; voici un Parisien qui aime si peu sa cité qu'il choisit, pour y habiter, le coin le moins bruyant, le plus obscur, celui qui ressemble le plus à un quartier de province. Il a horreur des boulevards, des promenades fréquentées, des théâtres; il se confine en un trou et se bouche les oreilles pour ne pas entendre les rumeurs qui l'entourent; et alors qu'il convient de perfectionner ce système d'existence, de mûrir dans un silence authentique, loin des foules, alors qu'il importe de renverser les termes de sa vie, de devenir, au lieu d'un provincial de Paris, un Parisien de province, il s'ébaubit et s'indigne!

— Le fait est, pensait Durtal une fois seul, le fait est que la capitale m'est sans profit. Je n'y vois plus personne et je serai réduit à une solitude encore plus absolue quand mes amis l'auront quittée. Au fond, je serais tout aussi bien à Chartres; j'y étudierais à l'aise, dans un milieu paisible, dans les parages d'une cathédrale autrement intéressante que Notre-Dame de Paris et puis... et puis... une autre question dont l'abbé Gévresin ne parle pas mais qui m'inquiète, moi, se pose. Si je demeure seul, ici, il me faudra chercher un nouveau confesseur, errer dans les églises, de même que j'erre dans la vie matérielle, à la recherche des restaurants et des tables d'hôte. Ah! non! j'ai assez à la fin de ces au jour le jour de nourritures corporelles et morales! j'ai mis mon âme dans une pension qui lui plaît, qu'elle y reste!

Enfin il y a encore un argument. Je vivrai à meilleur compte à Chartres et là, en ne dépensant pas plus qu'ici, je pourrai m'installer confortablement, manger les pieds sur mes chenêts, être servi!

Et il avait fini par se résoudre à suivre ses deux amis, avait arrêté un assez vaste logement en face de la cathédrale — et lui, qui avait toujours été si à l'étroit dans de minuscules pièces, il savourait enfin la joie provinciale des vastes chambres, des livres étalés sur les murs, à l'aise.

De son côté, Mme Bavoil lui avait découvert une servante familière et bavarde, mais brave femme au fond et pieuse. Et il avait commencé sa nouvelle existence dans l'étonnement continu de cette extraordinaire basilique, la seule qu'il ne connût point, sans doute parce qu'elle était située près de Paris et que semblable à tous les Parisiens, il ne se dérangeait guère que pour effectuer de plus longs voyages. Quant à la ville même, elle lui parut dénuée d'intérêt, ne possédant qu'une promenade intime, un petit quai où, dans le bas des faubourgs, près de la porte Guillaume, des lavandières chantent, en savonnant, devant un cours d'eau qu'elles fleurissent avec des touffes irisées de bulles.

Aussi, prit-il la décision de ne sortir que le matin dès l'aube ou le soir; alors, il pouvait rêvasser, seul, dans une ville qui était, l'après-midi déjà, à peu près morte.

L'abbé et sa gouvernante étaient, eux, installés dans l'évêché même, à l'ombre de l'abside de la cathédrale. Ils occupaient, au-dessus d'écuries abandonnées, un premier et unique étage, composé d'une série de pièces froides et carrelées que l'évêque avait fait remettre à neuf.

III

ORIGINE DU ROMAN ET DU GOTHIQUE.
INTÉRIEUR DE L'ABBÉ GÉVRESIN. — MADAME BAVOIL.
APERÇU SUR LA CATHÉDRALE DE CHARTRES

Au fond, se disait Durtal qui rêvait sur la petite place, au fond, personne ne connaît au juste l'origine des formes gothiques d'une cathédrale. Les archéologues et les architectes ont vainement épuisé toutes les suppositions, tous les systèmes ; qu'ils soient d'accord pour assigner une filiation orientale au Roman, cela peut, en effet, se prouver. Que le Roman procède de l'art latin et byzantin, qu'il soit, suivant une définition de Quicherat, « le style qui a cessé d'être romain, quoiqu'il tienne beaucoup du romain, et qui n'est pas encore gothique, bien qu'il ait déjà quelque chose du gothique », j'y consens ; et encore, si l'on examine les chapiteaux, si l'on scrute leurs contours et leurs dessins, s'aperçoit-on qu'ils sont beaucoup plus assyriens et persans que romains et byzantins et gothiques ; mais quant à avérer la paternité même du style ogival, c'est autre chose. Les uns prétendent que l'arc tiers-point existait en Égypte, en Syrie, en Perse ; les autres le considèrent ainsi qu'un dérivé de l'art sarrasin et de l'art arabe ; et rien n'est moins démontré, à coup sûr.

Puis, il faut bien le dire tout de suite, l'ogive ou plutôt l'arc tiers-point que l'on s'imagine encore être le signe distinctif d'une ère en architecture, ne l'est pas en réalité, comme l'ont très nettement expliqué Quicherat et, après lui, Lecoy de la Marche. L'Ecole des Chartes a, sur ce point, culbuté les rengaines des architectes et démoli les lieux communs des bonzes. Du reste, les preuves de l'ogive employée en même temps que le plein-cintre, d'une façon systématique, dans la construction d'un grand nombre d'églises romanes, abondent : à la cathédrale d'Avignon, de Fréjus, à Notre-Dame d'Arles, à Saint-Front de Périgueux, à Saint-Martin d'Ainay à Lyon, à Saint-Martin-des-Champs à Paris, à Saint-Étienne de Beauvais, à la cathédrale du Mans et en Bourgogne, à Vézelay, à Beaune, à Saint-Philibert de Dijon, à la Charité-sur-Loire, à Saint-Ladre d'Autun, dans la plupart des basiliques issues de l'école monastique de Cluny.

Mais tout cela ne renseigne point sur le lignage du Gothique qui demeure obscur, peut-être parce qu'il est très clair. Sans se gausser de la théorie qui consiste à ne voir dans cette question qu'une question matérielle, technique, de stabilité et de résistance, qu'une invention de moines ayant découvert un beau jour que la solidité de leurs voûtes serait mieux assurée par la forme en mitre de l'ogive que par la forme en demi-lune du plein cintre, ne semble-t-il pas que la doctrine romantique, que la doctrine de Châteaubriand dont on s'est beaucoup moqué et qui est de toutes la moins compliquée, la plus naturelle, soit, en effet, la plus évidente et la plus juste.

Il est à peu près certain pour moi, poursuivit Durtal, que l'homme a trouvé dans les bois l'aspect si discuté des nefs et de l'ogive. La plus étonnante cathédrale que la nature ait, elle-même, bâtie, en y prodiguant l'arc brisé de ses branches, est à Jumièges. Là, près des ruines magnifiques de l'abbaye qui a gardé intactes ses deux tours et dont le vaisseau décoiffé et pavé de fleurs rejoint un chœur de frondaisons cerclé par une abside d'arbres, trois immenses allées, plantées de troncs séculaires, s'étendent en ligne droite ; l'une, celle du milieu, très large, les deux autres, qui la longent, plus étroites ; elles dessinent la très exacte image d'une nef et de ses bas-côtés, soutenus par des piliers noirs et voûtés par des faisceaux de feuilles. L'ogive y est nettement feinte par les ramures qui se rejoignent, de même que les colonnes qui la supportent sont imitées par les grands troncs. Il faut voir cela, l'hiver, avec la voûte arquée et poudrée de neige, les piliers blancs tels que des fûts de bouleaux, pour comprendre l'idée première, la semence d'art qu'a pu faire lever le spectacle de semblables avenues, dans l'âme des architectes qui dégrossirent, peu à peu, le Roman et finirent par substituer complètement l'arc pointu à l'arche ronde du plein-cintre.

Et il n'est point de parcs, qu'ils soient plus ou moins anciens que le bois de Jumièges, qui ne reproduisent avec autant d'exactitude les mêmes contours ; mais ce que la nature ne pouvait donner, c'était l'art prodigieux, la science symbolique profonde, la mystique éperdue et placide des croyants qui édifièrent les cathédrales. — Sans eux, l'église restée à l'état brut, telle que la nature la conçut, n'était qu'une ébauche sans âme, un rudiment; elle était l'embryon d'une basilique, se métamorphosant, suivant les saisons et suivant les jours, inerte et vivante à la fois, ne s'animant qu'aux orgues mugissantes des vents, déformant le toit mouvant de ses branches, au moindre souffle; elle était inconsistante et souvent taciturne, sujette absolue des brises, serve résignée des pluies; elle n'était éclairée, en somme, que par un soleil qu'elle tamisait dans les losanges et les cœurs de ses feuilles, ainsi qu'entre des mailles de carreaux verts. L'homme, en son génie, recueillit ces lueurs éparses, les condensa dans des rosaces et dans des lames, les reversa dans les allées des futaies blanches; et même par les temps les plus sombres, les verrières resplendirent, emprisonnèrent jusqu'aux dernières clartés des couchants, habillèrent des plus fabuleuses splendeurs le Christ et la Vierge, réalisèrent presque sur cette terre la seule parure qui pût convenir aux corps glorieux, des robes variées de flammes!

Elles sont surhumaines, vraiment divines, quand on y songe, les cathédrales!

Parties, dans nos régions, de la crypte romane, de la voûte tassée comme l'âme par l'humilité et par la peur, se courbant devant l'immense Majesté dont elles osaient à peine chanter les louanges, elles se sont familiarisées, les basiliques, elles ont faussé d'un élan le demi-cercle du cintre, l'ont allongé en ovale d'amande, ont jailli, soulevant les toits, exhaussant les nefs, babillant en mille sculptures autour du chœur, lançant au ciel, ainsi que des prières, les jets fous de leurs piles! Elles ont symbolisé l'amicale tendresse des oraisons; elles sont devenues plus confiantes, plus légères, plus audacieuses envers Dieu.

Toutes se mettent à sourire dès qu'elles quittent leur ossature chagrine et s'effilent.

Le Roman, je me figure qu'il est né vieux, poursuivit Durtal, après un silence. Il demeure, en tout cas, à jamais ténébreux et craintif.

Encore qu'il ait atteint, à Jumièges, par exemple, avec son énorme arc doubleau qui s'ouvre en un porche géant dans le ciel, une admirable ampleur, il reste quand même triste. Le plein-cintre est en effet incliné vers le sol, car il n'a pas cette pointe qui monte en l'air, de l'ogive.

Ah! les larmes et les dolents murmures de ces épaisses cloisons, de ces fumeuses voûtes, de ces arches basses pesant sur de lourds piliers, de ces blocs de pierre presque tacites, de ces ornements sobres racontant en peu de mots leurs symboles! le Roman, il est la Trappe de l'architecture; on le voit abriter des ordres austères, des couvents sombres, agenouillés dans de la cendre, chantant, la tête baissée, d'une voix plaintive, des psaumes de pénitence. Il y a de la peur du péché, dans ces caves massives et il y a aussi la crainte d'un Dieu dont les rigueurs ne s'apaisèrent qu'à la venue du Fils. De son origine asiatique, le Roman a gardé quelque chose d'antérieur à la Nativité du Christ; on y prie plus l'implacable Adonaï que le charitable Enfant, que la douce Mère. Le Gothique, au contraire, est moins craintif, plus épris des deux autres Personnes et de la Vierge; on le voit abritant des ordres moins rigoureux et plus artistes; chez lui, les dos terrassés se redressent, les yeux baissés se relèvent, les voix sépulcrales se séraphisent.

Il est, en un mot, le déploiement de l'âme dont l'architecture romane énonce le repliement. C'est là, pour moi, du moins, la signification précise de ces styles, s'affirma Durtal.

Ce n'est pas tout, reprit-il; l'on peut encore déduire de ces remarques une autre définition :

Le Roman allégorise l'Ancien Testament, comme le Gothique le Neuf.

Leur similitude est, en effet, exacte, quand on y réfléchit. La Bible, le livre inflexible de Jéhovah, le code terrible du Père, n'est-il pas traduit par le Roman dur et contrit et les Evangiles si consolants et si doux, par le Gothique plein d'effusions et de câlineries, plein d'humbles espoirs?

Si tels sont ces symboles, il semble alors que ce soit bien souvent le temps qui se substitue à la pensée de l'homme pour réaliser l'idée complète, pour joindre les deux styles, ainsi que le sont, dans l'Ecriture Sainte, les deux Livres ; et certaines cathédrales nous offrent encore un spectacle curieux. Quelques-unes, austères, dès leur naissance, s'égaient, se prennent à sourire dès qu'elles s'achèvent. Ce qui subsiste de la vieille église abbatiale de Cluny est, à ce point de vue, typique. Elle est à coup sûr, avec celle de Paray-le-Monial restée entière, l'un des plus magnifiques spécimens de ce style roman Bourguignon qui décèle malheureusement, avec ses pilastres cannelés, l'affligeante survie d'un art grec, importé par les Romains en France. Mais, en admettant que ces basiliques, dont l'origine peut se placer entre 1000 et 1200, soient, en suivant les théories de Quicherat qui les cite, purement romanes, leurs contours se mélangent déjà et les liesses de l'ogive, en tout cas, y naissent.

Là, ce n'est plus ainsi qu'à Notre-Dame la Grande de Poitiers la façade romane, minuscule et festonnée, flanquée, à chaque aile, d'une courte tour surmontée d'un cône pesant de pierre, taillé à facettes comme un ananas. A Paray, la puérile décoration et la lourde richesse de Poitiers ne sont plus. La robe barbare de ce petit joujou d'église qu'est Notre-Dame la Grande, est remplacée par le suaire d'une muraille plane; mais l'extérieur ne s'atteste pas moins singulièrement imposant, avec la simplesse solennelle de ses formes. Ne sont-elles pas admirables ces deux tours carrées, percées d'étroites fenêtres, dominées par une tour ronde qui pose si placidement, si fermement, sur une galerie ajourée de colonnes unies par la faucille d'un cintre, un clocher tout à la fois noble et agreste, allègre et fort?

Et l'auguste simplicité de cet extérieur d'église se répercute dans l'intérieur de ses nefs.

Là pourtant, le Roman a déjà perdu son allure souffrante de crypte, son obscure physionomie de cellier persan. La puissante armature est la même; les chapiteaux gardent encore l'enroulement des flores musulmanes, le fabuleux alibi des contours assyriens, le rappel des arts asiatiques transférés sur notre sol, mais déjà le mariage des baies différentes s'opère, les colonnes s'efforcent, les piliers se haussent, les grands arcs s'assouplissent, décrivent une trajectoire plus rapide et moins brève; et les murs droits, énormes et déjà légers, ouvrent, à des altitudes prodigieuses, des trous ménagés de jour.

A Paray, le plein-cintre s'harmonise déjà avec l'ogive qui s'affirme dans les cimes de l'édifice et annonce, en somme, une ère d'âme moins plaintive, une conception plus affectueuse, moins rêche du Christ, qui prépare, qui révèle déjà le sourire indulgent de la Mère.

Mais, se dit tout à coup Durtal, si mes théories sont justes, l'architecture qui symboliserait, seule, le Catholicisme, en son entier, qui représenterait la Bible complète, les deux Testaments, ce serait ou le Roman ogival ou l'architecture de transition, mi-romane et mi-gothique.

Diantre, fit-il, amené à une conclusion qu'il n'avait pas prévue ; il est vrai qu'il n'est peut-être point indispensable que le parallélisme ait lieu dans l'église même, que les Saintes-Ecritures soient réunies en un seul tome ; ainsi, ici même, à Chartres, l'ouvrage est intégral, bien que contenu en deux volumes séparés, puisque la crypte sur laquelle la cathédrale gothique repose est romane.

C'est même, de la sorte, plus symbolique ; et cela confirme l'idée des vitraux dans lesquels les prophètes soutiennent sur leurs épaules les quatre écrivains des Evangiles ; l'Ancien Testament sert, une fois de plus, de socle, de base, au Neuf.

Ce Roman, quel tremplin de rêves ! reprenait Durtal ; n'est-il pas également la châsse enfumée, l'écrin sombre destiné aux Vierges noires ? cela paraît d'autant moins indécis que les Madones de couleur sont toutes grosses et trapues, qu'elles ne se joncent point telles que les Vierges blanches des gothiques. L'Ecole de Byzance ne comprenait Marie que basanée, « couleur d'ébeine grise luysante », ainsi que l'écrivent ses vieux historiens ; seulement elle la sculptait ou la peignait, contrairement au texte du Cantique, noire mais peu belle. Ainsi conçue, Elle est bien une Vierge morose, éternellement triste, en accord avec les caves qu'elle habite. Aussi sa présence est-elle toute naturelle dans la crypte de Chartres, mais dans la cathédrale même, sur le pilier où Elle se dresse encore, n'est-elle pas étrange, car Elle n'est point dans son véritable milieu, sous la blanche envolée des voûtes ?

— Eh bien, notre ami, vous rêvassez ?

Durtal eut la secousse d'un homme qu'on réveille.

— Tiens, c'est vous, Madame Bavoil.

— Mais oui, je viens du marché et aussi de votre domicile.

— De mon domicile ?

— Oui, pour vous inviter à déjeuner. L'abbé Plomb est privé de sa gouvernante qui s'absente, cette après-midi, et il prend son repas, chez nous; alors le Père a pensé que ce serait une occasion pour vous de le connaître.

— Je le remercie, mais voyons, il faut que j'aille prévenir la mère Mesurat pour qu'elle ne mette pas ma côtelette au feu.

— C'est inutile, j'ai prévenu Mme Mesurat. A propos, vous êtes toujours content d'elle ?

— Dans le temps, dit-il en riant, j'avais pour soigner mon ménage, à Paris, un sieur Rateau, pochard de haute lice, qui bousculait tout et menait militairement les meubles; maintenant, j'ai cette brave femme dont la façon de travailler diffère; mais les résultats sont identiques. Elle agit par la persuasion, par la douceur; elle ne renverse pas le mobilier, ne rugit point en terrassant les matelas, ne se lance pas à la baïonnette avec un balai, contre les murs ; non, elle recueille tranquillement la poussière, la mijote, finit par l'amasser en de petits tas qu'elle cache dans les angles des murs ; elle ne saccage point le lit, mais elle se borne à le caresser du bout des doigts, à déplisser les draps avec sa main, à peloter les oreillers, à les engager à combler leurs creux ; l'autre chambardait tout, celle-ci ne remue rien !

— Eh là mais ! c'est une digne femme !

— Oui, aussi malgré tout, suis-je heureux de l'avoir.

Ils étaient arrivés, en causant, devant la grille de l'évêché. Ils passèrent par une petite porte donnant sur la loge de la concierge et débouchèrent dans une grande cour, sablée de cailloux de rivière, au fond de laquelle s'étendait une vaste construction du XVIIe siècle. Il n'y avait ni flore de pierre, ni sculptures, aucun porche animé, rien, sinon une façade de briques et de moellons usés, un bâtiment nu et glacé, laissé à l'abandon avec ses hautes fenêtres derrière lesquelles on distinguait des volets repliés, peints en gris. L'entrée était à la hauteur d'un premier étage ; on y accédait par un perron avec un escalier de chaque côté ; en bas, dans la niche de ce perron, s'ouvrait une porte vitrée au travers de laquelle on apercevait, coupés par le cadre, des pieds d'arbres.

Dans cette cour s'alignaient de longs peupliers que l'ancien évêque, qui avait fréquenté les Tuileries avant la guerre, appelait, en souriant, sa haie de cent gardes.

Mme Bavoil et Durtal traversèrent cette cour, se dirigeant, à droite, vers une aile de la bâtisse, toiturée d'ardoises.

C'était là, au premier, sous un grenier qu'éclairaient des œils de bœufs, que résidait l'abbé Gévresin.

Ils gravirent un escalier étroit, bordé d'une rampe rouillée de fer. Les murs ruisselaient d'humidité, secrétaient des roupies, distillaient des gouttes de café noir; les marches étaient creusées, s'amincissaient du bout ainsi que des cuillers; elles conduisaient à une porte badigeonnée d'ocre dans laquelle était planté un bouton de fonte, couleur d'encre. Un cordon de sonnette balançait un anneau de cuivre qui se cognait remué par le vent, contre le plâtre éraillé du mur. Une indéfinissable odeur de vieille pomme et d'eau qui croupit, s'échappait de la cage de l'escalier, précédé d'un court vestibule que pavaient des rangées de briques, couchées sur le flanc, rongées à la façon des madrépores, que plafonnait une sorte de carte de géographie, sillonnée de mers dessinées comme avec de l'urine par des infiltrations de pluie.

Et le petit appartement de l'abbé, tendu d'un méchant papier neuf et carrelé de rouge, fleurait la tombe; on se rendait compte que, dans l'ombre de la cathédrale qui couvrait cette aile, aucun soleil ne venait sécher les cloisons s'effritant dans le bas des plinthes en une poudre de cassonade, s'émiettant lentement sur le vernis glacé du sol.

Quelle misère! voir un vieillard ravagé par les rhumatismes, habiter là! pensait Durtal.

Il est vrai que lorsqu'il pénétra dans la chambre de l'abbé, il la trouva un peu dégourdie par un grand feu de coke; le prêtre lisait son bréviaire, enveloppé d'une douillette, près de la fenêtre dont il avait retroussé le rideau, pour voir un peu clair.

Cette pièce était meublée d'un petit lit de fer, muni de rideaux en calicot blanc, avec embrasses de cretonne rouge ; en face de la couche, une table, couverte d'un tapis et d'une écritoire, et un prie-Dieu au-dessus duquel était cloué un Christ ; le reste de la chambre était occupé par des rayons de livres étagés jusqu'au plafond et trois fauteuils, tels que l'on n'en découvre plus que dans les communautés religieuses et dans les séminaires, des fauteuils de noyer, tressés de paille de même que des chaises d'église, étaient placés l'un, devant la table, les deux autres, devant des ronds de sparterie, à gauche et à droite de la cheminée que surmontait une pendule Empire entre deux vases dans le ventre desquels, se dressaient, maintenues par du sable, des tiges décolorées de roseaux secs.

— Approchez-vous donc, fit l'abbé, car, malgré ce brasier, on gèle.

Et, écoutant Durtal qui lui parlait de rhumatismes, il eut un geste de résignation.

— Tout l'évêché est ainsi, dit-il. Monseigneur qui, lui, est presque perclus, n'a pu rencontrer, dans tout le palais, une salle qui soit saine. Dieu me pardonne, mais je crois que son logis est encore plus humide que le mien ; la vérité, c'est qu'il faudrait installer partout des calorifères et que jamais on ne s'y résoudra, faute d'argent.

— Monseigneur pourrait bien disposer au moins, çà et là, dans les pièces du palais, des poêles.

— Lui ! s'exclama, en riant l'abbé, mais il ne possède aucune fortune ; il touche en tout et pour tout un traitement annuel de dix mille francs car il n'y a pas de mense à Chartres et le produit de la taxe des actes de la chancellerie est nul ; dans cette ville sans piété riche, il ne peut attendre aucune aide, et il a à sa charge le jardinier et le concierge ; par économie il est obligé de distraire d'un couvent la cuisinière et la lingère. Ajoutez que, n'ayant pas le moyen d'entretenir des chevaux et de conserver une voiture, il doit louer une berline pour les tournées pastorales. Combien croyez-vous donc qu'il lui reste pour vivre, si vous défalquez encore ses aumônes ; allez, il est plus pauvre que vous et moi !

— Mais alors c'est la panne du sacerdoce, un radeau de la Méduse pieux que Chartres !

— Vous l'avez dit, évêque, chanoines, prêtres, tout le monde est dans l'indigence ici.

La sonnette tinta ; et Mme Bavoil introduisit l'abbé Plomb ; il avait l'air encore plus effaré que de coutume ; il saluait à reculons, paraisssait gêné par ses mains qu'il fourra dans ses manches.

Et, au bout d'une demi-heure de conversation, lorsqu'il se sentit plus à l'aise, il s'évada en des sourires et finit par causer ; et Durtal, surpris, constata que l'abbé Gévresin avait raison. Ce prêtre était très intelligent et très instruit et, ce qui plaisait peut-être plus encore, il n'était nullement asservi par ce manque d'éducation, par ces idées étroites, qui rendent l'accès des ecclésiastiques dans le monde des lettrés, si difficile.

Ils étaient assis dans la salle à manger, aussi maussade que les autres pièces mais plus chaude, car un poêle de faïence y ronflait, soufflant, par ses bouches de chaleur, des trombes.

Après qu'ils eurent mangé leurs œufs à la coque, la conversation, qui s'était jusqu'alors éparpillée au hasard des sujets, se concentra sur la cathédrale.

— Elle est la cinquième édifiée sur la grotte des Druides, dit l'abbé Plomb ; son histoire est étrange.

La première, érigée du temps des Apôtres, par l'évêque Aventin, fut rasée jusqu'au niveau du sol. Rebâtie par un autre prélat du nom de Castor, elle fut brûlée, en partie, par Hunald duc d'Aquitaine, restaurée par Godessald, incendiée à nouveau par Hastings, chef des Normands, réparée, une fois de plus, par Gislebert et enfin complètement détruite par Richard, duc de Normandie, lors du siège de la ville qu'il mit à sac.

Nous ne détenons pas de bien véridiques documents sur ces deux basiliques ; tout au plus, savons-nous que le gouverneur romain du pays de Chartres démolit de fond en comble la première, égorgea un grand nombre de chrétiens, au nombre desquels sa fille Modeste, et fit jeter leurs cadavres dans un puits creusé près de la grotte et qui a reçu le nom de puits des Saints Forts.

Un troisième sanctuaire, construit par l'évêque Vulphard, fut consumé en 1020, sous l'épiscopat de saint Fulbert qui fonda une quatrième cathédrale ; celle-ci fut calcinée, en 1194, par la foudre qui ne laissa debout que les deux clochers et la crypte.

La cinquième enfin, élevée sous le règne de Philippe-Auguste, alors que Régnault de Mouçon était évêque de Chartres, est celle que nous voyons aujourd'hui et qui fut consacrée, le 17 octobre 1260, en présence de saint Louis ; elle n'a cessé de passer par la fournaise. En 1506, le tonnerre tombe sur la flèche du Nord dont la carcasse était en bois revêtue de plomb ; une épouvantable tempête, qui dure de six heures du soir jusqu'à quatre heures du matin, attise le feu dont la violence devient telle qu'il fond comme des pains de cire les six cloches. L'on parvient à limiter les ravages des flammes et l'on ravitaille l'église. Dès lors, le fléau ne cesse plus. En 1539, en 1573, en 1589, la foudre croule sur le clocher neuf. Plus d'un siècle s'écoule, et tout recommence ; en 1701 et en 1740, la même flèche est encore atteinte.

Elle demeure indemne, jusqu'en 1825, année pendant laquelle le tonnerre la bat et l'ébranle, le lundi de la Pentecôte, tandis que l'on chante le Magnificat, aux Vêpres.

Enfin, le 4 juin 1836, un formidable incendie, déterminé par l'imprudence de deux plombiers qui travaillaient dans les faîtes, éclate. Il persiste pendant onze heures et ruine toute la charpente, la forêt entière de la toiture ; c'est miracle que l'église n'ait pas complètement disparu, dans cette tourmente.

Avouez, Monsieur, que cette continuité de catastrophes est surprenante.

— Oui, et ce qui est aussi bizarre, fit l'abbé Gévresin, c'est l'acharnement que met à la renverser le feu du ciel.

— Comment expliquer cela ? demanda Durtal.

— L'auteur de « Parthénie », Sébastien Rouillard, pense que c'est en expiation de certains péchés, que ces désastres furent permis et il insinue que la combustion de la troisième cathédrale fut peut-être légitimée par l'inconduite de certains pèlerins, qui couchaient en ce temps, hommes et femmes, pêle-mêle, dans la nef.

D'autres croient que le Démon, qui peut mésuser de la foudre, en certains cas, a voulu supprimer à tout prix ce sanctuaire.

— Mais alors, pourquoi la Vierge ne l'a-t-elle pas mieux défendu ?

— Remarquez bien qu'Elle l'a, nombre de fois, empêché d'être intégralement réduit en cendres, mais cela n'est pas, en effet, moins singulier. Songez que Chartres est le premier oratoire que Notre-Dame ait eu en France. Il se relie aux temps messianiques, car bien avant que la fille de Joachim ne fût née, les Druides avaient instauré, dans la grotte qui est devenue notre crypte, un autel à la « Vierge qui devait enfanter » « Virgini Pariturae ». Ils ont eu, par une sorte de grâce, l'intuition d'un Sauveur dont la Mère serait sans tache ; il semble donc qu'à Chartres, plus que dans tout autre lieu, il y ait de très vieux liens d'amitié avec Marie ; l'on comprend dès lors que Satan se soit entêté à les rompre.

— Savez-vous, fit Durtal, que cette grotte a été préfigurée dans une annexe, humaine, quasi officieuse, de l'Ancien Testament. Dans sa « Vie de Notre Seigneur », l'admirable voyante que fut Catherine Emmerich nous signale, à proximité du Mont-Carmel, une grotte et un puits près desquels Elie aperçut une Vierge ; c'est à cet endroit, dit-elle, que les Juifs, qui attendaient l'arrivée d'un Rédempteur, se rendaient, plusieurs fois par an, en pèlerinage.

N'est-ce pas l'image de la grotte de Chartres et du puits des Saints Forts ?

Remarquez, d'autre part, cette tendance du tonnerre à choir non sur le clocher vieux, mais sur le clocher neuf ; je crois qu'aucune raison météorologique ne saurait justifier cette préférence ; et si je considère attentivement les deux flèches, je suis frappé de la délicatesse des végétations courant sous des dentelles, de tout le côté gracile et coquet du clocher neuf. L'autre, au contraire, n'a ni un ornement, ni une guipure ; il est simplement papelonné comme un homme d'armes d'écailles ; il est sobre et sévère, altier et robuste. L'on dirait vraiment que l'un est féminin et que l'autre appartient au sexe mâle. Ne peut-on, dès lors, leur faire symboliser au premier la Vierge et au second le Fils ? Dans ce cas, ma conclusion ne diffère point de celle que vient de nous exposer Monsieur l'abbé ; les incendies seraient attribuables à Satan qui s'acharnerait sur l'image de Celle qui a le pouvoir de lui écraser le chef.

— Prenez donc un peu de filet, notre ami, fit Mme Bavoil qui entra, tenant entre ses bras une bouteille.

— Non, merci.

— Et vous, Monsieur l'abbé ?

L'abbé Plomb s'inclina en refusant.

— Mais vous ne mangez pas !

— Comment je ne mange pas ! je vous avouerai même que j'ai un peu honte d'avoir si bien déjeuné, alors que j'ai lu, ce matin, la vie de saint Laurent, archevêque de Dublin, qui, en guise de repas, se contentait de tremper son pain dans la lessive.

— Pourquoi ?

— Mais pour dire avec le Roi Prophète qu'il se nourrissait de cendre — puisqu'il y a de la poudre de charbon dans la lessive ; — c'est le festin de la pénitence qui ne ressemble guère à celui que nous venons de nous ingérer, ajouta, en riant, l'abbé.

— Eh bien, voilà qui vous confond, ma chère madame Bavoil, dit l'abbé Gévresin. Nous n'êtes pas encore hantée par la concupiscence de ces pauvres galas ; quelle fine bouche vous êtes ! il vous faut du lait ou de l'eau pour humecter vos mouillettes !

— Mon Dieu, fit à son tour sérieusement Durtal, en tant que bombances, il y a mieux. Je me rappelle avoir lu, dans un vieux livre, l'histoire de la Bienheureuse Catherine de Cardone qui, sans s'aider de ses mains, broutait, à genoux, des herbes avec les ânes.

Mme Bavoil ne parut pas se douter que ses amis plaisantaient et, humblement, elle répondit :

— Le bon Dieu ne m'a jamais demandé de saupoudrer mes tartines de cendre ou de paître des herbes... s'il veut m'en intimer l'ordre, bien sûr que je le ferai... mais c'est égal...

Elle se montrait si peu enthousiaste que tous rirent.

— En somme, reprit l'abbé Gévresin, après un silence, la cathédrale actuelle est du XIIe et du XIIIe siècle, sauf, bien entendu, le clocher neuf et de nombreux détails.

— Oui.

— Et l'on ignore le nom des architectes qui l'édifièrent ?

— Comme celui de presque tous les constructeurs de basiliques, répliqua l'abbé Plomb. L'on peut admettre cependant qu'au XIIe et au XIIIe siècle, ce furent les Bénédictins de l'abbaye de Tiron qui dirigèrent les travaux de notre église ; ce monastère avait, en effet, établi, en 1117, un couvent à Chartres ; nous savons également que ce cloître contenait plus de cinq cents religieux de tous arts et que les sculpteurs et les imagiers, les maçons-carriers ou maîtres de pierre vivel y abondaient. Il serait donc assez naturel de croire que ce furent ces moines, détachés à Chartres, qui tracèrent les plans de Notre-Dame et employèrent ces troupes d'artistes dont nous voyons l'image dans l'un des anciens vitraux de l'abside, des hommes au bonnet pelucheux, en forme de chausse à filtrer, qui taillent et rabotent des statues de rois.

Leur œuvre a été complétée, au commencement du XVIe siècle, par Jehan Le Texier, dit Jehan de Beauce, qui est l'auteur du clocher Nord, dit clocher neuf, et de la partie décorative, abritant dans l'intérieur de l'église, les groupes du pourtour cernant le chœur.

— Et jamais, en somme, l'on n'a découvert le nom de l'un des premiers architectes, de l'un des sculpteurs, de l'un des verriers de cette cathédrale ?

— L'on a entrepris bien des recherches et, personnellement, je puis avouer que je n'y ai épargné ni mon temps, ni mes peines, mais cela en pure perte.

Voici ce que nous connaissons : en haut du clocher du Midi, dit clocher vieux, près de la baie qui s'ouvre en face de la flèche neuve, on a démêlé cette inscription : « Harman, 1164. » Est-ce le nom d'un architecte, d'un ouvrier ou d'un guetteur de nuit posté, à cette époque, dans la tour ? on erre. De son côté, Didron a déchiffré sur le pilastre du portail Occidental, au-dessus de la tête brisée d'un boucher assommant un bœuf, ce mot : « Rogerus », gravé en caractères du XIIe siècle. Est-ce l'architecte, le statuaire, le bienfaiteur de cette façade ou le boucher ? Une autre signature : « Robir » est également incrustée sur le support d'une statue du porche Septentrional. Qu'est-ce que Robir? personne ne peut répondre.

D'autre part, Langlois cite un verrier du XIIIe siècle, Clément de Chartres, dont il a relevé l'inscription « Clemens vitrearius Carnutensis » sur une verrière de la cathédrale de Rouen ; bien, mais, de là, à admettre, ainsi que d'aucuns l'insinuent, que ce Clément, par ce seul fait qu'il est originaire de Chartres, ait peint un ou plusieurs des tableaux vitrés de Notre-Dame, il y a loin. En tout cas, nous ne possédons aucun indice, ni sur sa vie, ni sur ses travaux, dans cette ville. Nous pouvons noter encore que, sur l'un des carreaux de notre église, on lit : Petrus Bal... est-ce la désignation abrégée ou complète d'un donateur ou d'un peintre ? une fois de plus, nous devons attester notre ignorance.

Si nous ajoutons enfin que l'on a retrouvé deux des compagnons de Jehan de Beauce, Thomas Le Vasseur qui lui fut adjoint pour la construction de la flèche neuve et un sieur Bernier dont le nom est écrit sur d'anciens comptes ; si, par de vieux marchés que déterra M. Lecoq, nous savons que Jehan Soulas, imagier de Paris, a sculpté les plus beaux des groupes qui magnifient la clôture du chœur ; si, nous remarquons encore, après cet admirable sculpteur, d'autres statuaires déjà moins intéressants, car avec eux l'art païen reparaît et la médiocrité commence : François Marchant, imagier d'Orléans, Nicolas Guybert de Chartres, nous avons à peu près tous les renseignements qui méritent d'être conservés sur les véritables artistes qui travaillèrent du XIIe jusqu'à la fin de la première moitié du XVIe siècle, à Chartres.

— Oui et à partir de cette époque, les noms des artisans qui nous sont parvenus ne sont plus qu'à honnir. C'est Thomas Boudin, Legros, Jean de Dieu, Berruer, Tuby, Simon Mazières, qui osent continuer l'œuvre de Soulas! c'est Louis, l'architecte du duc d'Orléans, qui avilit et saccage le chœur; c'est cet infâme Bridan qui installe, à la misérable joie de quelques chanoines, son emphatique et indigent bloc de l'Assomption!

— Hélas! fit l'abbé Gévresin, ce sont aussi des chanoines qui ont jugé utile de briser deux anciennes verrières du chœur et de les remplacer par des carreaux blancs pour mieux éclairer le groupe de ce Bridan!

— Vous ne mangez plus? demanda Mme Bavoil qui, sur le signe négatif des convives, ôta le fromage et les confitures et apporta le café.

— Puisque cette cathédrale vous plaît tant, je serais heureux de vous aider à la parcourir dans ses détails, proposa l'abbé Plomb à Durtal.

— J'accepte bien volontiers, Monsieur l'abbé, car elle m'obsède, en effet, et elle m'affole, cette Notre-Dame! — vous connaissez, n'est-ce pas, les théories de Quicherat sur le Gothique?

— Oui et je les crois exactes. Je suis, comme lui, convaincu que si la particularité, que si l'essence du Roman est surtout la voûte substituée aux lambris des toits, l'origine et le caractère distinct du Gothique est l'arc-boutant et non l'ogive.

Je fais bien quelques réserves sur la justesse de cette boutade de Quicherat « que l'histoire de l'architecture au Moyen Age n'est que l'histoire de la lutte des architectes contre la poussée et la pesanteur des voûtes », car il y a autre chose, en cet art, qu'une industrie matérielle et qu'une question pratique, mais n'empêche qu'il a certainement raison sur presque tous les points.

Maintenant, nous pouvons poser en principe qu'en nous servant des termes d'ogive et de gothique, nous employons des vocables que l'on a détournés de leur vrai sens, car les Goths n'ont rien à voir avec l'architecture qui s'empara de leur nom et le mot ogive, qui signifie justement la forme du plein-cintre, est absolument inapte à désigner cet arc brisé que l'on a pris pendant tant d'années, pour la base, pour la personnalité même d'un style.

En somme, poursuivit l'abbé, après un silence, comment juger les œuvres d'antan, en dehors même de cette aide d'arcs plantés dans des contreforts ou de voûtes en anses de panier ou en cul de four, car toutes sont adultérées par les siècles ou inachevées. Notre-Dame, à Chartres, devait avoir neuf clochers et elle n'en a que deux; les basiliques de Reims, de Paris, de Laon, d'autres, étaient destinées à porter des flèches sur leurs tours, où sont-elles? nous ne pouvons donc nous rendre un compte exact de l'effet que voulurent produire leurs architectes. D'autre part, les cathédrales étaient faites pour être vues dans un cadre que l'on a détruit, dans un milieu qui n'est plus; elles étaient entourées de maisons dont l'allure s'accordait avec la leur; aujourd'hui, elles sont ceinturées de casernes à cinq étages, de pénitenciers mornes, ignobles; — et partout, on les dégage, alors qu'elles n'ont jamais été bâties pour se dresser, isolées sur des places; c'est, de tous les côtés, l'insens le plus parfait de l'ambiance dans laquelle elles furent élevées, de l'atmosphère dans laquelle elles vécurent; certains détails, qui nous semblent inexplicables dans quelques-uns de ces édifices, étaient sans doute nécessités par la forme, par les besoins des alentours; au fond, nous trébuchons, nous avançons au hasard, nous ne savons rien,... rien.

— En tout cas, dit Durtal, l'archéologie et l'architecture n'ont exécuté que des besognes secondaires; elles nous ont révélé simplement l'organisme, le corps des cathédrales, qui nous en dira l'âme?

— Qu'entendez-vous par ce mot? demanda l'abbé Gévresin.

— Je ne parle pas de l'âme du monument, au moment où, avec l'assistance divine, l'homme la créa; cette âme, nous l'ignorons et encore pas pour Chartres, puisque de précieux documents nous la racontent; mais de l'âme qu'ont gardée les autres églises, de l'âme qu'elles ont maintenant et que nous contribuons à entretenir par notre présence plus ou moins assidue, par nos communions plus ou moins fréquentes, par nos prières plus ou moins vives?

IV

LA MESSE DU MATIN DANS LA CRYPTE DE LA CATHÉDRALE.
LE JARDIN DE L'ÉVÊCHÉ

ELLE avait raison, Mme Bavoil; pour apprécier l'accueil que la Vierge pouvait réserver à ses visiteurs, il fallait assister à la première messe dans la crypte; il fallait surtout y communier.

Durtal l'expérimenta; un jour que l'abbé Gévresin lui prescrivit d'aborder le Sacrement, il suivit le conseil de la gouvernante et s'engagea dans ce souterrain, dès l'aube.

On y descendait par un escalier de cave qu'éclairait une petite lampe dont la mèche grésillait, emplissant de fumée, son verre; une fois parvenu au bas des marches, on avançait, en inclinant sur la gauche, dans les ténèbres, puis, à certains tournants, quelques quinquets rougeoyaient indiquant le circuit que l'on décrivait dans ces atermoiements de lumière et d'ombre, et l'on finissait par se rendre à peu près compte de la forme de cette crypte.

Elle figurait assez bien la moitié d'un moyeu de roue

d'où s'emboîtaient des rais filant dans tous les sens, pour rejoindre la circonférence même de la roue. Dans l'allée circulaire où l'on cheminait, rayonnaient, en lames dépliées d'éventail, des corridors au bout desquels l'on discernait des vitres en brouillard qui paraissaient presque claires dans la nuit opaque des murs.

Et Durtal aboutit, en longeant la courbe du couloir, à un tambour vert qu'il poussa. Il entrait dans le flanc d'une avenue se terminant en une sorte d'hémicycle que meublait un maître-autel. A sa gauche et à sa droite, deux minuscules galeries dessinaient les bras de croix d'un petit transept. La grande avenue, qui était une nef, était bordée, de chaque côté, de chaises laissant entre elles un étroit passage pour gagner l'autel.

L'on y voyait à peine, le sanctuaire n'étant éclairé que par des veilleuses pendues au plafond, des veilleuses couleur d'orange sanguine et d'or trouble. Une tiédeur extraordinaire soufflait dans ce caveau qui répandait aussi un singulier parfum où revenait, dans un souvenir de terre humide, un relent de cire chaude; mais c'était là, si l'on peut dire, le fond, le canevas même de la senteur, car elle disparaissait sous les broderies odorantes qui la couvraient, sous la dorure éteinte d'une huile en laquelle on aurait fait macérer d'anciens aromates, dissoudre de très vieux encens. C'était une exhalaison mystérieuse et confuse, comme la crypte même qui, avec ses lueurs furtives et ses pans d'ombre, était à la fois pénitentielle et douillette, étrange.

Durtal se dirigea par la grande allée vers le croisillon de droite et s'assit; ce bras exigu du transept était muni d'un autel estampé d'une croix grecque en relief sur une sphère de pourpre. Partout, en l'air, la voûte énorme et cambrée plombait, si basse que le bras levé d'un homme pouvait l'atteindre; et elle était noire, telle qu'un fond de cheminée, calcinée ainsi que par les incendies qui consumèrent les cathédrales bâties au-dessus d'elle.

Peu à peu, des claquements de sabots s'entendirent, puis des pas étouffés de religieuses; il y eut un silence, auquel succédèrent des salves de nez comprimés par des mouchoirs et tout se tut.

Un sacristain s'introduisit par une petite porte ouverte dans l'autre aile du transept, alluma les cierges du maître-autel et des chapelets de cœurs en vermeil étincelèrent dans la demi-lune, tout le long des murs, auréolant, avec le feu des cierges qu'ils réverbéraient, une statue de Vierge, rigide et obscure, assise avec un enfant sur ses genoux. C'était la fameuse Notre-Dame de Sous-Terre ou plutôt sa copie, car l'original avait été brûlé en 1793, devant le grand portail de l'église, au milieu d'une ronde en délire de sans-culottes.

Un enfant de chœur parut, précédant un vieux prêtre et, pour la première fois, Durtal vit servir réellement une messe, comprit l'incroyable beauté que peut dégager l'observance méditée du sacrifice.

Cet enfant agenouillé, l'âme tendue et les mains jointes, parlait, à haute voix, lentement, débitait avec tant d'attention, avec tant de respect, les répons du psaume, que le sens de cette admirable liturgie, qui ne nous étonne plus, parce que nous ne la percevons depuis longtemps, que bredouillée et expédiée, tout bas, en hâte, se révéla subitement à Durtal.

Et le prêtre, même inconsciemment, qu'il le voulût

ou non, suivait le ton de l'enfant, se modelait sur lui, récitait avec lenteur, ne proférant plus simplement les versets du bout des lèvres, mais il se pénétrait des paroles qu'il devait dire, haletait, saisi, comme à sa première messe, par la grandeur de l'acte qu'il allait accomplir.

Durtal sentait, en effet, frémir la voix de l'officiant, debout devant l'autel, ainsi que le Fils même qu'il représentait devant le Père, demandant grâce pour tous les péchés du monde qu'il apportait, secouru, dans son affliction et dans son espoir, par l'innocence de l'enfant dont l'amoureuse crainte était moins réfléchie que la sienne et moins vive.

Et lorsqu'il prononçait cette phrase désolée : « Mon Dieu, mon Dieu, pourquoi mon âme est-elle triste et pourquoi me troublez-vous ? » le prêtre était bien la figure de Jésus souffrant sur le Calvaire, mais l'homme restait aussi dans le célébrant, l'homme faisant retour sur lui-même et s'appliquant naturellement, en raison de ses délits personnels, de ses propres fautes, les impressions de détresse notées par le texte inspiré du psaume.

Et le petit servant le réconfortait, l'incitait à espérer et, après avoir murmuré le confiteor devant le peuple qui se purifiait à son tour, par une identique ablution d'aveux, l'officiant, plus rassuré, gravissait les marches de l'autel et commençait la messe.

Vraiment, dans cette atmosphère de prières rabattues par le lourd plafond, dans ce milieu de sœurs et de femmes agenouillées, Durtal eut l'idée d'un premier christianisme enfoui dans les catacombes ; c'était la même tendresse éperdue, la même foi ; et l'on pouvait se suggérer un peu de l'appréhension d'être surpris et du désir d'affirmer devant un péril ses croyances. Ainsi qu'en une confuse empreinte, l'on retrouvait, dans ce divin cellier, un vague tableau des néophytes jadis assemblés dans les souterrains de Rome.

Et la messe continuait devant Durtal, émerveillé par l'enfant qui baisait, les yeux presque fermés, dans le petit recul d'un discret émoi, les burettes de vin et d'eau, avant que de les offrir au prêtre.

Durtal ne voulait plus rien voir, essayait de se recueillir, alors que le célébrant s'essuyait les mains, car les versets récités à voix basse étaient les seules prières qu'il pût adresser honnêtement à Dieu.

Il n'avait que cela pour lui, mais il l'avait au moins, l'amour passionné de la mystique et de la liturgie, du plain-chant et des cathédrales ! Sans mentir et sans se leurrer aussi, il pouvait, en toute sécurité, s'écrier : « Seigneur, j'ai aimé la beauté de votre maison et le lieu où habite votre gloire. » C'était la seule compensation qu'il pût proposer au Père, de ses contumélies et de ses mésaises, de ses écarts et de ses chutes. Ah ! pensait-il, comment ressasser ces prières toutes faites dont les paroissiens débordent, dire à Dieu, en le qualifiant « d'aimable Jésus », qu'Il est le bien-aimé de mon cœur, que je prends la ferme résolution de n'aimer jamais que Lui, que je veux mourir plutôt que de jamais lui déplaire. N'aimer jamais que Lui ! quand on est moine et solitaire, peut-être, mais dans la vie du monde ! puis, sauf les Saints, qui préfère la mort à la plus légère des offenses ? alors pourquoi vouloir le berner avec ces simagrées, et ces frimes ? Non, fit Durtal, en dehors des exorations personnelles, des entretiens intimes où l'on se risque à lui raconter tout ce qui passe par la tête, seules les prières de la liturgie peuvent être empruntées impunément par chacun de nous, car le propre de leur inspiration, c'est de s'adapter, à travers les temps, à tous les états d'âme, à tous les âges. Si nous exceptons encore les prières consacrées de quelques saints qui sont, en somme, des adjurations de pitié et d'aide, des appels à la miséricorde, des plaintes, les autres suppliques issues des froides et fades sacristies du XVIIe siècle ou, ce qui est encore pis, imaginées à notre époque par des marchands de piété qui transfèrent dans les paroissiens, les bondieuseries de la rue Bonaparte, toutes ces mensongères et prétentieuses oraisons sont à fuir pour les pécheurs qui, à défaut d'autres qualités, veulent se montrer au moins sincères !

Il n'y a que cet extraordinaire enfant qui pourrait peut-être entretenir, sans hypocrisie, le Seigneur de la sorte, reprit-il, regardant le petit servant, comprenant vraiment, pour la première fois, ce qu'était l'enfance innocente, la petite âme sans péchés, toute blanche. L'Eglise qui cherche, pour l'assister devant l'autel, des êtres absolument ingénus, absolument purs, était enfin arrivée, à Chartres, à façonner des âmes, à muer, dès l'entrée dans le sanctuaire, en d'exquis angelots, d'ordinaires mômes. Il fallait réellement qu'en sus même d'une culture spéciale, il y eût une grâce, une volonté de Notre-Dame, de modeler ces gamins voués à son service, en ne les rendant pas semblables aux autres, en les ramenant, en plein XIXe siècle, à l'ardente chasteté, à la première ferveur du Moyen Age.

L'office se poursuivait, lent, absorbé dans le silence terre à terre des assistants et l'enfant, plus attentif, plus déférent encore, sonna ; ce fut comme une gerbe d'étincelles crépitant sous la fumée des voûtes ; et le silence devint plus profond derrière le servant agenouillé, soutenant d'une main la chasuble du prêtre courbé sur l'autel ; et l'hostie se leva, dans les fusées argentines des sons ; puis, au-dessus des têtes abattues, jaillit, dans le pétillement clair des clochettes, la tulipe dorée d'un calice et, sur une dernière sonnerie précipitée, la fleur de vermeil tomba et les corps prosternés se redressèrent.

Durtal songeait :

Si encore, Celui auquel nous refusâmes un abri, alors que la Mère qui le portait fut en gésine, trouvait en nos âmes maintenant un affectueux asile ! Mais hélas ! à part ces religieuses, ces enfants, ces ecclésiastiques, à part ces paysannes qui l'aiment tant, ici, combien sont sans doute, ainsi que moi, gênés par sa venue, inaptes, en tout cas, à préparer le logis qu'Il attend, à le recevoir dans une pièce propre, dans une chambre faite ?

Ah ! dire que rien ne diffère et que tout se recommence ! nos âmes sont toujours les rusées synagogues qui le trahirent et l'abominable Caïphe qui est en nous hurle au moment où nous voudrions être un peu humbles et, en priant, l'aimer ! Mon Dieu, mon Dieu, ne vaudrait-il pas mieux m'éloigner plutôt que de me traîner d'aussi mauvaise grâce, au-devant de vous ? car enfin, il a beau me répéter que je dois communier, il n'est pas moi, l'abbé Gévresin, il n'est pas en moi ; il ne sait point ce qui se démène dans mes repaires, ce qui s'agite dans mes ruines ! Il s'imagine qu'il y a simplement atonie, paresse ; hélas ! il y a plus que cela ; il y a une aridité, une froideur qui ne vont même point sans un peu d'irritation, sans un peu de révolte, contre les exigences qu'il m'impose.

Le moment de la communion approchait ; l'enfant avait doucement rejeté la nappe de l'autre côté de la table et des nonnes, de pauvres femmes, des paysans arrivaient, tout ce monde croisant les mains, baissant la tête ; et l'enfant prit un flambeau et il précéda le prêtre, les yeux clos, de peur de voir l'hostie.

Il y avait une telle surgie d'amour et de respect chez ce petit être que Durtal béa d'admiration et gémit de peur. Sans pouvoir rien expliquer, dans l'obscurité qui descendait en lui, en ces velléités, en ces ondes d'émotions qui vous parcourent sans qu'aucun mot les puisse exprimer, il eut un élan vers Notre-Seigneur et un recul.

Forcément la comparaison s'imposait entre l'âme de cet enfant et la sienne. Mais c'est à lui et pas à moi à communier, se cria-t-il ; et il gisait inerte, les mains jointes, ne sachant à quoi se résoudre, dans un état tout à la fois implorant et craintif, quand il se sentit doucement poussé vers cette table et il y communia. Et cela en tâchant de se reconnaître, de prier, à la même minute, en même temps, dans ces malaises de frissons qui houlent au dedans de vous, qui se traduisent corporellement par un manque d'air, dans cet état si particulier où il semble que la tête soit vide, que le cerveau ne fonctionne plus, que la vie soit réfugiée dans le cœur qui gonfle et vous étouffe, où il semble, spirituellement aussi, lorsqu'on reprend assez d'énergie pour se ressaisir, pour regarder au dedans de soi, que l'on se penche, dans un silence effrayant, sur un trou noir.

Péniblement, il se releva et regagna, en trébuchant, sa place. Ah! certes il n'avait jamais pu, même à Chartres, s'évader de cette torpeur qui l'accablait, au moment de communier. Il y avait engourdissement des puissances, arrêt des facultés. — A Paris, tout au fond de l'âme roulée sur elle-même, telle qu'une chrysalide dans son cocon, il subsistait une contrainte, une gêne d'attendre et d'aborder le Christ et aussi une langueur que rien ne pouvait secouer.

Et cette situation persistait dans une sorte de brume froide environnante ou plutôt de vide autour de soi, d'abandon de l'âme évanouie sur sa couche.

A Chartres, cette phase d'anéantissement existait encore mais une indulgente tendresse finissait par vous envelopper et par vous réchauffer ; l'âme ne revenait plus à elle toute seule ; elle était aidée, évidemment assistée par la Vierge qui la ranimait ; et cette impression personnelle à cette crypte se communiquait au corps ; ce n'était plus l'étouffement causé par le manque d'air, mais au contraire une suffocation issue d'une plénitude, d'un trop plein qui s'évaporait peu à peu, permettait à la longue de respirer à l'aise.

Et Durtal, allégé, partait. A cette heure le souterrain était devenu, avec l'aube, plus clair ; ses corridors au bout desquels apparaissaient des autels adossés à des vitrages demeuraient, par leur disposition même, encore sombres, mais à la fin de chacun d'eux, l'on distinguait presque nettement une croix mouvante d'or, montant et s'abaissant avec le dos d'un prêtre, entre deux pâles étoiles scintillant, de chaque côté, au-dessus du tabernacle, tandis qu'une troisième, plus basse et à la flamme plus rose, éclairait le missel et le lin des nappes.

Durtal allait alors rêver dans le jardin de l'évêché où il avait l'autorisation de se promener quand il lui plaisait.

Ce jardin était silencieux, avec ses allées tombales, ses peupliers étêtés, ses gazons piétinés, à moitié morts. Il n'y avait aucune fleur, car la cathédrale tuait tout autour d'elle. Son abside énorme et déserte, sans une statue, s'exhaussait dans des volées d'arcs-boutants sortis, tels que des côtes gigantesques, de la poussée de prières qui écartait ses flancs; elle répandait partout dans ses alentours l'humidité et l'ombre; dans ce clos funèbre, avec ses arbres qui ne verdissaient qu'en s'éloignant de l'église, deux bassins minuscules s'ouvraient comme des bouches de puits; l'un glacé jusqu'à sa margelle de vert-pistache par des lentilles d'eau; l'autre, rempli d'une saumure couleur d'encre, dans laquelle marinaient trois poissons rouges.

Durtal aimait cet endroit isolé, fleurant le sépulcre et le marais et exhalant aussi ce relent de marcassin, cette odeur fauve qui fuit des terres pourries, saturées de feuilles.

Il déambulait de long en large dans ces allées où jamais l'évêque ne descendait, où les enfants de la maîtrise ravageaient, en courant dans leurs récréations, les restes, épargnés par la cathédrale, des pelouses.

Partout craquaient sous les pieds des ardoises jetées sur le sol, enlevées par le grand vent des toits et des croassements de choucas traversaient, en se répandant, l'air silencieux du parc.

Durtal aboutissait à une terrasse dominant la ville et il s'accoudait à une balustrade de pierre grise, sèche, trouée, pareille à une pierre ponce et fleurie de lichens couleur d'orange et de soufre.

Au-dessous de lui, s'étendait une vallée comblée par des cheminées et des toits fumants qui couvraient d'une résille bleuâtre ce sommet de ville. Plus bas, tout était immobile et sans vie; les maisons dormaient, ne s'éveillaient même pas dans ces éclairs de jour que dardent les vitres d'une croisée qu'on ouvre; aucune tache écarlate, comme il y en a dans tant de rues de province lorsqu'un édredon de percale pend, coupé au milieu par la barre d'appui d'une fenêtre; tout était clos et terne et tout se taisait; l'on n'entendait même pas ce ronflement de ruche qui bourdonne au-dessus des lieux habités. A part le roulement lointain d'une voiture, le claquement d'un fouet, l'aboi d'un chien, tout était muet; c'était la cité en léthargie, la campagne morte.

Et, au-dessus du vallon, sur l'autre rive, ce site devenait encore plus taciturne et plus morne; les plaines de la Beauce filaient à perte de vue, sans un sourire, sous un ciel indifférent qu'entravait une ignoble caserne dressée en face de la cathédrale.

La mélancolie de ces plaines s'allongeant sans un soulèvement de terrain, sans un arbre! — Et l'on sentait que, derrière l'horizon, elles continuaient à s'enfuir aussi plates; seulement, à la monotonie du paysage s'ajoutait l'âpre furie des vents soufflant en tempête, balayant les coteaux, rasant les cimes, se concentrant autour de cette basilique, qui, perchée tout en haut, brisait leurs efforts depuis des siècles. Il avait fallu, pour la déraciner, l'aide de la foudre allumant ses tours et encore la rage combinée des ouragans et des incendies n'avait-elle pu détruire la vieille souche qui, replantée après chaque désastre, avait toujours reverdi en de plus vigoureuses pousses !

Ce matin-là, dans le petit jour d'un hiver pluvieux, cinglé d'une bise aigre, à Chartres, Durtal, frissonnant, mal à l'aise, quitta la terrasse, se réfugia dans des allées mieux abritées, finit par descendre dans d'autres jardins en contre-bas où l'on était vaguement préservé du vent par des halliers ; ces jardins dévalaient à la débandade et d'inextricables buissons de mûres accrochaient avec les griffes de chat de leurs tiges les arbustes qui dégringolaient, en s'espaçant, la pente.

L'on constatait que, depuis un temps immémorial, les évêques se désintéressaient, faute d'argent, de ces cultures. Parmi d'anciens potagers envahis par les ronces, un seul était à peu près émondé et des plants d'épinards et de carottes y alternaient avec les vasques givrées des choux.

Durtal s'assit sur le tronçon conservé d'un banc et il essaya de regarder un peu en lui-même ; mais il ne découvrait qu'une Beauce d'âme ; il lui semblait refléter cet uniforme et froid paysage comme en un miroir ; seulement, le grand vent ne soufflait plus sur son être, mais une petite bise rêche et sèche. Il se harcelait, désagréable, n'arrivait pas à s'adresser des observations, d'un ton calme ; sa conscience le tarabustait, entamait avec lui de hargneux débats.

L'orgueil ! comment l'atténuer, en attendant que l'on puisse complètement le réduire ? il s'insinue si cauteleusement, si perfidement, qu'il vous enlace et vous lie, avant même que l'on ait pu soupçonner sa présence; puis mon cas est un peu spécial et difficilement curable par les traitements religieux usités en pareil cas. Je n'ai pas en effet, se disait-il, un orgueil naïf, extravasé, une élation, une superbe, s'affichant inconsciente, débordant devant tous; non, j'ai, à l'état latent, ce qu'au Moyen Age l'on appelait ingénument la « vaine gloire », une essence d'orgueil diluée dans de la vanité et s'évaporant au dedans de moi, dans des pensées fugitives, dans des réflexions toutes tacites. Aussi n'ai-je point la ressource, qu'aurait un orgueilleux expansif, de me surveiller, de me contraindre à me taire. C'est vrai cela, on va parler pour commencer de spécieuses forfanteries, pour entamer de sournois éloges; l'on peut, en somme, s'en apercevoir et dès lors, avec de la patience et de la volonté, on est maître de s'arrêter et de se museler, mais mon vice à moi, il est muet et souterrain; il ne sort pas, et je ne le vois, ni ne l'entends. Il coule, il rampe à la sourdine et il me saute dessus sans que je l'aie entendu venir!

Il est bon l'abbé qui me réplique : soignez-vous par la prière, je ne demanderais pas mieux, mais son remède est infidèle, car les aridités et les distractions lui enlèvent son efficace!

Les distractions! je ne les ai même que là; il suffit que je m'agenouille, que je veuille me recueillir pour qu'aussitôt, je me disperse. L'idée que je vais prier est un coup de pierre dans une mare; tout grouille et remonte.

Ah! les gens qui ne pratiquent pas s'imaginent que

rien n'est plus facile que de prier. Je voudrais bien les y voir ! ils pourraient s'attester alors que les imaginations profanes, qui les laissent à d'autres moments, tranquilles, surgissent toujours pendant l'oraison, à l'improviste !

Et puis, à quoi bon disserter ? on réveille les vices assoupis en les regardant. Et il repensa à cette crypte tiède de Chartres. Oui, sans doute, ainsi que tous les édifices de l'ère romane, elle symbolise bien l'esprit de l'Ancien Testament, mais elle n'est pas simplement sombre et triste, car elle est aussi enveloppante et discrète, et si tépide et si douce ! puis, en admettant qu'elle soit la lapidaire image du Vieux Livre, ne le représente-t-elle pas alors moins en son ensemble, qu'en un tri bien spécial des grandes Orantes qui préfigurèrent la Vierge dans les Écritures ? n'est-elle pas la traduction en pierre des pages réservées surtout aux femmes illustres de la Bible qui furent, en quelque sorte, des incarnations prophétiques de la nouvelle Eve ?

Cette crypte reproduirait donc les passages les plus consolants et les plus héroïques du Saint-Livre, car dans ce pieux cellier la Vierge domine ; il lui appartient plus qu'à l'irritable Adonaï, si l'on ose dire.

Et encore est-ce une Vierge très particulière restée forcément en accord avec le milieu qui l'environne, une Vierge noire, rugueuse, trapue, ainsi que la châsse de moellons qui l'enferme.

Alors elle dériverait, sans doute, de la même idée qui voulut le Christ noir et laid parce qu'il avait assumé tous les péchés du monde, le Christ des premiers siècles de l'Eglise qui endossa par humilité les formes les plus basses. Dans ce cas, Marie aurait enfanté son Fils à sa ressemblance, ayant désiré, Elle aussi, par humilité, par bonté, naître laide et obscure, pour mieux consoler les disgraciés, les déshérités dont Elle empruntait l'image.

Et Durtal reprenait :

— Quelle crypte que celle où, pendant tant de siècles, ont défilé les rois et les reines ! Philippe-Auguste et Isabelle de Hainaut, Blanche de Castille et saint Louis, Philippe de Valois, Jean le Bon, Charles V, Charles VI, Charles VII, Charles VIII et Anne de Bretagne, puis François Ier, Henri III et Louise de Vaudemont, Catherine de Médicis, Henri IV qui fut sacré dans cette cathédrale, Anne d'Autriche, Louis XIV, Marie Leczinska... et tant d'autres... toute la noblesse de France et Ferdinand d'Espagne et Léon de Lusignan, dernier roi d'Arménie, et Pierre de Courtenay, empereur de Constantinople... tous agenouillés ainsi que les pauvres gens d'aujourd'hui, implorant, eux aussi, Notre-Dame de Sous-Terre.

Et ce qui était plus intéressant encore, la Vierge avait, dans ce lieu, accompli force miracles. Elle avait sauvé des enfants tombés dans le puits des Saints-Forts, préservé les gens qui gardaient la relique de son vêtement, alors que la basilique flambait au-dessus d'eux, guéri les foules affolées par le mal des Ardents au Moyen Age, répandu à pleines mains, ses grâces.

Les temps étaient bien changés, mais de ferventes ouailles s'étaient prosternées devant la statue, avaient renoué les liens rompus par les ans, capté, en quelque sorte, la Vierge dans un filet de prières et, au lieu de fuir comme ailleurs, Elle s'était fixée à Chartres.

Par une inconcevable mansuétude, Elle avait toléré

l'affront des fêtes décadaires, l'outrage de la déesse Raison vautrée sur l'autel à sa place, subi une immonde liturgie de cantiques obscènes s'élevant dans l'encens détonnant des poudres. — Et Elle avait dû pardonner en faveur de l'amour que lui témoignèrent les générations d'antan et de l'affection si timide et si vraie des humbles fidèles qui étaient, après la tourmente, revenus la voir.

Cette cave foisonnait de souvenirs. Plus sans doute qu'avec la fumée des cierges, la patine de ses murs s'était façonnée avec des vapeurs d'âme, des émanations de désirs accrus et de regrets; aussi, quelle bêtise que d'avoir peint cette crypte en de bas pastiches des catacombes, que d'avoir sali l'ombre glorieuse de ces pierres, de couleurs qui disparaissaient d'ailleurs, ne montraient que des traces de raclures de palette dans la suie sainte des voûtes !

Durtal se ratiocinait ces réflexions, en partant du jardin, quand il rencontra l'abbé Gévresin qui se promenait, en lisant son bréviaire ; il s'enquit de savoir si Durtal avait communié.

Et voyant que son pénitent en revenait toujours à la honte de son inertie et à cet état de comateuse doléance dans lequel le plongeait la transe du Sacrement, le vieux prêtre lui dit :

— Vous n'avez pas à vous soucier de cela ; vous n'avez qu'à prier de votre mieux ; le reste me regarde — que votre condition peu triomphale d'âme vous rende au moins humble, c'est tout ce que je vous demande.

— Humble ! je le suis autant qu'une gargoulette : je sue ma vanité, de même qu'elle, sue son eau, par tous les pores!

— Je me console, en remarquant que vous vous discernez, répondit en souriant l'abbé. Ce qui serait pis, ce serait de vous ignorer, d'avoir l'orgueil de ne vous en croire point.

— Enfin comment dois-je m'y prendre ? vous me recommandez de prier, mais alors, enseignez-moi le moyen de ne pas m'évaguer dans tous les sens, car aussitôt que je veux me grouper, je me désagrège ; je vis dans une perpétuelle dissolution ; c'est un fait exprès ; chaque fois que je prétends fermer ma cage, toutes les pensées s'envolent en piaillant, et m'assourdissent.

L'abbé réfléchissait.

— Je le sais, fit-il ; rien n'est plus malaisé que de se désencombrer l'esprit des images qui l'obsèdent, mais enfin l'on peut quand même se condenser, si l'on observe ces trois points :

D'abord il convient de s'humilier, en méditant sur la fragilité de son entendement, inapte à ne pas se dissiper devant Dieu ; ensuite il faut ne pas se fâcher et s'inquiéter car cela ne servirait qu'à remuer la lie et à faire remonter d'autres distractions à la surface ; enfin, il sied de ne pas discuter, avant la fin de la prière, la nature de la diversion qui la trouble. Ce serait la prolonger et, même, en une certaine mesure l'accepter ; ce serait risquer aussi de créer, en vertu de la loi d'association des idées, de nouvelles divagations et il n'y aurait plus de motifs d'en sortir !

L'examen s'effectuera utilement après ; suivez cet avis et vous vous en trouverez bien.

— Tout cela, c'est très joli, pensait Durtal, mais lorsqu'il s'agit de mettre ces conseils en pratique, c'est autre chose ! Ne sont-ce point des remèdes de bonne femme, des onguents miton-mitaine, des mirobolants, dont les pieuses vertus sont faibles ?

Ils marchaient en silence, regagnant, à travers la cour de l'évêché, le logis du prêtre. En arrivant, ils avisèrent, au bas de l'escalier, Mme Bavoil, les bras enfoncés dans un baquet de lessive.

Tout en brassant ses linges, elle dévisagea Durtal et, comme si elle lisait dans ses pensées, doucement elle demanda :

— Pourquoi, notre ami, cette figure d'enterrement, lorsqu'on a communié le matin ?

— Vous avez donc appris que j'ai communié ?

— Tiens, je suis entrée dans la crypte, pendant la messe et je vous ai vu vous approcher de la sainte Table. Eh bien, voulez-vous que je vous dise : vous ignorez la manière de causer à notre Mère !

— Ah !

— Oui, vous êtes contraint alors qu'Elle s'ingénie à vous mettre à l'aise ; vous rasez les murs au lieu d'aller par la grande allée, au-devant d'Elle. Ce n'est pas ainsi qu'on l'aborde !

— Mais quand on n'a rien à lui raconter ?

— Alors, on lui babille, ainsi qu'un enfant, un beau message et Elle est contente ! Ah ! ces hommes, ce qu'ils ne savent pas faire leur cour, ce qu'ils manquent de câlinerie et même de bonne ruse ! vous ne découvrez rien à tirer de votre propre crû, empruntez à un autre. Répétez avec la Vénérable Jeanne de Matel :

« Vierge sainte, l'abîme d'iniquité et de bassesse invoque l'abîme de force et de splendeur, pour parler de votre suréminente gloire. » Hein, est-ce assez bien tourné ? notre ami. Essayez, récitez cela à Notre-Dame et Elle vous déliera ; ensuite les prières viendront toutes seules. Il y a des petits trucs permis avec Elle et il faut être assez humble pour ne pas avoir la présomption de s'en passer !

Durtal ne put s'empêcher de rire.

— Vous voulez que je devienne un finassier, un furet de la vie spirituelle, dit-il.

— Eh bien, où serait le mal ? Est-ce que le bon Dieu y entend malice ? est-ce qu'il ne tient pas compte de l'intention, est-ce que, vous-même, vous repousseriez quelqu'un qui vous trousserait même mal un compliment, si vous pensiez qu'en vous le débitant, il désire vous plaire, non, n'est-ce pas ?

— Autre chose, Madame Bavoil, fit l'abbé qui riait. J'ai vu Monseigneur, ce matin ; il accueille votre requête et vous autorise à bêcher autant de parties du jardin qu'il vous conviendra.

— Ah ! — et égayée par la surprise de Durtal :

— Voici, dit-elle ; vous avez pu constater que, sauf un lopin de terre où le jardinier sème des plants de carottes et de choux pour la table de sa Grandeur, tout le jardin est inculte ; c'est du bien perdu et sans profit pour personne. Au lieu d'acheter des légumes, j'en ferai pousser moi-même puisque Monseigneur me permet de défricher ses champs et j'en munirai, par la même occasion, votre ménagère.

— Merci, mais vous connaissez donc la culture ?

— Moi ! voyons, ne suis-je pas une paysanne ? j'ai vécu toute ma jeunesse à la campagne et les potagers, c'est mon affaire ! puis, si j'étais embarrassée, est-ce que mes amis de Là-Haut ne viendraient pas me conseiller ?

— Vous êtes étonnante, Madame Bavoil, fit Durtal déconcerté quand même par les réponses de cette cuisinière qui déclarait si placidement qu'elle bavardait avec l'au-delà.

V.

SYMBOLISME DE L'INTÉRIEUR DES CATHÉDRALES

Durtal et l'abbé Plomb furent s'agenouiller devant la Vierge noire du Pilier, puis ils s'assirent dans la solitude du vaisseau et, à mi-voix, l'abbé dit :

— Je vous expliquai, l'autre jour, la symbolique de l'extérieur des basiliques ; voulez-vous que je vous mette maintenant, en deux mots, au courant des allégories que contiennent les nefs ?

Et voyant que Durtal acceptait d'un signe, le prêtre reprit :

— Vous ne l'ignorez pas, presque toutes nos cathédrales sont cruciformes ; dans la primitive Eglise, il est vrai, vous trouverez un certain nombre de sanctuaires bâtis en rotonde et coiffés d'un dôme ; mais la plupart n'ont pas été construits par nos pères ; ce sont d'anciens temples du paganisme que les catholiques adaptèrent tant bien que mal à leur usage, ou imitèrent, en attendant que le style roman fût consacré.

Nous pourrions donc nous dispenser d'y chercher un sens spécial liturgique, puisque cette forme n'a pas été créée par des chrétiens ; et cependant, dans son Rational, Durand de Mende prétend que cette rondeur d'édifice signifie l'extension de l'Eglise par tout le cercle de l'univers ; d'autres ajoutent que le dôme est le diadème du Roi crucifié et que les petites coupoles, qui souvent l'entourent, sont les têtes énormes des clous. Mais laissons ces explications que je crois fournies après coup et occupons-nous de la croix que dessinent ici, comme dans les autres cathédrales, le transept et la nef.

Notons, en passant, que, dans quelques églises, telle que l'abbatiale de Cluny, l'intérieur, au lieu d'esquisser une croix latine, copia, dans son plan, la croix de Lorraine, en adjoignant deux petits croisillons, au-dessus des bras. Et voyez cet ensemble, murmura l'abbé, en embrassant d'un geste tout le dedans de la basilique chartraine.

Jésus est mort ; son crâne est l'autel, ses bras étendus sont les deux allées du transept ; ses mains percées sont les portes ; ses jambes sont cette nef où nous sommes et ses pieds troués sont le porche par lequel nous venons d'entrer. Regardez maintenant la déviation systématique de l'axe de cette église ; elle imite l'attitude du corps affaissé sur le bois du supplice, et, dans certaines cathédrales, telles que celle de Reims, l'exiguïté, l'étranglement du sanctuaire et du chœur par rapport à la nef, simule d'autant mieux le chef et le cou de l'homme tombés sur l'épaule, après qu'il a rendu l'âme.

Cette inflexion des églises, elle est presque partout, ici, à Saint-Ouen et à la cathédrale de Rouen, à Saint-

Jean de Poitiers, à Tours, à Reims ; parfois même, mais cette observation serait à prouver, l'architecte substitue à la dépouille du Sauveur, celle du Martyr sous le vocable duquel l'église est dédiée et alors on croit discerner dans l'axe tordu de Saint-Savin, par exemple, le tournant de la roue qui broya ce saint.

Mais tout cela vous est évidemment connu, voici qui l'est moins.

Nous n'avons examiné jusqu'ici que l'image du Christ, immobile, mort, dans nos nefs ; je vais vous entretenir actuellement d'un cas peu commun, d'une église reproduisant non plus le contour du cadavre divin, mais bien la figure de son corps encore vivant, d'une église douée d'une apparence de motilité, qui essaie de bouger avec Jésus sur la croix.

Il paraît, en effet, acquis que certains architectes voulurent feindre, dans la structure des temples qu'ils édifièrent, les conditions d'un organisme humain, singer le mouvement de l'être qui se penche, animer, en un mot, la pierre.

Cette tentative eut lieu à l'église abbatiale de Preuilly-sur-Claise, en Touraine. Le plan couché et les photogravures de cette basilique illustrent un intéressant volume que je vous prêterai et dont l'auteur, l'abbé Picardat, est le curé même de cette église. Vous pourrez alors aisément reconnaître que l'attitude de ce santuaire est celle d'un corps qui se tend de biais, qui s'éploie tout d'un côté et s'incline.

Et ce corps remue avec le déplacement voulu de l'axe dont la courbe commence dès la première travée, va, en se développant, au travers des nefs, du chœur, de l'abside, jusqu'au chevet dans lequel elle se fond, s'approchant ainsi de l'aspect ballant d'une tête.

Mieux qu'à Chartres, qu'à Reims, qu'à Rouen, l'humble bâtisse qu'érigèrent des Bénédictins dont les noms sont ignorés, portraiture, avec le serpentement de ses lignes, la fuite de ses colonnes, l'obliquité de ses voûtes, l'allégorique figure de Notre-Seigneur sur sa croix. Mais dans toutes les autres églises, les architectes ont mimé, en quelque sorte, la rigidité cadavérique, le chef infléchi par le trépas, tandis qu'à Preuilly, les moines ont fixé cet inoubliable moment qui s'écoule dans l'Évangile de saint Jean entre le « Sitio » et le « Consummatum est. »

La vieille église Tourangelle est donc l'effigie de Jésus crucifié, mais vivant encore.

Pour en revenir maintenant à nos moutons, considérons les organes internes de nos temples, marquons, au passage, que la largeur d'une cathédrale promulgue la longanimité de l'Église dans les revers ; sa largeur, la charité qui dilate les âmes ; sa hauteur, l'espoir de la récompense future, et arrêtons-nous aux détails.

Le chœur et le sanctuaire symbolisent le ciel, tandis que la nef est l'emblème de la terre et, comme l'on ne peut franchir le pas qui sépare ces deux mondes que par la croix, l'on avait jadis l'habitude, hélas ! perdue, de placer en haut de l'arcade grandiose qui réunit la nef au chœur, un immense crucifix ; de là, le nom d'arcade triomphale attribué à la gigantesque baie qui s'ouvre devant l'autel ; notons aussi qu'il existe une grille ou une balustrade limitant chacune des deux zones ; saint Grégoire de Nazianze y voit la ligne tracée entre ces deux parties, celle de Dieu et celle de l'homme.

Voici, d'autre part, une interprétation différente de Richard de Saint-Victor, sur le sanctuaire, le chœur et la nef. Ils stipulent, selon lui, le premier : les Vierges, le second, les âmes chastes et la troisième, les Epoux. Quant à l'autel ou cancel, ainsi que l'intitulent les vieux liturgistes, il est le Christ même, le lieu où repose sa tête, la table de la Cène, le gibet sur lequel il versa son sang, le sépulcre qui renferma son corps ; et il est aussi l'Église spirituelle et ses quatre coins sont les quatre coins de l'univers qu'elle doit régir.

Or, derrière cet autel, s'étend l'abside dont la forme est celle d'un hémicycle, dans la plupart des cathédrales, hormis, pour en citer trois, à Poitiers, à Laon et à Notre-Dame du Fort à Etampes où, de même que dans les anciennes basiliques civiles, le mur se dresse rectiligne, descend droit, sans dessiner cette sorte de demi-lune, dont le sens est une des plus belles trouvailles du symbolisme.

Ce fond semi-circulaire, cette conque absidale, avec ses chapelles nimbant le chœur, est, en effet, le calque de la couronne d'épines cernant le chef du Christ. Sauf dans les sanctuaires entièrement dédiés à notre Mère, ici, à Notre-Dame de Paris, dans quelques autres cathédrales encore, l'une de ces chapelles, celle du milieu et la plus grande, est vouée à la Vierge pour témoigner, par cette place même qu'elle occupe tout au bout de l'église, que Marie est le dernier refuge des pécheurs.

Et Elle est encore personnellement manifestée par la sacristie d'où le prêtre, qui est le suppléant du Christ, sort, après s'être habillé des ornements sacerdotaux, ainsi que Jésus sortit du sein de sa Mère, après s'être couvert du vêtement de chair.

Il faut constamment le répéter, toute partie d'église, tout objet matériel servant au culte est la traduction d'une vérité théologique. Dans l'architecture scripturale tout est souvenir, tout est écho et reflet et tout se tient.

Aussi, cet autel, image de Notre Seigneur, est-il paré de linges blancs pour rappeler le linceul dans lequel Joseph d'Arimathie enveloppa son corps — et ces linges doivent être tissés avec les fils purs du chanvre ou du lin. Le calice pris, d'après des textes cités par le Spicilège de Solesmes, tantôt comme une expression de splendeur, tantôt comme un signe d'ignominie, peut être, suivant la théorie la plus admise, accepté ainsi qu'un pseudonyme du tombeau divin ; et alors la patène devient la pierre qui le ferma, tandis que le corporal est le suaire même.

Quand je vous aurai encore dit, ajouta l'abbé, que, selon saint Nil, les colonnes signifient les dogmes divins et suivant Durand de Mendé les Evêques et les Docteurs ; que les chapiteaux sont les paroles de l'Ecriture ; que le pavé de l'église est le fondement de la Foi et l'humilité ; que l'ambon et que le jubé, presque partout détruit, sont la chaire évangélique, la montagne sur laquelle prêche le Christ ; que les sept lampes allumées devant le Saint-Sacrement sont les sept dons de l'Esprit ; que les degrés de l'autel sont ceux de la Perfection ; quand je vous aurai montré que les deux chœurs alternés des chantres personnifient, les uns, les Anges, les autres, les Justes, réunis pour encenser avec leurs voix la gloire du Très-Haut, je vous aurai à peu près soumis le sens général et détaillé des intérieurs des cathédrales et, spécialement, de celui de Chartres.

Maintenant, observez ici une particularité qui se reproduit dans la basilique du Mans, les bas-côtés de cette nef où nous sommes sont uniques, alors qu'ils se doublent autour du chœur...

Mais Durtal ne l'écoutait plus ; loin de toute cette exégèse monumentale, il admirait, sans même chercher à l'analyser, l'étonnante église.

Dans le mystère de son ombre brouillée par la fumée des pluies, elle montait, de plus en plus claire, à mesure qu'elle s'élevait dans le ciel blanc de ses nefs, s'exhaussant comme l'âme qui s'épure dans une ascension de clarté, lorsqu'elle gravit les voies de la vie mystique.

Les colonnes accotées filaient en de minces faisceaux, en de fines gerbes, si frêles qu'on s'attendait à les voir plier, au moindre souffle ; et ce n'était qu'à des hauteurs vertigineuses que ces tiges se courbaient, se rejoignaient lancées d'un bout de la cathédrale à l'autre, au-dessus du vide, se greffaient, confondant leur sève, finissant par s'épanouir ainsi qu'en une corbeille dans les fleurs dédorées des clefs de voûte.

Cette basilique, elle était le suprême effort de la matière cherchant à s'alléger, rejetant, tel qu'un lest, le poids aminci de ses murs, les remplaçant par une substance moins pesante et plus lucide, substituant à l'opacité de ses pierres l'épiderme diaphane des vitres.

Elle se spiritualisait, se faisait tout âme, toute prière, lorsqu'elle s'élançait vers le Seigneur pour le rejoindre ; légère et gracile, presque impondérable, elle était l'expression la plus magnifique de la beauté qui s'évade de sa gangue terrestre, de la beauté qui se séraphise. Elle était grêle et pâle comme ces Vierges de Roger Van der Weyden qui sont si filiformes, si fluettes, qu'elles s'envoleraient si elles n'étaient en quelque sorte retenues ici-bas par le poids de leurs brocarts et de leurs traînes. C'était la même conception mystique d'un corps fuselé, tout en longueur, et d'une âme ardente qui, ne pouvant se débarrasser complètement de ce corps, tentait de l'épurer, en le réduisant, en l'amenuisant, en le rendant presque fluide.

Elle stupéfiait avec l'essor éperdu de ses voûtes et la folle splendeur de ses vitres. Le temps était couvert et cependant toute une fournaise de pierreries brûlait dans les lames des ogives, dans les sphères embrasées des roses.

Là-haut, dans l'espace, tels que des salamandres, des êtres humains, avec des visages en ignition et des robes en braises vivaient dans un firmament de feu ; mais ces incendies étaient circonscrits, limités par un cadre incombustible de verres plus foncés qui refoulait la joie jeune et claire des flammes, par cette espèce de mélancolie, par cette apparence de côté plus sérieux et plus âgé que dégagent les couleurs sombres. L'hallali des rouges, la sécurité limpide des blancs, l'alleluia répété des jaunes, la gloire virginale des bleus, tout le foyer trépidant des verrières s'éteignait quand il s'approchait de cette bordure teinte avec des rouilles de fer, des roux de sauces, des violets rudes de grès, des verts de bouteille, des bruns d'amadou, des noirs de fuligine, des gris de cendre.

Et, ainsi qu'à Bourges dont la vitrerie est de la même époque, l'influence de l'Orient était visible dans les panneaux de Chartres. Outre que les personnages avaient l'aspect hiératique, la tournure somptueuse et barbare des figures de l'Asie, les cadres, par leur dessin, par l'agencement de leurs tons, évoquaient le souvenir des tapis persans qui avaient certainement fourni des modèles aux peintres, car l'on sait par le « Livre des Métiers » qu'au xiiie siècle, l'on fabriquait en France, à Paris même, des tapis imités de ceux qui furent amenés du Levant par les Croisés.

Mais, en dehors même des sujets et des cadres, les couleurs de ces tableaux n'étaient, pour ainsi dire, que des foules accessoires, que des servantes destinées à faire valoir une autre couleur, le bleu, un bleu splendide, inouï, de saphir rutilant, extra lucide, un bleu clair et aigu qui étincelait partout, scintillant comme en des verres remués de kaléïdoscope, dans les verrières, dans les rosaces des transepts, dans les fenêtres du porche royal où s'allumait, sous des grilles de fer noir, la flamme azurée des soufres.

En somme, avec la teinte de ses pierres et de ses vitres, Notre-Dame de Chartres était une blonde aux yeux bleus. Elle se personnifiait en une sorte de fée pâle, en une Vierge mince et longue, aux grands yeux d'azur ouverts dans les paupières en clarté de ses roses ; Elle était la Mère d'un Christ du Nord, d'un Christ de Primitif des Flandres, trônant dans l'outremer d'un ciel et entourée ainsi que d'un rappel touchant des Croisades, de ces tapis orientaux de verre.

Et ils étaient, ces tapis diaphanes, des bouquets fleurant le santal et le poivre, embaumant les subtiles épices des Rois Mages; ils étaient une floraison parfumée de nuances cueillie, au prix de tant de sang! dans les prés de la Palestine, et que l'Occident, qui les rapporta, offrait à la Madone, sous le froid climat de Chartres, en souvenir de ces pays du soleil où Elle vécut et où son Fils voulut naître.

— Où trouver pour notre Mère un plus grandiose écrin, une plus sublime châsse ? dit l'abbé, en désignant, d'un geste, la nef.

Cette exclamation tira Durtal de ses réflexions et il écouta le prêtre qui poursuivit :

— Si, par la largeur de son vaisseau, cette cathédrale est unique, elle n'atteint pas cependant, malgré son altitude prodigieuse, les hauteurs démesurées de Bourges, d'Amiens, de Beauvais surtout, dont la voûte plane à quarante-huit mètres au-dessus du sol. Il est vrai que celle-là voulut tout tenter pour dépasser ses sœurs.

Projetée d'un bond, en l'air, dans les abîmes, elle vacilla et s'abattit. Vous connaissez les parties qui survivent à l'écroulement de cette folle église ?

— Oui, Monsieur l'abbé ; ce sanctuaire et cette abside, étroits, resserrés, avec leurs colonnes qui se touchent et l'éclairage qui s'irise, en bulles de savon, dans des murs tout en verres, vous désemparent et vous étourdissent dès qu'on y entre. On y ressent je ne sais quelle inquiétude, une espèce de mauvaise attente et de trouble ; la vérité c'est qu'elle n'est, ni bien portante, ni saine ; elle ne vit qu'à force d'expédients et d'étais ; elle tâche d'être déliée et ne l'est point ; elle s'étire sans parvenir à se filiser ; elle a, comment dirai-je ? de gros os. Rappelez-vous ses piliers qui sont pareils aux troncs lisses et charnus des hêtres et qui ont aussi l'arête et le coupant des joncs. Quelle différence avec ces cordes de harpe qui sont l'ossature aérienne de Chartres ! — Non, malgré tout, Beauvais est, ainsi que Reims, ainsi que Paris, une cathédrale grasse. Elle n'a pas la maigreur distinguée, l'éternelle adolescence de formes, tout ce côté patricien d'Amiens et surtout de Chartres !

Puis, n'êtes-vous pas frappé, Monsieur l'abbé, de ce permanent emprunt que le génie de l'homme fit à la nature lorsqu'il construisit des basiliques. Il est presque certain que l'allée des forêts servit de point de départ aux rues mystiques de nos nefs. Voyez aussi les piliers. Je vous citais tout à l'heure ceux de Beauvais qui tiennent du hêtre et du jonc ; souvenez-vous maintenant des colonnes de Laon ; celles-là ont des nœuds tout le long de leurs tiges et elles imitent, à s'y méprendre, les renflements espacés des bambous ; voyez encore la flore murale des chapiteaux et enfin ces clefs de voûte auxquelles aboutissent les longues nervures des arcs. Ici, c'est le règne animal qui paraît avoir inspiré les architectes. Ne dirait-on pas, en effet, d'une fabuleuse araignée dont la clef est le corps et dont les côtes qui rampent sous les voûtes sont les pattes ? l'image est si ressemblante qu'elle s'impose. Mais alors, quelle merveille que cette arachnide géante dont le corps, ciselé tel qu'un bijou et glacé d'or, a sans doute tissé la toile en feu des trois roses !

— Tiens, j'ai omis de vous faire remarquer, dit l'abbé, lorsqu'ils furent sortis de l'église et qu'ils cheminèrent par les rues, le chiffre qui est écrit partout à Chartres. Il est identique à celui de Paray-le-Monial. Ici encore, tout marche par trois. Nous avons trois nerfs, trois entrées munies, chacune, de trois portes. Comptez les piliers de la nef, vous en avez deux fois trois, de chaque côté. Les ailes du transept ont également, chacune, trois travées et trois piliers; les fenêtres sont triples aussi sous le trio des roses. Vous le voyez, elle est imprégnée du souvenir de la Trinité, Notre-Dame!

— Elle est aussi le grand répertoire peint et sculpté du Moyen Age.

— Et elle est encore, de même que les autres cathédrales gothiques, le recueil le plus complet, le plus certain qui soit du symbolisme, car, en somme, les allégories que nous croyons déchiffrer dans les églises romanes sont souvent apprêtées et douteuses — et cela se conçoit. Le Roman est un converti, un païen fait moine. Il n'est pas né catholique, ainsi que le style ogival; il ne l'est devenu que par le baptême que lui conféra l'Eglise. Le Christianisme l'a découvert dans la basilique romaine et il l'a utilisé, en l'arrangeant; son origine est donc païenne et dès lors ce n'est qu'en grandissant qu'il a pu apprendre la langue et exprimer la forme de nos emblèmes.

— Mais pourtant, en son ensemble, il représente selon moi un symbole, car il est la figure lapidifiée de l'Ancien Testament, l'image de la contrition et de la crainte.

— Et plus encore, celle de la paix de l'âme, répliqua l'abbé. Croyez-moi, pour bien comprendre ce style, il faut remonter à sa source, aux premiers temps du monachisme dont il est la parfaite expression, nous reporter, par conséquent, aux Pères de l'Eglise, aux moines du désert.

Or quel est le caractère très spécial de la mystique de l'Orient? c'est le calme dans la foi, l'amour brûlant sur lui-même, la dilection sans éclat, ardente mais enfermée, mais interne.

Vous ne percevrez pas, en effet, dans les livres des solitaires de l'Egypte, les véhémences d'une Madeleine de Pazzi et d'une Catherine de Sienne, les cris passionnés d'une sainte Angèle. — Rien de cela; pas d'exclamations amoureuses, pas de trépidations, pas de plaintes. Ils envisageaient le Rédempteur moins comme la victime sur laquelle on pleure que comme le médiateur, l'ami, le grand frère. Il était pour eux surtout, selon le mot d'Origène, « le pont jeté entre nous et le Père. »

Transportées d'Afrique en Europe, ces tendances se conservèrent; les premiers moines de l'Occident suivirent l'exemple de leurs devanciers et ils assortirent ou édifièrent des églises à leur ressemblance.

Qu'il y ait de la pénitence, de la coulpe, de la peur sous ces voûtes obscures, sous ces lourds piliers, dans cette forteresse où l'élu s'enferme pour résister aux assauts du monde, cela est sûr — mais cette mystique romane nous suggère aussi l'idée d'une foi solide, d'une patience virile, d'une piété robuste, telle que ses murs.

S'il n'a pas les flamboyantes extases de la mystique gothique qui s'extériorise dans toutes les fusées de ses pierres, le Roman vit au moins, concentré sur lui-même, en une ferveur recueillie, couvant au plus profond de l'âme. Il se résume dans cette phrase de saint Isaac : « In mansuetudine et in tranquillitate, simplifica animam tuam. »

— Avouez, Monsieur l'abbé, que vous avez un faible pour ce style.

— Peut-être, en ce sens, qu'il est moins agité, plus humble, moins féminin et plus claustral que le Gothique.

En somme, fit le prêtre qui, étant arrivé devant la

porte de sa maison, serra la main de Durtal, en somme, il est le symbole de la vie intérieure, l'image de l'existence monastique; il est, en un mot, la véritable architecture du cloître.

A la condition pourtant, se dit Durtal, qu'il ne soit pas semblable à celui de Notre-Dame à Poitiers, dont l'intérieur est bariolé de teintes puériles et de tons farouches, car alors, au lieu d'une impression de regret ou de calme, il suscite la pensée de l'allégresse enfantine d'un vieux sauvage tombé en enfance et qui rit parce qu'on a ravivé ses tatouages et qu'on lui a recrépi, avec des couleurs crues, le derme.

VI

ETAT D'AME DE DURTAL

LE soir Durtal rôdait dans les alentours de la cathédrale. A peine éclairée par les indigentes lueurs de réverbères isolés dans les coins de la place, la cathédrale prenait alors une étrange forme. Ses porches s'ouvraient en des cavernes pleines de nuit et le parcours extérieur de sa nef, compris entre les tours et l'abside, avec ses contreforts et ses arcs-boutants devinés dans l'ombre se dressait ainsi qu'une falaise rongée par d'invisibles mers. L'on avait l'illusion d'une montagne déchiquetée à sa cime par des tempêtes, creusée dans le bas, par des océans disparus, de profondes grottes ; et si l'on s'approchait, l'on discernait dans l'obscurité de vagues sentiers abrupts courant le long de la falaise, serpentant en galeries au bord des rocs et parfois, dans ces noirs chemins, de blanches statues d'évêques surgissaient, en un rayon de lune, hantant comme des revenants ces ruines, bénissant, avec leurs doigts levés de pierre, les visiteurs.

Cette promenade dans le circuit de cette cathédrale qui, si légère, si fluette pendant le jour, grossissait avec les ténèbres et devenait farouche, n'était pas faite pour dissiper la mélancolie de Durtal.

Cet aspect de brèches frappées par la foudre et d'antres abandonnés par les flots, le jetait dans de nouvelles rêveries et finissait par le ramener à lui-même, par aboutir, après bien des vagabondages d'idées, à ses propres décombres ; et une fois de plus, il se sondait l'âme et essayait de mettre un peu d'ordre dans ses pensées.

Je m'ennuie à crever, se disait-il, pourquoi ? — et, à vouloir analyser cet état, il arrivait à cette conclusion :

Il n'est pas simple, mais double mon ennui ; ou tout au moins s'il est unique, il se divise en deux parties bien distinctes. J'ai l'ennui de moi-même, indépendant de toute localité, de tout intérieur, de toute lecture et j'ai aussi l'ennui de la province, l'ennui spécial, inhérent à Chartres.

De moi-même, ah oui, par exemple ! Ce que je suis las de me surveiller, de tâcher de surprendre le secret de mes mécomptes et de mes noises. Mon existence, quand j'y songe, je la jaugerais volontiers de la sorte : le passé me semble horrible ; le présent m'apparaît, faible et désolé, et quant à l'avenir, c'est l'épouvante.

Il se tut, puis :

Les premiers jours, ici, je me suis plu dans le rêve suggéré par cette cathédrale. Je croyais qu'elle serait un réactif dans ma vie, qu'elle peuplerait ce désert que je sentais en moi, qu'elle serait en un mot, dans l'atmosphère provinciale, une aide. Et, je me suis leurré. Certes, elle m'opprime toujours, elle m'enveloppe encore dans l'ombre tiède de sa crypte, mais je raisonne maintenant, je la scrute dans ses détails, j'essaie de causer d'art avec elle ; et je perds à ces recherches l'impression irraisonnée de son milieu, le charme silencieux de son ensemble.

Maintenant c'est moins son âme qui me hante que son corps. J'ai voulu étudier l'archéologie, cette misérable anatomie des édifices ; je suis devenu, humainement amoureux de ses contours et le côté divin a fui pour ne plus laisser place qu'au côté terrestre. Hélas ! j'ai voulu voir et je me suis malédifié ; c'est l'éternel symbole de la Psyché qui recommence !

Et puis... et puis... n'y a-t-il pas aussi, dans cette lassitude qui m'accable, de la faute à l'abbé Gévresin ? Il a épuisé pour moi, en m'en imposant l'accoutumance, les vertus pacifiques et pourtant révulsives du Sacrement ; et le résultat le plus clair de ce régime, c'est que je suis tombé l'âme à plat, sans force pour résister.

Eh non, reprit-il après un silence ; me voici encore à rabâcher mes permanentes présomptions, mes infatigables soucis, me voilà, une fois de plus, injuste envers l'abbé. Ce n'est cependant pas de sa faute si la fréquence de mes communions les rend frigides ; j'y cherche des sensations et il faudrait pourtant se convaincre d'abord que ces désirs sont méprisables, se persuader ensuite que c'est précisément parce que ces communions sont glacées qu'elles deviennent méritoires et sont meilleures. Oui, c'est facile à raconter, mais quel est celui des catholiques qui les préfère celles-là aux autres ? des Saints, sans doute ; mais eux aussi en souffrent ! c'est si naturel de demander à Dieu un peu de joie, d'attendre de cette union qu'Il appelle un mot affectueux, un signe, un rien, montrant qu'il pense à vous !

L'on a beau faire, on ne peut pas ne point envisager comme douloureuses, les mortes consomptions de ces vivants azymes ! et l'on a bien de la peine à confesser que Notre Seigneur a raison de nous cacher le mal qu'elles nous évitent et les progrès qu'elles réalisent, car, sans cela, nous serions peut-être sans défense contre les attaques de l'amour-propre et les assauts de la vanité, sans abri contre nous-même.

Enfin quelle qu'en soit la cause, je ne suis pas mieux à Chartres qu'à Paris, concluait-il. Et quand ces réflexions l'assaillaient, le dimanche surtout, il regrettait d'avoir accompagné l'abbé Gévresin dans cette province.

A Paris, ce jour-là, il avait au moins son temps défrayé par les offices. Le matin il pouvait messoyer chez les Bénédictines ou à Saint-Séverin, écouter les Vêpres et les Complies, à Saint-Sulpice.

Ici rien ; — et cependant, où réunir de meilleurs éléments pour exécuter le répertoire grégorien qu'à Chartres ?

A part, quelques antiques basses qui aboyaient et qu'il eût été bien nécessaire d'abattre, il y avait une gerbe opulente de sons frais, une psalette de près de cent enfants qui eussent pu dérouler, dans de limpides voix, les amples mélodies du vieux plain-chant.

Mais en guise de cantilènes liturgiques, un maître de chapelle imbécile parquait, dans cette malheureuse cathédrale, une ménagerie d'airs forains qui, lâchés le dimanche, grimpaient, avec des gambades de ouistitis, le long des piliers, sous les voûtes. L'on pliait à ces singeries musicales les voix ingénues de la maîtrise. Décemment, à Chartres, il était impossible d'assister à la grand'messe.

Les autres offices ne valaient pas mieux ; aussi Durtal était-il réduit, pour entendre les Vêpres, à descendre dans le bas de la ville, à Notre-Dame de la Brèche, une chapelle, où un prêtre, ami de l'abbé Plomb, avait instauré le chant de Solesmes et patiemment formé une petite manécanterie, composée d'ouvriers fidèles et de mômes pieux.

Ces voix, celles des gosses surtout, étaient médiocres, mais l'expert musicien qu'était ce prêtre, les avait quand même ajustées et polies et il était parvenu, en somme, à imposer l'art Bénédictin dans son église.

Seulement, elle était si laide, si tristement embellie d'images, Notre-Dame de la Brèche, qu'il fallait fermer les yeux, pour y séjourner !

Et dans cette houle de réflexions sur son âme, sur Paris, sur l'Eucharistie, sur la musique, sur Chartres, Durtal finissait par s'abasourdir, par ne plus savoir où il était.

Parfois, cependant, il trouvait un peu de calme, et alors il s'étonnait, ne se comprenait plus.

Regretter Paris, se disait-il alors, pourquoi ? est-ce que l'existence que j'y connus diffère de celle que je mène ici ?

Est-ce que les églises, est-ce que Notre-Dame de Paris pour en citer une, n'étaient pas exécrées par de sacrilèges flons flons, comme Notre-Dame de Chartres ? D'autre part, je ne sortais guère, pour flâner dans de fastidieuses rues et je ne fréquentais en fin de compte que l'abbé

Gévresin et Mme Bavoil, et je continue à les visiter même plus souvent, ici. J'ai en outre gagné, en me déplaçant, un compagnon savant et aimable, l'abbé Plomb; alors?

Puis, un beau matin, sans qu'il s'y attendît, tout s'éclaira. Très lucidement, il comprit qu'il errait sur de fausses pistes et découvrit, sans même la chercher, la vraie.

Pour rencontrer les causes ignorées de ses velléités d'il ne savait quoi et de ses inintelligibles malaises, il avait suffi qu'il remontât dans sa vie et qu'il s'arrêtât à la Trappe. En somme, tout dérivait de là. Arrivé à ce point culminant de son recul, il pouvait, ainsi que du haut d'un mont, embrasser d'un coup d'œil le versant des années descendues depuis qu'il avait quitté ce monastère; et il discernait maintenant dans ce panorama penché de ses jours, ceci :

Dès sa rentrée à Paris, l'appétence des cloîtres s'était, sans discontinuer, infiltrée en lui; ce rêve de se retirer loin du monde, de vivre placidement, dans la retraite, auprès de Dieu, il l'avait poursuivi sans relâche.

Sans doute, il ne se l'était formulé qu'à l'état de postulations impossibles et de regrets, car il savait bien qu'il n'avait, ni le corps assez solide, ni l'âme assez ferme pour s'enfouir dans une Trappe; mais une fois lancée sur ce tremplin, l'imagination partait à la vanvole, sautait par dessus les obstacles, divaguait en de flottantes songeries où il se voyait moine dans un couvent débonnaire, desservi par un ordre clément, amoureux de liturgies et épris d'art.

Il devait bien hausser les épaules quand il revenait à

lui et sourire de ces avenirs fallacieux qu'il se suggérait dans ses heures d'ennui ; mais, à cette pitié de l'homme qui se prend en flagrant délit de déraison, succédait quand même l'espoir de ne pas perdre entièrement le bénéfice d'un bon mensonge et il se remettait à chevaucher une chimère qu'il jugeait plus sage, aboutissait à un moyen terme, à un compromis, pensant rendre l'idéal plus accessible, en le réduisant.

Il se disait qu'à défaut d'une vie monastique réelle, il s'en susciterait peut-être, une suffisante illusion, en fuyant le tohu-bohu de Paris, en s'inhumant dans un trou.

Et il s'apercevait qu'il s'était absolument dupé lorsque, discutant la question de savoir s'il délaisserait Paris pour aller s'installer à Chartres, il lui avait semblé s'être décidé sur les arguments de l'abbé Gévresin et les instances de Mme Bavoil.

Certainement, sans se l'avouer, sans se l'expliquer, il avait surtout agi sous l'impulsion de ce rêve si constamment choyé. Chartres n'était-il pas une sorte de havre conventuel, de monastère complaisant, où il conserverait toute sa liberté et ne renoncerait pas à son bien-être ? En tout cas, n'était-ce point, à défaut d'un inaccessible ascétère, une pâture jetée à ses désirs et, en admettant qu'il parvînt à se débarrasser de souhaits trop exigeants, ce repos définitif, cette paix auxquels il aspirait depuis son retour de la Trappe ?

Et rien de tout cela ne s'était réalisé ; cette impression, éprouvée à Paris, qu'il n'était pas assis, il la gardait à Chartres. Il se sentait, en camp volant, perché sur une branche, se faisait l'effet d'un homme qui n'est pas chez lui, mais qui s'attarde dans un meublé dont il faudra déguerpir.

En somme, il s'était déçu quand il s'était figuré que l'on pouvait assimiler une chambre solitaire, dans un alentour muet, à une cellule ; le train-train pieux, dans l'atmosphère d'une province, n'avait aucun rapport avec le milieu d'une abbaye. L'illusion du cloître n'existait pas.

Cet échec enfin constaté exaspéra l'ardeur de ses regrets et le mal qui était demeuré, à l'état confus, à l'état latent, à Paris, éclata, net et clair, à Chartres.

Alors ce fut une lutte sans répit avec lui-même.

L'abbé Gévresin, qu'il consultait, se bornait, en souriant, à le traiter, ainsi qu'on traite dans un noviciat ou dans un séminaire, le petit postulant qui vient avouer une grande mélancolie et une persistante fatigue. On feint de ne pas prendre son mal au sérieux, on lui atteste que tous ses camarades subissent les mêmes tentations, les mêmes épreintes ; on le renvoie consolé, tout en ayant l'air de s'en moquer.

Mais au bout de quelque temps, cette méthode échoua. Alors l'abbé tint tête à Durtal et un jour que son pénitent gémissait il lui répondit :

— C'est une crise à supporter — puis, négligemment après un silence, il ajouta : — Vous en verrez bien d'autres !

Et comme Durtal se cabrait sur ce mot, il l'accula au pied du mur, voulant lui faire avouer l'inanité de ses luttes.

— Le cloître, reprit-il, vous obsède — eh bien, mais, qui vous empêche d'en tâter ? pourquoi ne vous séquestrez-vous pas dans une Trappe ?

— Vous savez bien que je ne suis pas assez robuste pour endurer ce régime !

— Alors faites-vous oblat, rejoignez, à Notre-Dame de l'Atre, M. Bruno.

— Quant à ça, non, par exemple! L'oblature à la Trappe, c'est encore Chartres! c'est une situation moyenne, mitigée. M. Bruno restera toujours hôte et ne sera jamais moine. Il n'a, en somme, que les inconvénients des communautés et pas les avantages.

— Il n'y a point que les Trappes, répliqua l'abbé. Devenez père ou oblat Bénédictin, moine noir. Leur règle doit être douce; vous vivrez dans un monde de savants et d'écrivains, que pouvez-vous désirer de plus?

— Je ne dis pas, mais...

— Mais quoi?

— Eh! je ne les connais point...

— Rien n'est plus facile que de les connaître. L'abbé Plomb est un grand ami de Solesmes. Il vous procurera, pour ce couvent, toutes les recommandations que vous voudrez.

— Dame, c'est à voir... je consulterai l'abbé, fit Durtal qui se leva pour prendre congé du vieux prêtre.

— Notre ami, le Bourru vous travaille, lança Mme Bavoil qui avait entendu, de la pièce voisine dont la porte était ouverte, la conversation des deux hommes.

Elle entra, tenant son bréviaire.

— Ah çà, reprit-elle, en le regardant sous ses lunettes, pensez-vous donc qu'en déménageant son âme de place, on la change. Votre ennui, il n'est ni dans l'air, ni autour de vous, mais en vous; ma parole, à vous entendre, on croirait qu'en se transférant d'un lieu dans un autre, on échappe à ses discordes et qu'on parvient à se fuir. Or, rien n'est plus faux... demandez au père...

Et lorsque Durtal qui souriait, gêné, fut parti, Mme Bavoil interrogea son maître :

— Ah çà, qu'a-t-il au juste ?

— L'épreuve des sécheresses le lamine, répondit le prêtre. Il subit une opération douloureuse, mais sans danger. Du moment qu'il conserve le goût de la prière et ne néglige aucun de ses exercices religieux, tout va bien. C'est là la pierre de touche qui nous sert à discerner si, dans ce genre d'affection, l'origine est divine...

— Mais, père, il serait quand même nécessaire de le soulager ?

— Je ne puis rien, sinon prier pour lui.

— Autre question, il est hanté par les monastères, notre ami ; peut-être bien que c'est là que vous devriez l'envoyer.

L'abbé eut un geste évasif. Les sécheresses et les phantasmes qu'elles engendrent ne sont point indices de vocation, fit-il. J'ajouterai même qu'elles ont plus de chances de s'accroître que de s'atténuer dans un cloître. — Et, à ce point de vue, la vie conventuelle peut être pour lui mauvaise... cependant il n'y a point que cette question à envisager... il y a autre chose... puis qui sait ? — et après un silence, il reprit :

Tout est possible, donnez-moi mon chapeau, Madame Bavoil, je vais aller causer avec l'abbé Plomb de Durtal.

VII

LE PORCHE ROYAL DE CHARTRES — LES STATUES DES REINES —
LA CONSTRUCTION DE LA CATHÉDRALE

EN somme, reprit Durtal qui était arrivé devant les portes sises entre les deux tours, devant le porche Royal de l'Occident, en somme, cet immense palimpseste, avec ses 719 figures, est facile à démêler si l'on se sert de la clef dont usa, dans sa monographie de la cathédrale, l'abbé Bulteau.

En partant du clocher neuf et en longeant la façade jusqu'au clocher vieux, l'on feuillète l'histoire de Notre-Seigneur narrée par près de deux cents statues, perdues dans les chapiteaux. Elle remonte aux aïeux du Christ, prélude par la biographie d'Anne et de Joachim, traduit, en de microscopiques images, les apocryphes. Par déférence peut-être pour les Livres inspirés, elle rampe le long des murs, se fait petite pour ne pas être trop aperçue, nous relate, comme en cachette, en une curieuse mimique, le désespoir du pauvre Joachim, lorsqu'un scribe du Temple, nommé Ruben, lui reproche d'être sans postérité et repousse, au nom d'un Dieu qui ne l'a point béni, ses offrandes ; et Joachim navré quitte sa femme, s'en va pleurer au loin sur la malédiction qui le frappe ; et un ange lui apparaît, le console, lui ordonne de rejoindre son épouse, qui enfantera de ses œuvres une fille.

Puis c'est le tour d'Anne qui gémit seule, sur sa stérilité, et son veuvage ; et l'ange la visite, elle aussi, lui prescrit d'aller au-devant de son mari qu'elle rencontre à la porte Dorée. Ils se sautent au cou, retournent ensemble au logis et Anne accouche de Marie qu'ils consacrent au Seigneur.

Des années s'écoulent ; l'époque des fiançailles de la Vierge est venue. Le grand Prêtre invite tous ceux qui, nubiles et non mariés, sont issus de la maison de David, à s'approcher de l'autel, une baguette à la main. Et pour savoir quel est celui des prétendants auquel se fiancera la Vierge, le Pontife Abiathar consulte le Très-Haut qui répète la prophétie d'Isaïe, avérant qu'il sortira de la tige de Jessé une fleur sur laquelle se posera l'Esprit.

Et aussitôt la baguette de l'un d'eux, de Joseph le charpentier, fleurit et une colombe descend du ciel pour se nicher dessus.

Marie est donc livrée à Joseph et le mariage a lieu ; le Messie naît, Hérode trucide les Innocents et alors l'évangile de la Nativité s'arrête, laissant la parole aux Lettres saintes qui reprennent Jésus, et le conduisent jusqu'à sa dernière apparition, après sa mort.

Ces scènes servent de bordure au bas de la grande page qui s'étend entre les deux tours, au-dessus des trois portes.

C'est là que se placent les tableaux qui doivent séduire,

par de plus claires, par de plus visibles apparences, les foules; là, que resplendit le sujet général du porche, celui qui concrète les Evangiles, qui atteint le but assigné à l'Eglise même.

A gauche, — l'Ascension de Notre-Seigneur, montant glorieusement dans des nues que frime une banderole ondulée tenue de chaque côté, suivant le mode byzantin, par deux anges, tandis qu'au-dessous, les apôtres lèvent la tête, regardent cette Ascension que d'autres anges qui descendent, en planant au-dessus d'eux, leur désignent de leurs doigts tendus vers le ciel.

Et le cadre arqué de l'ogive enferme un almanach de pierre et un zodiaque.

A droite, — le triomphe de Notre-Dame, encensée par deux archanges, assise le sceptre au poing sur un trône, et accompagnée de l'Enfant qui bénit le monde; puis en bas les sommaires de sa vie : l'Annonciation, la Visitation, la Nativité, l'Appel des bergers, la Présentation de Jésus au grand prêtre; et la voussure qui serpente, se dressant en pointe de mître, au-dessus de la Mère, est décorée de deux cordons, l'un, garni d'archanges thuriféraires, aux ailes cloisonnées, comme imbriquées de tuiles, l'autre habité par les figures des sept arts libéraux, symbolisés, chacun, par deux statuettes représentant, la première, l'allégorie et la seconde le personnage de l'antiquité qui fut l'inventeur ou le parangon de cet art; c'est le même système d'expression qu'à l'église de Laon et la paraphrase imagée de la théologie scolastique, la version sculpturale du texte d'Albert le Grand, affirmant, lorsqu'il cite les perfections de la Vierge, qu'Elle possédait la science parfaite des sept arts : la grammaire, la rhétorique, la dialectique, l'arithmétique, la géométrie, l'astronomie et la musique, tout le savoir du Moyen Age.

Enfin, au milieu, le porche central, contenant le sujet autour duquel ne font que graviter les annales des autres baies, la Glorification de Notre-Seigneur, telle que la conçut à Pathmos, saint Jean; le livre final de la Bible, l'Apocalypse ouverte, en tête de la basilique, au-dessus de l'entrée solennelle de la cathédrale.

Jésus est assis, le chef ceint du nimbe crucifère, vêtu de la talaire de lin, drapé dans un manteau qui retombe en une cascade serrée de plis, les pieds nus posés sur l'escabeau, emblème affecté à la terre par Isaïe. Il bénit, d'une main, le monde et tient le livre fermé des sept sceaux, de l'autre. Autour de lui, dans l'ovale qui l'environne, le Tétramorphe, les quatre animaux évangéliques, aux ailes papelonnées d'écailles, l'homme empenné, le lion, l'aigle, le bœuf, symboles de saint Matthieu, de saint Marc, de saint Jean et de saint Luc.

Au-dessous, les douze apôtres, arborent des rouleaux et des livres.

Et, pour parfaire la scène de l'Apocalypse, dans les cordons des voussures, les douze anges et les vingt-quatre vieillards que saint Jean nous décrit, accoutrés de blanc et couronnés d'or, jouent des instruments de musique, chantent, en une adoration perpétuelle — que quelques âmes, isolées dans l'indifférence de notre siècle, reprennent, — les gloires du Très-Haut, se prosternant quand, aux ardentes et aux solennelles oraisons de la terre, les bêtes évangéliques répondent, dominant de leurs voix le fracas des foudres, l'unique mot qui concentre en ses quatre lettres, qui résume en ses deux syllabes, les devoirs de l'homme envers Dieu, l'humble et l'affectueux, l'obéissant Amen.

Le texte a été serré de près par les imagiers, sauf pour le Tétramorphe, car un détail manque ; les animaux ne sont point ocellés de ces milliers d'yeux dont le prophète parle.

En le récapitulant, ce tableau, divisé tel qu'un tryptique, comprend, — dans son volet de gauche : l'Ascension, encadrée dans les moulures d'un zodiaque, — au milieu : le triomphe de Jésus tel que le raconte le Disciple ; — sur le volet de droite : le triomphe de Marie, accompagnée de quelques-uns de ses attributs.

Et le tout constitue le programme réalisé par l'architecte : la Glorification du Verbe. Il y a, en effet, dit dans son substantiel opuscule sur Chartres, l'abbé Clerval, « les scènes de sa vie qui ont préparé sa gloire ; il y a son entrée proprement dite dans la gloire, puis sa glorification éternelle par les anges, les saints et la sainte Vierge ».

Au point de vue de la facture, l'œuvre est claire et splendide, dans son sujet, obscure et mutilée dans les petits. Le panneau de Marie a souffert et il est, de même que celui de l'Ascension, singulièrement fruste et barbare, bien au-dessous du tableau central qui détient, le plus vivant, le plus obsédant qui soit des Christ.

Nulle part, en effet, dans la statuaire du Moyen Age, le Rédempteur ne s'atteste plus mélancolique et plus miséricordieux, sous un aspect plus grave. Examiné de profil, avec ses cheveux coulant dans le dos, plats et divisés par une raie sur le front, le nez un peu retroussé, la bouche forte, couverte d'une épaisse moustache, la barbe courte et tordue, le cou long, il suggère, malgré la rigidité de son attitude, non l'impression d'un Christ Byzantin tel qu'en peignirent et qu'en sculptèrent des artistes de ce temps, mais d'un Christ de Primitif, issu des Flandres, originaire de la Hollande même, dont il a ce vague relent de terroir qui reparaîtra plus tard, en un type moins pur, vers la fin du xve siècle, dans le tableau de Cornelis Van Oostzaanen, du musée de Cassel.

Et il surgit, presque triste, dans son triomphe, bénissant, inétonné, avec une résignation qui s'attendrit, ce défilé de pécheurs qui, depuis sept cents ans, le regarde curieusement, sans amour, en passant sur la place; et tous lui tournent le dos, se souciant peu de ce Sauveur qui diffère du portrait qu'ils connurent, ne l'admettant qu'avec une tête ovine et des traits aimables, pareil, il faut bien le dire, au bellâtre de la cathédrale d'Amiens devant lequel se pâment les gens amoureux d'une beauté facile.

Au-dessus de ce Christ, s'ouvrent les trois fenêtres privées de regards du dehors, et au-dessus d'elles, la grande rose morte, semblable à un œil éteint, ne se rallumant, comme les verrières des croisées, qu'au dedans, brûlant en de claires flammes, en de pâles saphirs sertis dans des chatons de pierre; enfin au-dessus de la rose, s'étend la galerie des rois de France que domine un pignon dressant son triangle entre les deux tours.

Et les deux clochers dardent leurs flèches; le vieux, taillé dans un calcaire tendre, squammé d'écailles, s'effusant d'un seul jet, s'effilant en éteignoir, chassant dans les nuages une fumée de prières par sa pointe; le neuf, ajouré ainsi qu'une dentelle, ciselé tel qu'un bijou, festonné de feuillages et de rinceaux de vignes, monte avec de lentes coquetteries, tâchant de suppléer à l'élan d'âme, à l'humble supplique de son aîné, par de riantes oraisons, par de jolis sourires, de séduire, par de joyeux babils d'enfant, le Père.

Mais, pour en revenir au porche Royal, reprit Durtal, malgré l'importance de sa grande page narrant le triomphe éternel du Verbe, l'intérêt des artistes va forcément au rez-de-chaussée de l'édifice, là où jaillissent dans l'espace compris entre les bases des deux tours, le long du mur et dans l'ébrasement des trois portes, dix-neuf statues colossales de pierre.

A coup sûr, la plus belle sculpture du monde est en ce lieu. Elle se compose de sept rois, de sept prophètes ou saints et de cinq reines. Ces statues s'élevaient autrefois, au nombre de vingt-quatre, mais cinq ont disparu sans laisser de traces.

Toutes sont nimbées, sauf les trois premières qui résident auprès du clocher neuf, et toutes sont abritées sous les dais à claire-voie, délinéant des chaumines et des chapelles, des manoirs et des ponts, dessinant une minuscule ville, une Sion pour bébés, une Jérusalem céleste naine.

Toutes sont debout, posant sur des colonnes guillochées, sur des socles taillés en amande, en pointe de diamant, en côte d'ananas ; sculptés de méandres, de frettes crénelées, de carreaux de foudre ; creusés comme des damiers dont les cases alternées seraient, les unes vides et les autres pleines ; pavés d'une sorte de mosaïque, de marquetterie qui, de même que les bordures des verrières de l'église, évoquent les souvenirs d'une orfèvrerie musulmane, décèlent l'origine de formes rapportées de l'Orient par les Croisades.

Cependant les trois premières statues de la baie de gauche, voisines de la flèche neuve, ne se juchent pas sur des ornements ravis aux infidèles; celles-là foulent aux pieds d'inexplicables êtres. L'une, un roi dont la tête perdue fut remplacée par celle d'une reine, marche sur un homme enlacé de serpents; un autre souverain pèse sur une femme qui saisit, d'une main, la queue d'un reptile et caresse, de l'autre, la tresse de ses cheveux; la troisième enfin, une reine, le chef couronné d'un simple cercle d'or, le ventre proéminent d'une personne enceinte, la figure avenante mais vulgaire d'une bonne, a pour piédestal deux dragons, une guenuche, un crapaud, un chien et un basilic à visage de singe. Que signifient ces rebus? nul ne le sait; pas plus qu'on ne sait, du reste, les noms des seize autres statues, alignées le long du porche.

Les uns veulent y voir les ancêtres du Messie, mais cette assertion ne s'étançonne sur aucune preuve; les autres croient y distinguer un mélange des héros de l'Ancien Testament et des bienfaiteurs de l'église, mais cette présomption est également illusoire. La vérité est que si tous ces gens ont eu à la main des sceptres et des rouleaux, des banderoles et des eucologes, aucun n'arbore l'un de ces attributs personnels qui servent à les spécifier, dans la nomenclature sacrée du Moyen Age.

Tout au plus, pourrait-on baptiser du nom de Daniel un corps sans tête, parce qu'au-dessous de lui se tord un vague dragon, emblème du Diable que le Prophète vainquit à Babylone.

Les plus admirables, de ces statues, sont celles des reines.

La première, celle de la maritorne royale, au ventre bombé, n'est qu'ordinaire ; la dernière, celle qui est à l'opposé de cette princesse, à l'autre extrémité de la façade, près du clocher vieux, a le visage amputé d'une moitié et la tranche qui subsiste ne séduit guère ; mais les trois autres, debout, près de la baie principale, dans la voûte d'entrée, sont inouïes !

La première, longue, étirée, tout en hauteur, a le front cerné d'une couronne, un voile, des cheveux pliés de chaque côté d'une raie et tombant en nattes sur les épaules, le nez un peu retroussé, un tantinet populaire, la bouche prudente et décidée, le menton ferme. La physionomie n'est plus jeune. Le corps est enserré, rigide, sous un grand manteau, aux larges manches, dans la gaîne orfèvrie d'une robe sous laquelle aucun des indices de la femme ne paraît. Elle est droite, asexuée, plane ; et sa taille file, ceinte d'une corde à nœuds de franciscaine. Elle regarde, la tête un peu baissée, attentive à l'on ne sait quoi, sans voir. A-t-elle atteint le dénuement parfait de toute chose ? vit-elle de la vie Unitive au delà des mondes, dans l'absence des temps ? On peut l'admettre, si l'on remarque que, malgré ses insignes royaux et le somptueux apparat de son costume, elle conserve l'attitude recueillie et l'air austère d'une moniale. Elle sent plus le cloître que la Cour. L'on se demande alors qui la plaça en sentinelle près de cette porte et pourquoi, fidèle à une consigne qu'elle seule connaît, elle observe, de son œil lointain, jours et nuits, la place, attendant, immobile, quelqu'un qui depuis sept cents ans ne vient point ?

Elle semble une figure de l'Avent, qui écoute, un peu penchée, sourdre de la terre les dolentes exorations de l'homme ; un éternel Rorate chante en elle ; elle serait, dans ce cas, une reine de l'Ancien Testament, morte bien avant la naissance du Messie qu'elle annonça peut-être.

Comme elle tient un livre, l'abbé Bulteau insinue qu'elle pourrait être un portrait en pied de sainte Radegonde. Mais il y a d'autres princesses canonisées et qui tiennent, elles aussi, des livres ; cependant, l'attitude claustrale de cette reine, ses traits émaciés, son œil perdu dans l'espace des rêves intérieurs, s'appliqueraient assez justement à la femme de Clotaire qui s'interna dans un cloître.

Mais elle serait en attente de quoi? de l'arrivée redoutée du roi voulant l'arracher de son abbaye de Poitiers pour la replacer sur le trône? en l'absence de tout renseignement, il n'est aucune de ces conjectures qui ne demeure vaine.

La seconde statue représente encore une femme de monarque, portant un livre. Celle-là est plus jeune, elle n'a ni manteau, ni voile ; les seins sont remontés, moulés dans un étroit corsage, très tiré, ajusté tel qu'un linge mouillé sur le buste, ondulant en plis menus, en rides, un corsage pareil au roque Carolingien s'agrafant sur le côté. Elle a les cheveux couchés en deux bandeaux sur le front, couvrant les oreilles, descendant en tresses enrubanées, se terminant en mèche de fouet.

Le visage est volontaire et déluré, un peu hautain. Celle-là regarde au dehors d'elle ; elle est d'une beauté plus humaine et le sait ; sainte Clotilde ? hasarde l'abbé Bulteau.

Il est certain que cette élue ne fut pas toujours un modèle d'aménité et ce qu'on peut appeler une personne commode. Avant que d'avoir été reprise et châtiée, elle se révèle dans l'histoire, vindicative, sans dédit de pitié, avide de représailles. Elle serait alors la Clotilde d'avant la pénitence, la reine avant la sainte.

Est-ce bien elle ? ce nom lui fut attribué parce qu'une statue de la même époque qui lui ressemble et qui appartint jadis à Notre-Dame de Corbeil, fut placée sous ce vocable. Mais il a été reconnu, depuis, que cette statue portraiturait la reine de Saba. Sommes-nous donc en présence de cette souveraine ? pourquoi, alors, quand elle n'est pas inscrite au livre de Vie, une auréole ?

Il est très probable qu'elle n'est, ni la femme de Clovis, ni l'amie de Salomon, cette étrange princesse qui se décèle à la fois plus charnelle et plus spectrale que ses autres sœurs, car le temps l'a dévisagée, lui mâchurant l'épiderme, lui picotant le menton de grêle, encanaillant la bouche, rongeant le nez, le trouant en as de trèfle, mettant l'image de la mort sur cette vivante face.

Quant à la troisième, elle s'étire en un frêle fuseau, s'émince en un gracile cierge dont la poignée serait damassée, gaufrée, gravée en pleine cire ; elle monte magnifiquement vêtue d'une robe roide, cannelée, rayée de fibres telle qu'une tige de céleri. Le corsage est passementé, brodé au petit point ; le ventre est entouré d'une cordelière à nœufs lâche et précieuse ; la tête est couronnée, les deux bras sont cassés ; l'un reposait sur la poitrine, l'autre tenait un sceptre dont on aperçoit encore un vestige.

Et celle-là rit, ingénue et mutine, charmante. Elle

considère de ses deux grands yeux ouverts, aux sourcils très relevés, les visiteurs. Jamais, en aucun temps, figure plus expressive n'a été ainsi façonnée par le génie de l'homme ; elle est le chef-d'œuvre de la grâce enfantine et de la candeur sainte.

Dans l'architecture pensive du xiie siècle, au milieu de ce peuple de statues recueillies, symbolisant en quelque sorte le naïf amour de ces âges que troublèrent les craintes d'un éternel enfer, elle semble placée devant l'huis du Seigneur, comme l'exorable image des Rémissions. Pour les âmes timorées de ces habitudinaires qui n'osent plus, après de persévérantes chutes, franchir le seuil de l'église, elle se fait prévenante, chasse les réticences et vainc les regrets, apaise, par les familiarités de son rire, les transes.

Elle est la grande sœur de l'Enfant prodigue, celle dont saint Luc ne parle point mais qui dut, si elle exista, plaider la cause de l'absent, insister auprès du père pour qu'il tuât le veau gras, quand revint le fils.

Ce n'est point sous cet aspect indulgent que la connaît Chartres ; suivant la tradition locale, elle serait Berthe aux grands pieds, mais outre que cette allégation ne s'appuie sur aucun argument, elle est inane par ce seul fait que la statue a le halo d'un nimbe. Or, ce signe de la sainteté ne saurait ceindre le chef de la mère de Charlemagne dont le nom est inconnu des hagiologes de l'Église triomphante.

Elle serait alors, d'après la thèse des archéologues qui voient dans la panégyrie sculptée du porche les ancêtres du Christ, une Princesse du Vieux Testament ; mais laquelle ? ainsi que le remarque justement Hello, les larmes sont fréquentes dans les Écritures, mais le rire y est si rare que celui de Sara ne pouvant s'empêcher de se gaudir lorsque l'Ange lui annonce qu'elle concevra, malgré sa grande vieillesse, un fils, reste célèbre. Vainement, l'on cherche à quelle personne du livre de l'Ancienne Alliance peut se rapporter l'innocente joie de cette Reine.

La vérité, c'est qu'elle demeure à jamais mystérieuse, cette créature angélique, fluide, parvenue sans doute aux pures délices de l'âme qui s'écoule en Dieu, et avec cela, elle est si avenante, si serviable, qu'elle nous laisse l'illusion d'un salutaire geste, le mirage d'une bénédiction visible pour ceux qui la désirent. En effet, son bras droit est brisé à la hauteur du poignet et sa main n'est plus ; mais cette main paraît exister encore, à l'état de reflet, d'ombre, quand on la cherche ; elle est très nettement formée par le renflément léger du sein qui simule la paume, par les plis du corsage qui dessinent distinctement les quatre doigts effilés et le pouce levés, pour tracer le signe de la croix sur nous.

Quelle exquise préfiguratrice de la benoîte Mère, que cette Gardienne royale du seuil, que cette Souveraine invitant les égarés à rentrer dans l'église, à s'approcher de cette porte qu'Elle garde et qui est elle-même un des symboles de son Fils ! s'écria Durtal — et il embrassa, d'un coup d'œil, ce vis-à-vis de femmes, si différentes : l'une, plus moniale que Reine, qui baisse un peu la tête ; — l'autre, exclusivement Reine, qui la redresse — la troisième, saintement gamine, dont le col n'est ni penché, ni haussé, mais se tient dans la position naturelle, modérant le port auguste d'une Reine, par l'humble et la riante attitude d'une Sainte.

Peut-être, pourrait-on discerner aussi, se dit-il, dans la première, une image de la vie contemplative, comme l'on pourrait alléguer que la seconde implique l'idée de la vie active et que la dernière incarne, ainsi que Ruth, dans l'Écriture, les deux ?

Quant aux autres statues de Prophètes, coiffés de la calotte juive à côtes et de Rois tenant des missels ou des sceptres, elles sont, elles aussi, indéchiffrables ; l'une d'elles, sise dans l'arche du milieu, au coin de la porte, à droite, séparée par un monarque de la fausse Berthe, intéressait plus spécialement Durtal, car elle ressemblait à Verlaine. Elle en avait la tête plus velue, il est vrai, mais aussi bizarre, le crâne cabossé, le masque un peu épaté, le poil hirsute, l'air commun et bonhomme.

La tradition assigne à cette effigie le nom de saint Jude ; et elle est suggestive, cette similitude de traits de l'Apôtre le plus négligé de tous par les Chrétiens, de celui qui fut si peu prié pendant tant de siècles, qu'on s'avisa, un beau jour, pensant qu'il avait moins que les autres épuisé son crédit auprès de Dieu, de l'invoquer pour les causes désespérées, pour les causes perdues, et du poète si complètement ignoré ou si bêtement honni de ces mêmes catholiques auxquels il apportait les seuls vers mystiques éclos depuis le Moyen Age !

Ils furent les malchanceux, l'un de la Sainteté et l'autre de la Poésie, conclut Durtal qui se recula pour mieux voir l'ensemble de la façade.

Elle s'attestait inouïe, avec ses ciselures de flore dessinée sur les carreaux par le gel, avec ses nappes d'église, ses rochets, aux fines mailles, ses guipures en fils de la Vierge, courant jusqu'au premier étage, servant de cadres ajourés aux grands sujets des porches. Puis, elle montait, d'allure érémitique, sobre d'ornements, cyclopéenne, avec l'œil colossal de sa rose morte, entre les deux tours, l'une, fenestrée, niellée comme le portail, l'autre nue comme l'étage qui surplombait le porche.

Mais ce qui dominait, ce qui absorbait Durtal, c'était quand même les statues de Reines.

Et il finissait par ne plus se soucier du reste, par ne plus goûter que l'éloquence divine de leur maigreur, par ne plus les envisager que sous l'aspect de longues tiges baignant dans des tubes guillochés de pierre, s'épanouissant en des touffes de figures embaumant des fragrances ingénues, des senteurs naïves — et le Christ, bénissant, attendri et attristé, le monde, se penchait de son trône, au-dessus d'elles, pour humer le tendre parfum qui s'effusait de ces calices élancés d'âmes!

Durtal songeait — quel irrésistible nécromant pourrait évoquer l'esprit de ces royales Ostiaires, les contraindre à parler, nous faire assister à l'entretien qu'elles ont peut-être, quand elles paraissent se reculer sous la voûte, se retirer chez elles, le soir, derrière un rideau d'ombre?

Que se disent-elles, elles qui ont vu saint Bernard, saint Louis, saint Ferdinand, saint Fulbert, saint Yves, Blanche de Castille, tant d'Élus, défiler devant elles, alors qu'ils entrèrent dans les ténèbres étoilées de la nef? Causent-elles de la mort de leurs compagnes, de ces cinq statues qui disparurent pour jamais de leur petit cénacle? écoutent-elles, au travers des vantaux fermés de la porte, souffler le vent désolé des psaumes et mugir les grandes eaux de l'orgue? Entendent-elles les exclamations saugrenues des touristes qui rient de les voir et si roides et si longues? Sentent-elles, ainsi que tant de saintes, l'odeur des péchés, le relent de vase des âmes qui les frôlent? Alors, ce serait à ne plus oser les regarder... Et Durtal les regardait quand même, car il ne pouvait se séparer d'elles ; elles le retenaient par le charme constant de leur énigme ; en somme, reprenait-il, elles sont, sous une apparence réelle, extra-terrestres. Leurs corps n'existent pas, leurs âmes habitent à même dans les gangues orfèvries des robes ; elles sont en parfait accord avec la basilique qui s'est, elle-même, désincarnée de ses pierres et s'enlève, dans le vol de l'extase, au-dessus du sol.

Le chef-d'œuvre de l'architecture et de la statuaire mystiques sont ici, à Chartres ; l'art le plus surhumain, le plus exalté qui fut jamais, a fleuri dans ce pays plat de la Beauce.

Et maintenant qu'il avait contemplé l'ensemble de cette façade, il se rapprochait encore pour la scruter dans ses infimes accessoires, dans ses menus détails, pour examiner de plus près la parure des Souveraines et il vérifiait ceci : aucune draperie n'était pareille ; les unes tombaient sans cassures brusques, ridulées, semblables à un friselis ondulant d'eau, les autres descendaient en lignes parallèles, en fronces serrées, un peu en relief, telles que les côtes des bâtons d'angélique ; et la dure matière se pliait aux exigences des habilleurs, s'assouplissait pour les crêpes historiés, pour les futaines et les fils de pur lin, s'alourdissait pour les brocarts et les orfrois ; tout était spécifié ; les colliers étaient ciselés, grains à grains, les nœuds des ceintures auraient pu se dénouer, tant les cordelettes étaient naturellement enlacées ; les bracelets, les couronnes étaient forés, martelés, sertis de gemmes montées dans leurs chatons, comme par des gens du métier, par des orfèvres.

Et souvent le socle, la statue, le dais avaient été taillés d'une seule pièce, dans un même bloc ! quels étaient donc les gens qui avaient sculpté de telles œuvres ?

On peut croire qu'ils vivaient dans les cloîtres puisque la culture de l'art ne se pratiquait alors que dans les clos de Dieu. Et ils rayonnèrent, à cette époque, dans l'Ile de France, l'Orléanais, le Maine, l'Anjou, le Berry ; nous remarquons dans ces provinces des statues de ce genre ; mais il faut bien le dire, toutes sont inférieures à celles de Chartres. A Bourges, par exemple, d'analogues Prophètes et de semblables Reines rêvent dans l'une de ces extraordinaires baies latérales où le souvenir du trèfle arabe s'impose. A Angers, ces statues sont effritées, presque détruites, mais on peut les juger surtout rapetissées, devenues seulement humaines ; ce ne sont plus des Célicoles aux corps chastement effilés, mais de simples Reines ; — au Mans, où elles sont mieux conservées, elles s'efforcent vainement de surgir de leurs fourreaux droits ; elles sont quand même désallongées, dénervées, apauvries, presque vulgaires. Nulle part, ce n'est de l'âme sculptée comme à Chartres ; et si au Mans, on étudie la façade comprise ainsi que celle de la cathédrale Chartraine, avec un Christ glorifié, bénissant, assis, entre les bêtes ailées du Tétramorphe, quelle descente l'on constate dans le niveau divin !

Tout est étriqué et poussif. Jésus, mal débruti, reste farouche. Ce sont évidemment des élèves sans génie des maîtres souverains de Chartres qui adornèrent ces portiques.

Était-ce une compagnie de ces imagiers, de ces confrères de l'œuvre sainte qui allaient d'un pays à l'autre, adjoints aux maçons, aux ouvriers logeurs du bon Dieu, par les moines ? Venaient-ils de cette abbaye Bénédictine de Tiron fondée près du Marché, à Chartres, par l'Abbé saint Bernard dont le nom figure parmi les bienfaiteurs de l'église dans le nécrologe de Notre-Dame ? Nul ne le sait. Humblement, anonymement, ils travaillèrent.

Et quelles âmes, ils avaient, ces artistes ! Car nous le savons, ils ne besognaient que lorsqu'ils étaient en état de grâce. Pour élever cette splendide basilique, la pureté fut requise, même des manœuvres.

Cela serait incroyable, si des documents authentiques, si des pièces certaines ne l'attestaient.

Nous possédons des missives de l'époque, insérées dans les annales Bénédictines, une lettre d'un Abbé de Saint-Pierre-sur-Dive retrouvée par M. Léopold Delisle, dans le manuscrit 929 du fonds français, à la Bibliothèque Nationale — un livre latin des miracles de Notre-Dame, découvert dans la Bibliothèque du Vatican, et traduit en français par un poète du XIIIe siècle, Jehan le Marchant. Tous racontent comment, après la ruine des incendies, fût rebâti le sanctuaire dédié à la Vierge noire.

Ce qui advint alors atteignit le sublime. Ce fut une Croisade, telle que jamais on n'en vit. Il ne s'agissait plus d'arracher le Saint-Sépulcre des mains des Infidèles, de lutter sur un champ de bataille contre des armées, contre des hommes, il s'agissait de forcer Notre Seigneur dans ses retranchements, de livrer assaut au Ciel, de le vaincre par l'amour et la pénitence ; et le Ciel s'avoua battu ; les Anges, en souriant, se rendirent ; Dieu capitula et, dans la joie de sa défaite, il ouvrit tout grand le trésor de ses grâces pour qu'on le pillât.

Ce fut encore, sous la conduite de l'Esprit Saint, le combat contre la matière, sur des chantiers, d'un peuple voulant, coûte que coûte, sauver la Vierge sans asile, de même qu'au jour où naquit son Fils.

La crèche de Bethléem n'était plus qu'un tertre de cendres. Marie allait être réduite à vagabonder, sous le fouet des bises, dans les plaines glacées de la Beauce. Le même fait se renouvellerait-il, à douze cents ans de distance, de familles sans pitié, d'auberges inhospitalières, de chambres pleines ?

L'on aimait alors, en France, la Madone, comme l'on aime sa génitrice naturelle, sa véritable mère. A cette nouvelle qu'Elle erre, chassée par l'incendie, à la recherche d'un gîte, tous, bouleversés, s'éplorent ; et non seulement dans le pays Chartrain, mais encore dans l'Orléanais, dans la Normandie, dans la Bretagne, dans l'Ile de France, dans le Nord, les populations interrompent leurs travaux, quittent leurs logis pour courir à son secours, les riches apportant leur argent et leurs bijoux, tirant avec les pauvres des charrettes, convoyant du blé, de l'huile, du vin, du bois, de la chaux, ce qui peut servir à la nourriture des ouvriers et à la bâtisse d'une église.

Ce fut une migration ininterrompue, un exode spontané de peuple. Toutes les routes étaient encombrées de pèlerins, traînant, hommes, femmes, pêle-mêle, des arbres entiers, charriant des faisceaux de poutres, poussant de gémissantes carrioles de malades et d'infirmes qui constituaient la phalange sacrée, les vétérans de la souffrance, les légionnaires invincibles de la douleur, ceux qui devaient aider au blocus de la Jérusalem céleste, en formant l'arrière-garde, en soutenant, avec le renfort de leurs prières, les assaillants.

Rien, ni les fondrières, ni les marécages, ni les forêts sans chemins, ni les rivières sans gués, ne purent enrayer l'impulsion de ces foules en marche, et, un matin, par tous les points de l'horizon, elles débouchèrent en vue de Chartres.

Et l'investissement commença ; tandis que les malades traçaient les premières parallèles des oraisons, les gens valides dressèrent les tentes ; le camp s'étendit à des lieues à la ronde ; l'on alluma sur des chariots des cierges et ce fut, chaque soir, un champ d'étoiles dans la Beauce.

Ce qui demeure invraisemblable et ce qui est pourtant certifié par tous les documents de l'époque, c'est que ces hordes de vieillards et d'enfants, de femmes et d'hommes se disciplinèrent en un clin d'œil ; et pourtant ils appartenaient à toutes les classes de la société, car il y avait parmi eux des chevaliers et de grandes dames ; mais l'amour divin fut si fort qu'il supprima les distances et abolit les castes ; les seigneurs s'attelèrent avec les roturiers dans les brancards, accomplirent pieusement leur tâche de bêtes de somme ; les patriciennes aidèrent les paysannes à préparer le mortier et cuisinèrent avec elles ; tous vécurent dans un abandon de préjugés unique ; tous consentirent à n'être que des manœuvres, que des machines, que des reins et des bras, à s'employer sans murmurer, sous les ordres des architectes sortis de leurs couvents pour mener l'œuvre.

Jamais il n'y eut organisation plus savante et plus simple ; les celleriers des cloîtres devenus, en quelque sorte, les intendants de cette armée, veillèrent à la distribution des vivres, assurèrent l'hygiène des bivacs, la santé du camp. Hommes, femmes n'étaient plus que de dociles instruments entre les mains de chefs qu'ils avaient, eux-mêmes, élus et qui obéissaient à des équipes de moines, subordonnés, à leur tour, à l'être prodigieux, à l'inconnu de génie qui, après avoir conçu le plan de la cathédrale, dirigeait les travaux d'ensemble.

Pour obtenir un tel résultat, il fallut vraiment que l'âme de ces multitudes fût admirable, car ce labeur si pénible, si humble, de gâcheur de plâtre et de charretier, fut considéré par chacun, noble ou vilain, ainsi qu'un acte d'abnégation et de pénitence, et aussi comme un honneur ; et personne ne fut assez téméraire pour toucher aux matériaux de la Vierge, avant de s'être réconcilié avec ses ennemis, et confessé. Ceux qui hésitèrent à réparer leurs torts, à s'approcher des sacrements, furent enlevés des traits, chassés tels que des êtres immondes, par leurs compagnons, par leur famille même.

Dès l'aube, chaque jour, la besogne indiquée par les contre-maîtres s'opère. Les uns creusent les fondations, déblaient les ruines, dispersent les décombres ; les autres, se transportent en masse aux carrières de Berchèrel'Evêque, à huit kilomètres de Chartres, et là, ils descellent des blocs énormes de pierre, si lourds que parfois un millier d'ouvriers ne suffisait pas pour les extraire de leurs lits et les hisser jusqu'au sommet de la colline sur laquelle devait planer la future église.

Et quand, éreintés, moulus, ces troupeaux silencieux s'arrêtent, alors on entend monter les prières et le chant des psaumes; d'aucuns gémissent sur leurs péchés, implorent la compassion de Notre-Dame, se frappent la poitrine, sanglotent dans les bras des prêtres qui les consolent.

Le dimanche, des processions se déroulent, bannière en tête, et le hourra des cantiques souffle dans les rues de feu que tracent, au loin, les cierges; les heures canoniales sont écoutées à genoux, par tout un peuple, les reliques sont présentées en grande pompe, aux malades..

Pendant ce temps, des béliers d'oraisons, des catapultes de prières ébranlent les remparts de la Cité divine; les forces vives de l'armée se réunissent pour foncer sur le même point, pour enlever d'assaut la place.

Et c'est alors que, vaincu par tant d'humilité et par tant d'obéissance, écrasé par tant d'amour, Jésus se rend à merci, remet ses pouvoirs à sa Mère et, de toute part, les miracles éclatent. Bientôt le clan des malades et des infirmes est debout; les aveugles voient, les hydropiques désenflent, les perclus se promènent, les cardiaques courent.

Le récit de ces miracles qui, quotidiennement, se répètent, qui précèdent même parfois l'arrivée des pèlerins à Chartres, nous a été conservé par le manuscrit latin du Vatican.

Ici, ce sont les habitants de Château-Landon qui remorquent une voiture de froment. Arrivés à Chantereine, ils s'aperçoivent que leurs provisions de bouche sont épuisées et ils demandent du pain à des malheureux qui se trouvent eux-mêmes dans une extrême gêne. La Vierge intercède et le pain de la misère se multiplie. Là, ce sont des gens partis du Gâtinais, avec un haquet de pierres. N'en pouvant plus, ils font halte près du Puiset; et des villageois, venus à leur rencontre, les invitent à se reposer, tandis qu'eux tireront le fardier, mais ils refusent. Alors, les paysans du Puiset leur offrent une pièce de vin, la transvasent dans un tonneau qu'ils juchent sur le camion. Cette fois, les pèlerins acceptent, et, se sentant moins las, ils continuent leur route. Mais ils sont rappelés pour constater que le muid vide s'est rempli de lui-même d'un délicieux vin. Tous en boivent et les malades guérissent.

D'autre part, un habitant de Corbeville-sur-Eure, qui s'employait à charger une voiture de bois de construction, a trois doigts coupés par une hache et il pousse des cris affreux. Les compagnons lui conseillent de trancher complètement les doigts qui ne tiennent plus que par un fil à la chair, mais le prêtre qui les conduit à Chartres s'y oppose. On implore Marie et la blessure disparaît, la main devient intacte.

Ce sont encore des Bretons égarés, la nuit, dans les plaines de la Beauce et qui sont subitement guidés par des brandons de feu; c'est la Vierge, en personne, qui un samedi soir, après Complies, descend dans son église quand elle est presque terminée et l'illumine d'éblouissantes lueurs...

Et il y en a comme cela, des pages et des pages... ah ! l'on comprend, ruminait Durtal, pourquoi ce sanctuaire est si plein d'Elle ; sa reconnaissance pour l'affection de nos pères s'y sent encore... puis Elle veut bien, maintenant, ne pas se montrer trop dégoûtée, ne pas regarder de trop près...

Un bras se posa sur le sien et Durtal reconnut l'abbé Gévresin qui s'était approché tandis qu'il réfléchissait devant la cathédrale.

— Je vous quitte aussitôt, car je suis attendu, dit le prêtre. Je profite simplement de cette rencontre pour vous dire que j'ai reçu une lettre de l'abbé Plomb.

— Ah ! et où est-il ?

— A Solesmes, mais il rentre après-demain. Il semble singulièrement emballé sur la vie Bénédictine, notre ami !

Et l'abbé sourit, tandis que Durtal, un peu interdit, le regardait tourner le coin du clocher neuf.

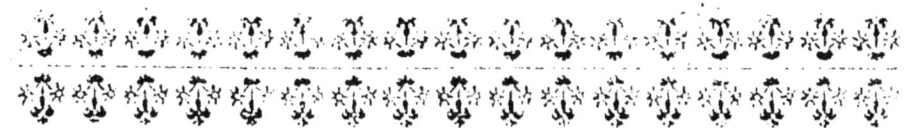

VIII

LES ABBAYES DE SOLESMES

ALORS, vous arrivez de Solesmes?
— Mais oui.
— Vous êtes satisfait de votre voyage?
— Enchanté, et l'abbé sourit de l'impatience qu'il sentait sourdre dans le ton de Durtal.
— Et que pensez-vous de ce monastère?
— Je pense qu'il est très intéressant à visiter, au point de vue du monachisme et de l'art. Solesmes est un grand couvent, maison mère de l'ordre Bénédictin en France, et il est pourvu d'un noviciat qui prospère. Au fait, que désirez-vous savoir, au juste?
— Mais... tout ce que vous savez !
— Eh bien, je vous dirai d'abord que l'art de l'Église, arrivé à son point culminant, fascine, dans ce cloître. Personne ne peut se rendre compte de l'extrême splendeur de la liturgie et du plain-chant, s'il n'a passé par Solesmes ; au cas où Notre-Dame-des-Arts posséderait un sanctuaire privilégié, soyez sûr qu'il est là.

— La chapelle est ancienne ?

— Il subsiste une partie de la vieille église et les fameuses sculptures des « Saints de Solesmes » qui remontent au XVIe siècle ; malheureusement, il existe dans l'abside de consternantes vitres, une Vierge entre saint Pierre et saint Paul, la verrerie moderne dans toute sa criarde inclémence ! Mais aussi où acquérir un vitrail propre ?

— Nulle part ; si nous examinons maintenant les carreaux historiés, insérés dans les murs des églises neuves, nous constatons l'inaltérable sottise des peintres construisant des cartons de verrières comme des sujets de tableaux ; et quels sujets et quels tableaux ! Le tout fabriqué à la grosse par de bas vitriers dont les feuilles minces de verres sèment les nefs de confettis, lancent des pastilles de couleur dans tous les sens.

En vérité, ne serait-il pas plus simple d'accepter le système du vitrail incolore de Cîteaux dont le décor était obtenu par les dessins réticulés des plombs ou de copier ces belles grisailles, nacrées par le temps, qui restent encore à Bourges, à Reims, ici même, dans la cathédrale ?

— Certes, mais pour en revenir à notre monastère, nulle part, je le répète, l'on ne célèbre les offices avec autant de pompe. Il faut voir cela un jour de grande fête ! Imaginez au-dessus de l'autel, là où fulgure d'habitude le tabernacle, une colombe pendue à une crosse d'or et volant, les ailes déployées dans des nues d'encens — puis, une armée de moines, évoluant, en une marche solennelle et précise — et l'Abbé debout, le front ceint d'une mitre pavée de gemmes, la crosse d'ivoire blanche et verte à la main, la queue de sa traîne tenue par un convers lorsqu'il s'avance, tandis que l'or des chapes s'allume au feu des cierges, que le torrent des orgues entraîne toutes les voix, emporte, jusqu'aux voûtes, le cri de douleur ou de joie des psaumes !

C'est admirable ; ce n'est plus l'austérité pénitentielle des offices, tels qu'ils se pratiquent chez les Franciscains ou dans les Trappes ; c'est le luxe pour Dieu, la beauté qu'il créa, mise à son service, et devenue, par elle-même, une louange, une prière… Mais si vous voulez voir resplendir le chant de l'Église dans toute sa gloire, c'est surtout dans l'abbaye voisine, chez les moniales de sainte-Cécile, qu'il convient d'aller.

L'abbé s'arrêta, se parlant à lui-même, reculant dans ses souvenirs et, lentement, il reprit :

— Partout, quand même, la voix de la religieuse conserve, en raison même de son sexe, une sorte de langueur, une tendance au roucoulement et, disons-le, souvent une certaine complaisance à s'entendre quand elle n'ignore pas qu'on l'écoute ; — aussi, jamais le chant Grégorien n'est-il parfaitement exécuté par des nonnes. Mais chez les Bénédictines de sainte-Cécile, ces feintises d'un gnan-gnan mondain ont disparu. Ces moniales n'ont plus la voix féminine mais une voix tout à la fois séraphique et virile. Dans cette église, on est rejeté, je ne sais où, dans le fond des âges ou projeté dans l'avance des temps, quand elles chantent. Elles ont des élans d'âme et des haltes tragiques, des murmures attendris et des cris de passion et parfois elles paraissent monter à l'assaut et enlever à la baïonnette certains psaumes. A coup sûr elles réalisent le bond le plus violent qui se puisse rêver de la terre dans l'infini !

— Alors, c'est autre chose que chez les Bénédictines de la rue Monsieur, à Paris ?

— Il n'y a point de comparaison à établir. Sans vouloir dénier la probité musicale de ces bonnes cloîtrières qui chantent convenablement, mais humainement, en femmes, l'on peut affirmer qu'elles n'ont ni cette science, ni ces inflexions d'âme, ni ces voix... Selon le mot d'un jeune moine, quand on a entendu les moniales de Solesmes, ce que celles de Paris semblent... province.

— Et vous avez vu l'Abbesse de sainte-Cécile ? — tiens, mais... et Durtal chercha dans sa mémoire — n'est-elle pas l'auteur d'un « Traité de l'Oraison » que j'ai parcouru autrefois à la Trappe mais qui n'a pas été vu d'un bon œil, je crois, au Vatican ?

— C'est elle, en effet ; mais vous commettez la plus complète erreur, en vous imaginant que son livre ait pu déplaire à Rome. Il y a été, de même que tous les ouvrages de ce genre, examiné à la loupe, passé au tamis, grabelé, ligne par ligne, tourné et retourné, dans tous les sens ; mais les théologiens chargés du service de cette douane pieuse ont reconnu et certifié que cette œuvre, conçue d'après les plus sûrs principes de la Mystique, était savamment, résolument, éperdument orthodoxe.

J'ajoute que ce volume qui fut imprimé par Madame l'Abbesse, aidée de quelques nonnes, sur une petite presse à bras que possède le monastère, n'a jamais été mis dans le commerce. Il est, en somme, le résumé de sa doctrine, le suc essentiel de ses leçons, et il est surtout destiné à celles de ses filles qui ne peuvent profiter de ses enseignements et de ses conférences, parce qu'elles habitent loin de Solesmes, dans les autres abbayes qu'elle a fondées.

Tenez maintenant que les Bénédictines étudient pendant dix années le latin, que beaucoup d'entre elles traduisent l'hébreu et le grec, sont expertes en exégèse ; que d'autres dessinent et peignent des pages de missel, rajeunissent l'art épuisé des enlumineurs d'antan ; que d'autres encore, telles que la Mère Hildegarde, sont des organistes de première force... vous penserez sans doute que la femme qui les manie, qui les dirige, que la femme qui a créé, dans ses cloîtres, des écoles de mystique pratique et d'art religieux est une personne tout à fait extraordinaire et — avouons-le — par ce temps de frivole dévotion et d'ignare piété — unique !

— Mais c'est une grande Abbesse du Moyen Age ! s'écria Durtal.

— Elle est le chef-d'œuvre de Dom Guéranger qui l'a prise presque enfant et lui a malaxé et lui a longuement broyé l'âme ; puis il l'a transplantée dans une serre spéciale, surveillant, chaque jour, sa croissance en Dieu, et le résultat de cette culture intensive, vous le voyez.

— Oui, et n'empêche cependant que les couvents sont, pour certaines gens, des réceptacles de fainéantise et des réservoirs de folie ; — quand on songe aussi que d'obscurs imbéciles écrivent dans des feuilles que les moniales ne comprennent rien au latin qu'elles lisent ! Il serait à souhaiter qu'ils fussent d'aussi bons latinistes que ces femmes !

L'abbé sourit. — Au reste, poursuivit-il, le secret du chant grégorien est là. Il faut non seulement connaître la langue des psaumes qu'on récite, mais encore saisir le sens souvent douteux, dans la version de la Vulgate, de ces psaumes pour les bien rendre. Sans ferveur et sans science, la voix n'est rien.

Elle peut être excellente, dans les morceaux de la musique profane, mais elle est vide, nulle, quand elle s'attaque aux phrases vénérables du plain-chant.

— Et les Pères à quoi s'occupent-ils?

— Eux, ils ont d'abord commencé par restaurer la liturgie et le chant de l'église, puis ils ont découvert et réuni dans un « Spicilège » et dans des « Analectes », en les agrémentant d'attentives gloses, les textes perdus de subtils symbolistes et de studieux saints. A l'heure actuelle, ils rédigent et ils impriment la paléographie musicale, l'une des plus érudites et des plus sagaces publications de ce temps.

Mais il ne siérait pas de vous persuader que la mission de l'Ordre Bénédictin consiste exclusivement à fouiller de vieux manuscrits et à reproduire d'anciens antiphonaires et d'antiques chartes. Sans doute, le moine qui a du talent, dans un art quelconque, s'adonne à cet art, si l'Abbé le veut; la règle est, sur ce point, formelle; mais le but réel, le but véritable du fils de saint Benoît est de psalmodier ou de chanter la louange divine, de faire l'apprentissage ici-bas de ce qu'il fera là-haut, de célébrer la gloire du Seigneur en des termes inspirés par Lui-même, en une langue que Lui-même a parlée par la voix de David et des Prophètes. Sept fois par jour, les Bénédictins remplissent le devoir de ces vieillards de l'Apocalypse que saint Jean nous montre dans le firmament et que les imagiers ont sculptés, jouant des instruments, ici-même, à Chartres.

En résumé, leur fonction particulière n'est donc point de s'inhumer dans la poudre des âges, ou bien encore d'exercer la substitution des péchés et la suppléance des maux d'autrui, ainsi que les ordres de pure mortification, tels que les Carmélites et les Clarisses; leur vocation est de pratiquer l'office des Anges; c'est une œuvre d'allégresse et de paix, une avance d'hoirie sur la succession jubilaire de l'au-delà, l'œuvre qui se rapproche le plus de celle des purs esprits, la plus élevée qui soit, sur la terre, en somme.

Pour s'acquitter convenablement de cet emploi, il faut, en sus d'une ardente piété, une science foncière des Écritures et un sens affiné de l'art. Les vrais Bénédictins doivent donc être à la fois des saints, des savants et des artistes.

— Et le train-train journalier que l'on vit à Solesmes? demanda Durtal.

— Très méthodique et très simple — matines et laudes à 4 heures du matin — à 9 heures, tierce, messe conventuelle et sexte — à midi, dîner — à 4 heures, none et vêpres — à 7 heures, souper — à 8 heures 1/2, complies et grand silence. Vous le voyez, on a le temps de se recueillir et de travailler, dans les intervalles des heures canoniales et des repas.

— Et les oblats?

— Quels oblats? Je n'en ai pas vus à Solesmes.

— Ah!... mais s'il en existe, mènent-ils la même vie que les Pères?

— Évidemment — sauf peut-être certains adoucissements qui dépendent du bon vouloir de l'Abbé. Ce que je puis vous dire, c'est que dans d'autres abbayes Bénédictines que je connais, la formule adoptée est celle-ci : l'oblat prend de la règle ce qu'il en peut prendre.

— Mais il est, je suppose, libre de ses mouvements, libre de ses actes ?

— Du moment qu'il a prêté serment d'obéissance entre les mains de son supérieur et qu'il a, après le temps de sa probation, revêtu l'habit monastique, il est moine comme les autres et, partant, il ne peut plus rien effectuer sans l'autorisation du Père Abbé.

— Fichtre ! murmura Durtal — En somme, si cette sotte comparaison qui a cours dans le monde était authentique, si le cloître devait être assimilé à une tombe, l'oblature en serait encore une ; seulement elle aurait des cloisons moins étanches et son couvercle entr'ouvert laisserait pénétrer un peu de jour.

— Si vous voulez, fit l'abbé en riant.

IX

LA CRYPTE DANS L'APRÈS-MIDI. — LE CARMEL DE CHARTRES. — LA VIERGE DU PILIER

CETTE symbolique des églises, cette psychologie des cathédrales, cette étude de l'âme des sanctuaires si parfaitement omise depuis le Moyen Age par ces professeurs de physiologie monumentale que sont les archéologues et les architectes, intéressait assez Durtal pour qu'il parvînt à oublier avec elle, pendant quelques heures, ses bagarres d'esprit et ses luttes ; mais dès qu'il ne s'évertuait plus à chercher le sens réel des apparences, tout reprenait. Cette sorte de mise en demeure que lui avait brusquement adressée l'abbé Gévresin, de clore ses litiges, de se prononcer dans un sens ou dans l'autre, l'affolait, en l'apeurant.

Le cloître! ce qu'il fallait longuement réfléchir avant de se résoudre à s'y écrouer ! Et le pour et le contre se pourchassaient, à tour de rôle, en lui.

Me voilà, comme avant mon départ pour la Trappe, se disait-il, et la décision que je dois adopter est encore plus grave, car Notre-Dame de l'Atre n'était qu'un refuge provisoire ; je savais, en y allant, que je n'y permanerais point ; c'était un moment pénible à supporter, mais ce n'était qu'un moment, tandis qu'il s'agit, à l'heure actuelle, d'une détermination sans retour, d'un lieu où, si je m'y incarcère, ce sera jusqu'à la mort ; c'est la condamnation à perpétuité, sans remise de peine, sans décret de grâce ; et il en parle, ainsi que d'une chose simple, l'abbé !

Que faire ? Renoncer à toute liberté, n'être plus qu'une machine, qu'une chose entre les mains d'un homme que l'on ne connaît point, mon Dieu, je le veux bien ! mais il y a des questions plus gênantes que celle-là pour moi ; d'abord celle de la littérature ; ne plus écrire, renoncer à ce qui fut l'occupation et le but de ma vie ; c'est douloureux et cependant j'accepterais ce sacrifice, mais... mais écrire et voir sa langue épluchée, lavée à l'eau de pompe, décolorée par un autre qui peut être un savant et un saint mais n'avoir, de même que saint Jean de la Croix, aucun sentiment de l'art, c'est vraiment dur ! Les idées, je comprends bien qu'au point de vue théologique, on vous les monde, rien de plus juste ; mais le style ! Et, dans un monastère, autant que je puis le savoir, rien ne s'imprime sans que l'Abbé l'ait lu et il a le droit de tout réviser, de tout changer, de tout supprimer, s'il lui plaît. Il vaudrait évidemment mieux ne plus écrire, mais là encore, le choix n'est pas permis, puisqu'il faut s'incliner, au nom de l'obéissance, devant un ordre, traiter tel ou tel sujet de telle ou de telle façon, selon que l'Abbé exige.

A moins de tomber sur un maître exceptionnel, quelle pierre d'achoppement ! Puis en sus de cette question qui est pour moi la plus anxieuse de toutes, d'autres valent aussi qu'on les médite. D'après le peu que m'ont raconté mes deux prêtres, le bienfaisant silence des Cisterciens n'existe pas chez les moines noirs. Or, si perfectionnés que puissent être les cénobites, ils n'en sont pas moins des hommes ; autrement dit, des sympathies et des antipathies se heurtent en un incessant côte à côte et forcément, à ne remuer que les sujets restreints, à vivre dans l'ignorance de ce qui se passe au dehors, la causerie tourne aux potins ; on finit par ne plus s'intéresser qu'à des futilités, qu'à des vétilles qui prennent une importance d'événements dans ce milieu.

On devient vieille fille, et ce que ces conversations sans imprévu doivent au bout de quelque temps vous lasser !

Enfin, il y a le point de vue de la santé. Dans le couvent, c'est le triomphe des ragoûts et des salades, le détraquement de l'estomac à bref délai, le sommeil limité, l'écrasante fatigue du corps malmené... ah ! tout cela n'est ni engageant, ni drôle ! — Qui sait si, après quelques mois de ce régime matériel et mental, l'on ne croule pas dans un ennui sans fond, si l'acedia des geôles monastiques ne vous terrasse point, ne vous rend pas complètement incapable de penser et d'agir ?

Et Durtal concluait : c'est folie que de rêver de la vie conventuelle ; je ferais mieux de demeurer à Chartres ; et il était à peine résolu à ne pas bouger, que l'autre côté de la médaille se montrait.

Le cloître ! mais c'est la seule existence qui soit logique, la seule qui soit propre ! ces souleurs qu'il se suggérait étaient vaines. D'abord, la santé ? mais il ne se rappelait donc plus la Trappe où l'alimentation était autrement débilitante, où le régime était autrement rigoureux ! pourquoi dès lors s'alarmer d'avance ?

D'autre part, il ne comprenait donc pas la nécessité des entretiens, la sagesse des devis, rompant la solitude de la cellule juste au moment où l'ennui s'impose ? c'était un dérivatif aux rabâchages intimes et les promenades en commun assuraient l'hygiène de l'âme et tonifiaient le corps ; puis à supposer que les colloques monastiques fussent puérils, est-ce que les racontars entendus dans un autre monde étaient plus nutritifs ? enfin, la fréquentation des moines n'était-elle pas très supérieure à celle des gens de tout état, de toute condition, de tout poil, qu'il faut, dans la vie externe, subir ?

Qu'est-ce, au surplus, que ces bagatelles, que ces petits détails dans l'ensemble magnifique du cloître ? que pesaient ces menuailles, ces riens, en comparaison de la paix, de l'allégresse de l'âme exultant dans la joie des offices, dans le devoir accompli des louanges ? est-ce que le flot des liturgies ne lavait pas tout, n'emportait pas, tels que des fétus, les minimes défauts des êtres ? n'était-ce point aussi l'histoire de la paille et de la poutre, les rôles renversés, les imperfections aperçues chez autrui, lorsque soi-même on lui est si inférieur ?

Toujours, au bout de mes raisonnements, je découvre mon manque d'humilité, se disait-il. Il réfléchissait. — Que d'efforts, reprit-il, pour s'enlever la crasse de ses vices ! peut-être que, dans un couvent, je me dérouillerais ; et il rêvait une existence épurée, une âme imbibée de prières, se dilatant dans la compagnie du Christ, qui pourrait peut-être alors, sans trop se salir, descendre dans ses aîtres et s'y loger ; c'est le seul destin qui soit enviable ! se cria-t-il ; décidons-nous.

Et comme une douche d'eau froide, une réflexion l'abattait. Ce n'en sera pas moins la vie collective, le lycée qui recommencera ; ce sera la garnison monastique qu'il faudra tenir !

Il gisait atterré, puis voulait réagir et perdait patience. Ah çà, grogna-t-il, on ne se séquestre pas dans une abbaye, pour y chercher ses aises ; un monastère n'est pas une Sainte-Périne pieuse ; l'on s'y interne, je suppose, pour expier ses fautes, pour se préparer à la mort ; dès lors, à quoi bon discuter sur le genre de tribulations qu'il convient d'endurer ? le tout c'est d'être résolu à les accepter, à ne pas faiblir !

Mais avait-il bien le désir de la douleur et de la pénitence ? et il tremblait de se répondre. Au fond de lui, timidement, un oui se levait, couvert aussitôt par les clameurs de ses lâchetés et de ses transes. Alors, pourquoi partir ?

Décidément, il s'embrouillait, finissait, lorsque cessait ce désordre, par songer à un sursis, à un moyen-terme, à des tracas inoffensifs, d'une certaine sorte, à des soucis assez supportables pour n'en être plus.

Je suis idiot, concluait-il, car je me bats dans le vide ; je m'emballe sur des mots, sur des coutumes que j'ignore. La première chose à faire serait d'aller dans un couvent Bénédictin, dans plusieurs même pour les comparer, et de me rendre compte ainsi de l'existence qu'on y mène. Ensuite la question de l'oblature est à éclaircir ; si j'en crois l'abbé Plomb, le sort de l'oblat est subordonné au bon vouloir du Père Abbé qui, selon son tempérament plus ou moins impérieux, serre le garrot ou le desserre ; mais est-ce bien sûr ? il y a eu, pendant le Moyen Age, des oblats ; par conséquent des dispositions séculaires les régissent !

Et puis tout cela est humain, tout cela est vil ! car il ne s'agit pas d'ergoter sur des textes, sur des clauses plus ou moins débonnaires ; il s'agit de se concéder sans réticences, de se jeter bravement à l'eau ; ce qu'il faut c'est s'offrir tout entier à Dieu. Le cloître autrement envisagé est une maison bourgeoise et c'est absurde. Mes appréhensions, mes advertances, mes compromis, sont une honte !

Oui, mais où puiser la force nécessaire pour balayer hors de soi ce poussier d'âme ? — et, finalement, lorsqu'il était trop obsédé par ces alternatives d'appétences et de craintes, il allait se réfugier auprès de Notre-Dame de Sous-Terre. Dans l'après-midi les celliers étaient clos mais il y pénétrait par une petite porte ouverte à l'entrée de la sacristie, dans la cathédrale, et c'était une descente en pleines ténèbres.

Arrivé dans la crypte même, à côté de l'autel, il retrouvait l'incertaine et la pacifiante odeur de ces voûtes fumées par les cires, avançait dans ce doux et tiède parfum d'oliban et de cave. Il faisait moins clair encore que le matin, car les lampes n'étaient pas allumées et, seules, les veilleuses brûlant comme au travers de peaux amincies d'oranges, éclairaient de lueurs de vermeil qui se dédore, la suie des murs.

En tournant alors le dos à l'autel, il voyait filant devant lui, l'allée basse de la nef, au bout de laquelle, on apercevait, ainsi qu'en un fond de tunnel, la lumière du jour — malheureusement, car elle permettait de distinguer de hideuses peintures, des scènes célébrant la gloire ecclésiale de Chartres : la visite de Marie de Médicis et de Henri IV à la cathédrale, Louis XIII et sa mère, M. Olier présentant à la Vierge les clefs du séminaire de Saint-Sulpice et une robe brochée d'or, Louis XIV aux pieds de Notre-Dame de Sous-Terre; par une grâce du ciel, les autres fresques semblaient mortes, se diluaient, en tout cas, dans l'ombre.

Mais ce qui était vraiment exquis, c'était de se rencontrer seul avec la Vierge qui vous regardait de sa noire figure sortant de la nuit, lorsque les mèches des veilleuses crépitaient, dardant des jets de flammes brèves.

A genoux devant Elle, Durtal se déterminait à lui parler, à lui dire :

J'ai peur de l'avenir et de son ciel chargé et j'ai peur de moi-même, car je me dissous dans l'ennui et je m'enlise. Vous m'avez toujours mené par la main jusqu'ici, ne m'abandonnez pas, achevez votre œuvre. Je sais bien que c'est folie de se préoccuper ainsi du futur car votre Fils l'a déclaré : « à chaque jour suffit sa peine », mais cela dépend des tempéraments ; ce qui est facile aux uns est si difficile pour les autres ; j'ai l'esprit remuant, toujours inquiet, toujours aux écoutes, et, quoi que je fasse, il bat la campagne à tâtons et il s'égare ! Ramenez-le, tenez-le près de vous en laisse, bonne Mère, et accordez-moi, après tant de fatigues, un gîte !

Ah ! ne plus être ainsi divisé, demeurer impartible ! avoir l'âme assez anéantie pour ne plus ressentir que les douleurs, ne plus éprouver que les joies de la liturgie ! ne plus être requis chaque jour que par Jésus et par

Vous, ne plus suivre que votre propre existence se déroulant dans le cycle annuel des offices! se réjouir avec la Nativité, rire à Pâques-fleuries, pleurer pendant la Semaine Sainte, être indifférent au reste, pouvoir ne plus se compter, se désintéresser complètement de sa personne, quel rêve! ce qu'il serait simple alors de se réfugier dans un cloître!

Mais est-ce possible quand on n'est pas un saint? quel dénuement cela suppose de l'âme vidée de toutes les idées profanes, de toutes les images terrestres; quel apprivoisement cela présume de l'imagination devenue docile, ne s'élançant plus que sur une seule piste, n'errant plus, comme la mienne, à l'aventure!

Et pourtant, ce que les autres soins sont inutiles, car tout ce qui n'a pas trait au ciel, sur la terre, est vain! oui, mais quand il s'agit de mettre ces pensées en pratique, elle se cabre, ma rosse d'âme, et j'ai beau la tirer, elle rue et n'avance pas!

Ah! Sainte Vierge, ce n'est point pour m'excuser de mes faiblesses et de mes fautes! mais cependant, je vous l'avoue, c'est décourageant, c'est navrant de ne rien comprendre, de ne rien voir! Ce Chartres où je végète, est-il un lieu d'attente, une transition entre deux monastères, un pont jeté entre Notre-Dame de l'Atre et Solesmes ou une autre abbaye? est-ce, au contraire, l'étape dernière, celle où vous voulez que je sois enfin assis, mais alors ma vie n'a plus de sens; elle est incohérente, bâtie et détruite au hasard des sables! à quoi bon, s'il en est ainsi, ces souhaits monastiques, ces appels vers une autre destinée, cette quasi certitude que je suis en panne à une station, que je ne suis pas arrivé au lieu où je dois me rendre?

21.

Si c'était encore, ainsi qu'autrefois où je vous sentais près de moi, où lorsque je vous interrogeais, vous répondiez, si c'était de même qu'à la Trappe où j'ai tant souffert pourtant ! mais non, maintenant, je ne vous entends plus, vous ne m'écoutez pas.

Durtal se tut, puis : j'ai tort de vous parler de la sorte, dit-il, vous ne nous pressez dans vos bras que lorsque nous sommes incapables de marcher ; vous soignez, vous caressez la pauvre âme qui naît dans une conversion ; puis quand elle peut se tenir sur ses jambes, vous la déposez à terre et la laissez essayer par elle-même ses propres forces.

C'est utile et c'est juste, mais n'empêche que le souvenir de ces célestes allégeances, de ces premières liesses perdues, désespère !

Ah ! sainte Vierge, sainte Vierge, prenez pitié des âmes rachitiques qui se traînent si péniblement quand elles ne sont plus sous votre lisière ; prenez pitié des âmes endolories pour lesquelles tout effort est une souffrance, des âmes que rien ne dégrève et que tout afflige ! prenez pitié des âmes sans feu ni lieu, des âmes voyagères inaptes à se grouper et à se fixer, prenez pitié des âmes veules et recrues, prenez pitié de toutes ces âmes qui sont la mienne, prenez pitié de moi !

Et souvent avant de se séparer de la Mère, il voulait la visiter encore dans ses réduits, là, où depuis le Moyen Age, les fidèles ne vont plus ; et il allumait un bout de cierge, quittait la nef même, longeait les murs tournants du couloir d'entrée jusqu'à la sacristie de cette cave et, en face, dans la lourde muraille, s'enfonçait une porte treillagée de fer. Il descendait par un petit escalier dans un souterrain qui était l'ancien martyrium où l'on cachait jadis, en temps de guerre, la sainte châsse. Un autel avait été édifié, sous le vocable de saint Lubin, au centre de ce trou. Dans la crypte, l'on percevait encore le bourdon lointain des cloches, le bruissement sourd de la cathédrale s'étendant au-dessus d'elle ; là, plus rien ; l'on était enfoui dans une tombe ; malheureusement, d'ignobles colonnes carrées, blanchies au lait de chaux, érigées pour consolider le groupe de Bridan, placé dans le chœur de la basilique, sur l'autel, gâtaient l'allure barbare de cette oubliette, égarée dans la nuit des âges, au fond du sol.

Et il en sortait quand même, soulagé, s'accusait d'ingratitude, se demandant comment il songeait à s'évader de Chartres, à s'éloigner ainsi de la Vierge avec laquelle il pouvait si facilement, quand il le désirait, causer seul.

D'autres jours, quand il faisait beau, il choisissait pour but de promenade un couvent dont Mme Bavoil lui avait révélé la présence à Chartres. Une après-midi, il l'avait rencontrée sur la place et elle lui avait dit :

— Je vais voir le petit Jésus de Prague qui est au Carmel de cette ville ; venez-vous avec moi, notre ami ?

Durtal n'aimait guère ces dévotionnettes, mais l'idée de pénétrer dans la chapelle des carmélites qu'il ne connaissait pas, l'incita à accompagner la gouvernante et elle l'emmena dans la rue des Jubelines située derrière la chaussée du railway, après la gare. L'on franchissait pour y accéder un pont qui grondait sous le poids roulant des trains et l'on entrait, à droite, dans une sente qui zigzaguait, bordée d'un côté par le talus du chemin de fer, de l'autre par des bicoques, coiffées de chaume, par d'anciennes granges et aussi par des maisons moins minables, mais closes, bouclées, dès la fin de l'aube. Mme Bavoil l'avait conduit au fond de la ruelle, là, où s'ébrase l'arche d'un autre pont. Au-dessus était établie une voie de garage, avec des disques ronds et carrés, rouges et jaunes et des poutrelles à escalier de fonte ; et, toujours à la même place, une locomotive chauffait ou marchait, en sifflant, à reculons.

Mme Bavoil s'arrêta devant une porte cintrée près de laquelle formant avec le remblai de la ligne de l'Ouest, la pointe d'un cul-de-sac, se dressait un mur immense en pierres meulières, couleur d'amande grillée, pareil à ceux des réservoirs de Paris ; c'était là que résidaient les moniales de sainte Térèse.

En femme qui a l'habitude de ces couvents, Mme Bavoil poussa la porte laissée contre et Durtal aperçut devant lui une allée pavée, sablée de cailloux de rivières sur les bords, tranchant par le milieu un jardin dans lequel s'élevaient des arbres fruitiers et des géraniums. Deux ifs, en boule et découpés en croix à leurs sommets, donnaient à cette closerie de curé une odeur de cimetière.

L'allée montait, creusée de marches ; quand il les eut grimpées, Durtal vit une construction en briques et en plâtre, percée de fenêtres armées de grilles noires et d'une porte grise, nantie d'un judas, au-dessus duquel se lisait cette inscription, en lettres blanches : « O Marie conçue sans péchés, priez pour nous qui avons recours à vous. »

Il regardait, surpris de n'aviser personne, de ne rien entendre, mais Mme Bavoil l'appela d'un signe, contourna la maison, l'introduisit dans une sorte de vestibule le long duquel serpentait une vigne, emmaillotée de gaze, et de là dans une petite chapelle où elle s'agenouilla, sur les dalles.

Durtal humait, mal à l'aise, la tristesse qui s'épandait de ce sanctuaire nu.

Il était dans un édifice de la fin du xviiie siècle ; au milieu, précédé de huit marches, posait un autel en bois ciré de la forme d'un tombeau, muni d'un tabernacle couvert d'un rideau broché de soie, et paré d'un tableau de l'Annonciation, une peinture, aux tons flasques, tendue dans un cadre d'or.

A gauche et à droite, deux médaillons en relief se faisaient pendant, saint Joseph, d'un côté et sainte Térèse, de l'autre ; et, au-dessus du tableau, près du plafond, se détachaient les armes sculptées des Carmels : un écu avec croix et étoiles, sous une couronne de Marquis traversée par un bras brandissant un glaive, maintenu par de gras angelots, tels qu'en enfla la statuaire de ce temps, et sillonné, en l'air, d'une banderole arborant la devise de l'ordre : « Zelo, zelatus sum, pro Domino Deo exercituum. »

Enfin, à droite de l'autel, la grille en fer noir, de la clôture se creusait dans le mur taillé en ogive et, sur les marches de l'autel, en deçà de la rampe de communion, émergeait, sous un dais doré, une irritante statue de l'Enfant Jésus, diadèmée, soupesant une boule dans une main et levant l'autre en un geste qui réclame l'attention, une statue de précoce jongleur, en plâtre colorié, honorée dans cette chapelle solitaire par deux pots d'hortensias et une veilleuse allumée de verre rouge.

Ce que ce rococo est morne et gelé, pensa Durtal. Il s'agenouilla sur une chaise et, peu à peu, ses impressions changèrent. Sursaturé de prières, ce sanctuaire fondait ses glaces, devenait tiède. Il semblait que, par la grille de la clôture, des oraisons filtrassent et répandissent des bouffées de poêle dans la pièce. On finissait par avoir chaud à l'âme, par se croire bien chez soi, dans cet isolement, à l'aise.

L'étonnement demeurait seul d'entendre, si loin de tout, des sifflements de convois et des ronflements de machines.

Durtal sortit, tandis que Mme Bavoil achevait d'égrener son rosaire. Sur la porte, juste en face de lui la cathédrale se profilait, au loin, mais ne possédait plus qu'un clocher; le vieux se cachant derrière le neuf. Par ce temps un peu voilé, elle s'affinait dans le firmament, verte et grise, avec son toit oxydé de cuivre et le ton de pierre ponce de sa tour.

Elle est extraordinaire, se disait Durtal, se commémorant les divers aspects qu'elle revêtait, suivant les saisons, suivant les heures; comme l'épiderme de son teint changeait!

En son ensemble, par un ciel clair, son gris s'argente et si le soleil l'illumine, elle blondit et se dore; vue de près, sa peau est alors pareille à un biscuit grignoté, avec son calcaire siliceux rongé de trous; d'autres fois, lorsque le soleil se couche, elle se carmine et elle surgit, telle qu'une monstrueuse et délicate châsse, rose et verte, et, au crépuscule, elle se bleute, puis paraît s'évaporer à mesure qu'elle violit.

Et ses porches! continua Durtal — celui de la façade

Royale est le moins versatile ; il se conserve, d'un brun de cannelle, jusqu'à mi-corps, d'un gris de pumicite, lorsqu'il s'élève ; celui du Midi, le plus mangé de tous par les mousses, s'éverdume ; tandis que les arches du Nord, avec leurs pierres effritées, bourrées de coquillages, suscitent l'illusion d'une grotte marine, à sec.

— Eh bien, vous rêvez notre ami ? fit Mme Bavoil, qui lui frappa sur l'épaule.

Voyez-vous, reprit-elle, c'est un très austère couvent que celui de ces carmélites et vous ne doutez pas que les grâces n'y abondent ; — et Durtal murmurant : quel contraste entre ce lieu mort et ce chemin de fer, toujours en émoi, qui le longe ! — elle s'écria :

— Pensez-vous qu'il y ait autre part, côte à côte, un semblable symbole de la vie contemplative et de la vie active ?

— Oui, mais que doivent imaginer les moniales, en écoutant ces continuels départs pour le monde ? Évidemment celles qui ont vieilli dans le monastère méprisent ces appels, ces invites à la vie et la quiétude de leur âme s'accroît de se savoir pour toujours à l'abri de ces périls qu'évoque, à chaque heure du jour et de la nuit, la fuite bruyante des trains ; elles se sentent plus enclines à prier pour ceux que les hasards de l'existence emportent à Paris ou refoulent, rejetés par cette ville, sur la province ; mais les postulantes et les novices ? Dans ces moments de sécheresse, d'incertitude sur leur vocation qui les accablent, n'est-il pas affreux, ce souvenir constamment ravivé de la famille, des amis, de tout ce que l'on a abandonné pour s'enfermer à jamais dans un cloître ?

N'est-ce pas, lorsqu'on est encore mal aguerrie, brisée par les fatigues, lorsqu'on se tâte pour connaître si l'on pourra résister aux veilles et aux jeûnes, la tentation permanente de ne pas se laisser murer vivante, dans une tombe ?

Je songe aussi à cet aspect de réservoir que la construction de ses murs prête au Carmel. La figure est exacte, car ce couvent est bien un réservoir où Dieu plonge et pêche des œuvres d'amour et de larmes, afin de rétablir l'équilibre de la balance où les péchés du monde pèsent si lourds !

Mme Bavoil se mit à sourire.

— Une très vieille carmélite, fit-elle, qui était entrée dans cette communauté, avant l'invention de cette ligne de chemin de fer, est décédée, il y a quelques mois à peine. Jamais elle n'était sortie de la clôture et jamais elle n'avait vu une locomotive et un wagon. Sous quelle forme pouvait-elle se représenter ces convois dont elle entendait les roulements et les cris ?

— Évidemment sous une forme diabolique, puisque ces attelages mènent aux péchés scélérats et joyeux des villes, répondit, en souriant, Durtal.

— Remarquez bien, en tout cas, ceci : cette sœur aurait pu monter dans le grenier de la maison qui domine la voie et, de là, regarder, une fois pour toutes, un train. On l'y autorisa et elle ne le fit point justement parce qu'elle en mourait d'envie ; elle s'imposa, par esprit de mortification, ce sacrifice.

— Une femme qui peut châtier ses désirs et vaincre sa curiosité, ça c'est fort !

Durtal se tut, puis, changeant de conversation, il dit :

— Vous causez toujours avec le ciel, Mme Bavoil ?

— Non, répliqua-t-elle tristement. Je n'ai plus ni colloques, ni visions. Je suis sourde et aveugle. Dieu se tait.

Elle hocha la tête et, après une pause, elle poursuivit, s'entretenant avec elle-même :

— Il faut si peu de chose pour ne point Lui plaire. S'Il perçoit un soupçon de vanité dans l'âme qu'il éclaire, Il se retire. Et comme me l'a déclaré le père, le fait seul d'avoir parlé des grâces spéciales que Jésus m'accordait, prouve que je ne suis pas humble; enfin que sa volonté s'accomplisse ! Et vous, notre ami, pensez-vous encore à vous réfugier dans une abbaye ?

— Moi, j'ai l'esprit qui bat la chamade, j'ai l'âme en vrague !

— Parce que, sans doute, vous n'y allez pas franc-jeu ; vous avez l'air de traiter une affaire avec Lui ; ce n'est pas ainsi qu'on doit s'y prendre !

— Vous feriez quoi à ma place ?

— Je serais généreuse ; je Lui dirais : me voici, usez de moi, selon votre dessein ; je me donne sans conditions; je ne vous demande qu'une chose, c'est de m'aider à vous aimer !

— Si vous croyez que je ne me les suis pas déjà reprochées, mes ladreries de cœur !

Ils cheminèrent en silence. Arrivés devant la cathédrale, Mme Bavoil proposa de rendre visite à Notre-Dame du Pilier.

Ils s'installèrent dans l'obscurité de ce bas-côté du chœur dont les sombres vitraux étaient encore voilés par une boiserie de camelote dessinant une niche dans laquelle la Vierge se tenait, noire, telle que son homonyme de la crypte, que Notre-Dame de Sous-Terre, sur un pilier, entourée de grappes de cœurs en métal et de veilleuses suspendues à des cerceaux au plafond. Des herses de cierges dardaient leurs amandes de flammes et des femmes prosternées priaient, la tête entre les mains, ou la face tournée vers le visage d'ombre que les lueurs n'atteignaient point.

Il parut à Durtal que les douleurs contenues, le matin, se répandaient dans le crépuscule ; les fidèles ne venaient plus seulement pour Elle, mais pour eux ; chacun apportait le paquet de ses maux et l'ouvrait ; la tristesse de ces âmes vidées sur les dalles, de ces femmes appuyées, prostrées, contre la grille qui protégeait le pilier que toutes embrassaient, en partant !

Et la noire statue, sculptée dans les premières années du xvie siècle, écoutait, la face invisible, les mêmes gémissements, les mêmes plaintes, qui se succédaient, de générations en générations, entendait les mêmes cris, se répercutant à travers les âges, affirmant l'inclémence de la vie et la convoitise de la voir se prolonger pourtant !

Durtal regarda Mme Bavoil ; elle priait, les yeux clos, renversée sur ses talons, par terre, les bras tombés, les mains jointes. Était-elle heureuse de pouvoir s'absorber ainsi !

Et il voulut se forcer à réciter une supplique très courte, afin de parvenir à l'achever, sans se distraire ; et il commença à répéter le « Sub tuum ». « Nous nous réfugions sous votre abri, sainte Mère de Dieu, ne méprisez pas »... Au fond, ce qu'il était nécessaire d'obtenir du Père Abbé dans le cloître duquel il se détiendrait, c'était le droit d'amener au monastère ses livres, de garder au moins quelques bibelots pieux dans sa cellule ; oui, mais comment faire comprendre que des volumes profanes sont nécessaires dans un couvent, qu'au point de vue de l'art, il est indispensable de se retremper dans la prose d'Hugo, de Baudelaire, de Flaubert... Voilà que je m'évague encore, se dit tout à coup Durtal. Il essaya de balayer ces distractions et reprit : « ne méprisez pas les prières que nous vous adressons dans nos besoins... « et il repartit, bride abattue, dans son rêve ; en admettant que cette proposition ne soit pas la cause de difficultés, il resterait encore la question des manuscrits à soumettre, de l'imprimatur à se procurer ; et cette question-là, comment la résoudre ?

Mme Bavoil rompit ces phantasmes en se levant. Il revint à lui, acheva en hâte sa prière... « mais délivrez-nous toujours de tous les périls, Vierge glorieuse et bénie, ainsi soit-il » ; et il quitta la gouvernante sur le seuil de l'église et se dirigea, irrité contre ses débauches d'imagination, vers son logis.

X

INTÉRIEUR DE LA CATHÉDRALE

Pour changer son ennui de place, Durtal, par une après-midi de soleil, s'en fut, au bout de Chartres, visiter la vieille église de Saint-Martin-au-Val. Celle-là datait du xe siècle et avait, tour à tour, servi de chapelle à un cloître de Bénédictins et à un couvent de Capucins. Restaurée sans trop d'hérésies, elle était actuellement englobée dans un hospice et l'on y pénétrait par une cour où des aveugles en bonnets de coton somnolaient à l'ombre de quelques arbres, sur des bancs.

Avec son porche minuscule et trapu et ses trois petits clochers pour village de nains, elle accusait une origine toute romane ; et de même qu'à sainte-Radegonde de Poitiers et à Notre-Dame-de-la-Couture du Mans, l'intérieur ouvrait, sous un autel très élevé au-dessus du sol, une crypte qu'éclairaient des meurtrières prenant jour sur les bas-côtés du chœur ; les chapiteaux de ses colonnes, grossièrement taillés, rappelaient des images océaniennes d'idoles; sous les dalles et dans les sépulcres reposaient plusieurs des évêques de Chartres et les prélats nouvellement promus étaient censés passer la première nuit de leur arrivée dans leur diocèse, en prières devant ces tombes, afin de pouvoir s'imprégner des vertus de leurs devanciers et leur réclamer leur aide.

Les mânes de ces épiscopes auraient bien dû insuffler à leur présent successeur, Mgr des Mofflaines, le dessein de purifier la maison de la Vierge, en jetant dehors le bas ménétrier qui mue, le dimanche, son sanctuaire en une guinguette, soupira Durtal; mais hélas! rien ne meut l'inertie de ce pasteur souffrant et âgé qu'on ne voit jamais, du reste, ni dans le jardin, ni dans la cathédrale, ni dans la ville.

— Ah! voici qui vaut mieux que toutes les chorégraphies vocales de la maîtrise, — et Durtal écouta les cloches qui sortaient de leur silence pour asperger avec les gouttes bénites de leurs sons, la ville.

Et il se remémorait le sens que les symbolistes déléguaient aux cloches. Durand de Mende confronte la dureté de leur métal avec la force du prédicateur et croit que la percussion du battant contre les bords a pour but de prouver que l'orateur doit se frapper lui-même, se corriger de ses propres vices, avant que de reprocher leurs défauts aux autres. Le bélier de bois auquel est suspendu la cloche correspond par sa forme à la croix du Christ et la corde que tire le sonneur pour donner le branle, se lie à la science des Écritures qui dérive du mystère de la croix même.

Selon Hugues de Saint-Victor, le battant est la langue sacerdotale qui heurte les deux côtés intérieurs du vase et annonce ainsi la vérité des deux Testaments ; enfin pour Fortunat Amalaire, le corps de l'instrument est la bouche du liturge et le marteau, sa langue.

En somme la cloche est la messagère de l'église, la voix du dehors, comme le prêtre est la voix du dedans, se dit Durtal.

Tout en se ratiocinant ces réflexions, il avait atteint la cathédrale et, pour la centième fois, sans se lasser, il admirait ces puissants contreforts d'où s'élançaient, avec la marche courbe des fusées, des arcs-boutants en demi-roues ; et toujours il s'étonnait de l'ampleur de ces paraboles, de la grâce de ces trajectoires, de la tranquille énergie de ces souples étais ; seulement, pensait-il, en inspectant la balustrade plantée au-dessus d'eux tout le long du toit de la nef, seulement l'architecte qui s'est borné à frapper, ainsi qu'à l'emporte-pièce, des arcs trilobés dans ces parapets de pierre, fut moins bien inspiré que d'autres maîtres maçons ou peyriers qui ont su cerner les chemins de ronde qu'ils dressaient autour des faîtes d'églises, d'images scripturaires ou de symboles. Tel celui qui bâtit la basilique de Troyes où la galerie aérienne est un découpage alterné de fleurs de lys et de clefs de saint Pierre ; tel celui de Caudebec qui cisela le garde-fou de lettres gothiques, d'un aspect décoratif charmant, répétant les antiennes de la Vierge, ceignant d'une guirlande de prières l'église, lui plaçant sur la tête la blanche couronne des oraisons.

Durtal quitta le côté Nord de la basilique chartraine, côtoya le porche Royal et franchit le coin de l'ancien clocher ; il lui fallait, d'une main, retenir son chapeau, boutonner, de l'autre, son pardessus dont les basques affolées lui claquaient les jambes. La tempête soufflait en permanence dans cet endroit. Il pouvait n'y avoir aucune brise, par toute la ville, c'était quand même, à cette place, hiver et été, toujours, une rafale qui troussait les robes et cinglait de lanières glacées, les faces.

Peut-être est-ce la raison pour laquelle les statues du porche Royal voisin, qui sont si constamment flagellées par le vent, ont cette attitude frileuse, ces vêtements clos et étroits, ces bras et ces jambes collés au corps, fit Durtal en souriant ; et n'en est-il pas de même pour cet étrange personnage vivant en compagnie d'une truie qui file — laquelle est un verrat — sur la paroi rongée par les ouragans de la vieille tour ?

Ces deux animaux, dont il paraît être l'indifférent berger, interprètent, en leur langue joyeuse, les vieux proverbes populaires, « Ne sus Minervam » et « Asinus ad lyram » qui se peuvent traduire par ces équivalents : à chacun son métier, ne forçons point notre talent, car nous deviendrions aussi bêtes qu'un porc qui veut raisonner ou qu'un baudet qui prétend jouer de la lyre ; mais lui, cet ange nimbé, les pieds nus, sous un dais, la poitrine couverte par un cadran de pierre, à quoi répond-il, que fait-il ?

Issu de la famille des Reines logées sous le porche Royal, car il leur ressemble avec son corps, en fuseau étiré dans une gaine rayée de fibres, il regarde au-dessus de nous et l'on se demande s'il est ou très impur ou très chaste.

Le haut du visage est candide, les cheveux sont taillés en rondelle, la figure est imberbe, la mine monastique ; mais entre le nez et les lèvres, descend une pente spacieuse et la bouche, fendue en coup de sabre, s'entr'ouvre en un sourire qui finit, quand on le scrute avec soin, par devenir un tantinet gouailleur, un tantinet canaille, et l'on s'interroge pour savoir devant quelle sorte d'ange l'on se trouve.

Il y a chez cet être du mauvais séminariste et aussi du bon postulant. Si le statuaire employa comme modèle un jeune moine il n'a certainement pas choisi un doux novice semblable à celui qui servit sans doute de sujet d'étude au sculpteur du Joseph installé sous le porche Nord; il a dû prendre l'un de ces religieux gyrovagues qui inquiétaient tant saint Benoît. Singulier personnage que cet ange dont un frère est à Laon derrière la cathédrale et qui anticipe de plusieurs siècles sur les types séraphiques si inquiétants de la Renaissance!

Quelle bise! murmura Durtal, se hâtant de regagner le porche Royal dont il monta les degrés et poussa la porte.

L'entrée dans la cathédrale immense et ténébreuse était toujours étreignante et, instinctivement, l'on baissait la tête et l'on marchait avec précaution, sous la majesté formidable de ces voûtes; et Durtal s'arrêtait dès les premiers pas, ébloui par la lumière du chœur contrastant avec cette avenue si sombre de la nef qui ne s'éclairait qu'en rejoignant le transept. Le Christ avait les jambes, les pieds dans l'ombre, le buste dans un jour amorti et la tête inondée par un torrent de lueurs, à Chartres; et Durtal contemplait, en l'air, ces haies immobiles de Patriarches et d'Apôtres, d'Evêques et de Saints, flambant en un feu qui s'éteint dans d'obscures verrières, gardant le cadavre divin, couché à leurs pieds, sous eux ; en d'énormes lancettes surmontées de roues, ils se rangeaient, debout, le long de l'étage supérieur, montraient à Jésus, cloué sur le sol, son armée restée fidèle, ses troupes dénombrées par les Écritures, par les Légendaires, par le Martyrologe ; et Durtal reconnaissait dans la foule gladiée des vitres, saint Laurent, saint Étienne, saint Gilles, saint Nicolas de Myre, saint Martin, saint Georges, saint Symphorien, saint Philippe, sainte Foix, saint Laumer, combien d'autres, dont il ne se souvenait plus des noms ! faisait halte, émerveillé, près du transept, devant un Abraham levant en un éternel geste de menace, au-dessus d'un Isaac à jamais courbé, la lame claire d'un glaive, dans l'azur infini d'un ciel.

Et il admirait la conception et la facture de ces verriers du xiiie siècle, leur langage excessif, nécessité par les hauteurs, la lecture qu'ils avaient rendue facile à distance de leurs tableaux, en n'y introduisant, autant que possible, qu'une seule figure, en la peignant à traits massifs, à couleurs tranchées, de façon à pouvoir être comprise, vue d'en bas, d'un coup d'œil.

Mais la fête suprême de cet art n'était ni dans le chœur, ni dans les bras de l'église, ni dans la nef ; elle était à l'entrée même de la basilique, au revers du mur qui contenait sur son endroit, au dehors, les statues anonymes des Reines. Durtal se passionnait pour ce spectacle, mais il le retardait quand même un peu, afin de se mieux exciter par l'attente et de savourer ce sursaut de joie qu'il éprouvait, sans que la fréquence de ces sensations fût encore parvenue à les détruire.

Ce jour-là, par un temps de soleil, elles resplendissaient, les trois fenêtres du xiie siècle, avec leurs lames d'épées courtes, leurs lames de braquemarts, à champ large et plat, tirées sous la rose qui domine le portail d'honneur.

C'était un pétillement de bluettes et d'étincelles, un tricot remué de feux bleus, d'un bleu plus clair que celui dans lequel Abraham brandissait son glaive; cet azur pâle, limpide rappelait les flammes des punchs, les poudres en ignition des soufres et aussi ces éclairs que dardent les saphirs, mais alors des saphirs tout jeunes, encore ingénus et tremblants, si l'on peut dire; et, — dans l'ogive de verre, à droite, l'on distinguait, délinéés par des lignes de braises, la tige de Jessé, et ses personnages montant en espalier, dans l'incendie bleu des nues; — dans celle du milieu et celle de gauche, l'on discernait les scènes de la vie de Jésus, l'Annonciation, les Rameaux, la Transfiguration, la Cène, le repas avec les disciples d'Emmaüs, tandis qu'au-dessus de ces trois croisées, le Christ fulgurait au cœur de la grande rose, que les morts sortaient, au son des trompettes, de leurs tombes, que saint Michel pesait les âmes!

Ce bleu du XIIe siècle, ruminait Durtal, comment les verriers de ce temps l'ont-ils acquis et comment, depuis si longtemps, les vitriers l'ont-ils, ainsi que le rouge, perdu? — Au XIIe siècle, les peintres du verre employaient surtout trois couleurs : d'abord, le bleu, ce bleu ineffable de ciel irrésolu qui magnifie les carreaux de Chartres; puis le rouge, un rouge de pourpre sourde et puissante; enfin le vert, inférieur, en tant que qualité, aux deux autres tons. En guise de blanc, ils se servaient de la nuance verdâtre. Au siècle suivant, la palette s'élargit, mais se fonce; les verres sont plus épais; pourtant, quel azur rutilant de saphir mâle et pur les artistes du feu atteignirent et de quel admirable rouge de sang frais, ils usèrent! Le jaune, moins prodigué, fut, si j'en juge par la robe d'un roi voisin d'Abraham, dans une croisée près du transept, d'une teinte effrontée de citron vif ; mais, à part ces trois couleurs qui vibrent, qui éclatent, telles que des chants de joie, dans ces tableaux transparents, les autres s'assombrissent, les violets sont ceux des prunes de Monsieur et des aubergines, les bruns tournent au caramel, les verts de ciboule noircissent.

Quels chefs-d'œuvre de coloris, ils obtiennent avec le mariage et le heurt de ces tons, et quelle entente et quelle adresse à manier les filets des plombs, à accentuer certains détails, à ponctuer, à séparer, en quelque sorte par ces traits d'encre, leurs alinéas de flammes !

Ce qui est extraordinaire encore, c'est l'alliance consentie de ces industries différentes, travaillant côte à côte, traitant les mêmes sujets ou se complétant, les unes les autres, chacun suivant son mode d'expression, arrivant à réaliser, sous une direction unique, cet ensemble ; avec quelle logique, quelle habileté, les places étaient réparties, les espaces distribués à chacun, selon les moyens de son métier, les exigences de son art !

Dès qu'elle arrive au bas de l'édifice, l'architecture s'efface, cède le pas à la statuaire, lui baille la belle place de ses porches ; la sculpture demeurée jusqu'à ce moment invisible, à des hauteurs perdues, restée à l'état d'accessoire, devient soudain suzeraine. Par un juste retour, là où elle peut être contemplée, elle s'avance et sa sœur se retire et la laisse parler aux foules ; et quel cadre splendide, elle lui prête, avec ses portails creusés en voûte, simulant la perspective d'un recul par la série de leurs arcs concentriques qui vont, en diminuant, en s'enfonçant jusqu'aux chambranles des portes!

D'autres fois, l'architecture ne donne pas tout au même et partage les largesses de ses façades entre les sculpteurs et les peintres; elle réserve aux premiers les marges et les retraits où percheront les statues et elle attribue aux verriers le tympan de l'entrée Royale, là où, ainsi qu'à Chartres, le tailleur d'images promulgue le triomphe du Christ. Telles les grandes baies d'honneur de Tours et de Reims.

Seulement, ce système de verreries substituées aux bas-reliefs, n'est pas sans inconvénient; aperçues du dehors, à leur envers, ces mîtres diaphanes ressemblent à des toiles d'araignées pleines de poussière. Dans le contre-jour, les fenêtres sont, en effet, grises ou noires et il faut pénétrer dans l'église et se retourner pour voir sémiller le feu des vitres; c'est l'extérieur sacrifié au dedans, pourquoi?

Peut-être, se répondit Durtal, est-ce un symbole de l'âme éclairée dans ses parties intimes, une allégorie de la vie intérieure...

Il enfilait d'un coup d'œil toutes les croisées de la nef et il pensait qu'elles tenaient, comme aspect, de la prison et de la charmille, avec leurs charbons flambant derrière des grilles de fer, dont les unes se croisent ainsi que des barreaux de geôle et dont les autres se contournent en forme de ramilles noires, de branches. La Verrerie! n'est-elle pas l'art où Dieu intervient le plus, l'art que l'être humain ne peut jamais parachever, car seul, le Ciel peut animer par un rayon de soleil les couleurs et insuffler la vie aux lignes ; en somme, l'homme façonne l'enveloppe, prépare le corps et doit attendre que Dieu y mette l'âme !

C'est une férie de clarté aujourd'hui et le Soleil de Justice vient visiter sa Mère, reprit-il, en allant voir à l'orée du chœur ouvrant sur le transept du Sud, le vitrail de Notre-Dame de la belle Verrière, se détachant, en bleu, sur un fond de grenat, de feuille morte, de cachou, de violet d'iris, de vert de reine-Claude ; Elle regardait avec sa moue triste et pensive, une moue refaite adroitement par un vitrier moderne ; et Durtal songeait qu'autrefois le peuple venait la prier, de même qu'il allait prier la Vierge du Pilier et Notre-Dame de Sous-Terre. Cette dévotion avait disparu ; il semblait que les gens de notre siècle voulussent une Adjutrice plus saisissable, plus matérielle que cette mince et fragile image, à peine visible par les temps sombres ; néanmoins quelques paysans avaient conservé l'habitude de s'agenouiller et de brûler un cierge devant Elle ; et Durtal qui aimait les vieilles Madones abandonnées, se joignait à eux et l'invoquait à son tour.

Deux vitraux le sommaient encore par la bizarrerie de leurs habitants, installés tout en haut, dans le fond de l'abside, servant à distance de pages à la Mère portant son Fils, dans la lame du milieu dominant l'aire de la cathédrale ; ces carreaux contenaient, chacun, en une claire lancette, un séraphin, falot et barbare, ayant une face aigre et décidée, des ailes blanches, écaillées et semées d'yeux, des jupes déchiquetées, telles que des lanières, teintes avec du vert parmesan, flottant sur des jambes nues. Ces deux anges étaient coiffés d'auréoles couleur de jujube, renversées ainsi que des chapeaux de marin, sur la nuque; et ce costume en lambeaux, ces plumes repliées sur la poitrine, cette coiffure, cette mine de lurons mécontents, suggéraient l'idée que ces êtres étaient à la fois des mendiants, des bohémiens, des mohicans, des matelots.

Quant aux autres verrières, celles surtout qui renfermaient plusieurs personnages et étaient divisées en des séries de scènes, il eût fallu se munir d'un télescope et passer des journées entières à les étudier, pour parvenir à en déchiffrer les détails; et des mois n'auraient pas suffi à cette tâche, car ces vitres avaient été maintes fois réparées et replacées souvent sans dessus dessous, de telle sorte qu'il devenait malaisé de les lire.

L'on avait établi un compte des figures insérées dans les fenêtres de la basilique; il s'élevait au chiffre de 3.889; tous, au Moyen Age, avaient voulu offrir à la Vierge une image de verre et, en sus des cardinaux, et des rois, des évêques et des princes, des chanoines et des seigneurs, les corporations de la ville avaient commandé, elles aussi, leurs panneaux de feu; les plus riches, telles que les compagnies des drapiers et pelletiers, des orfèvres et changeurs, en remettant cinq à Notre-Dame, tandis que les confréries plus pauvres des maîtres-éviers et porteurs d'eau, des portefaix et crocheteurs, en avaient chacune présenté un.

En ruminant ces réflexions, Durtal déambulait dans le pourtour, stationnait devant une petite Vierge de pierre, nichée au bas de l'escalier qui conduit à la chapelle de saint Piat, bâtie, en hors d'œuvre, derrière l'abside, au xive siècle. Cette Vierge qui datait, elle aussi, de cette époque, se reculait, s'effaçait dans l'ombre, loin des regards, cédait, déférente, les places d'apparat aux Madones âgées.

Elle tenait un bambin jouant avec un oiseau, en souvenir, sans doute, de cette scène des évangiles apocryphes de l'Enfance et de Thomas l'Israélite, qui nous montre l'enfant Jésus s'amusant à modeler des oiseaux avec de la terre et à les animer, en soufflant dessus.

Et Durtal reprenait sa promenade le long des chapelles, s'arrêtant seulement devant celle qui détenait des reliques contradictoires, des reliques à double fin, les châsses de saint Piat et de saint Taurin; l'on exposait les os du premier, pour obtenir de la sécheresse par les temps de pluie, les restes de l'autre pour amener de la pluie dans les temps secs; mais ce qui était moins anodin et plus crispant que ce défilé de chapelles aux ornements misérables et dont les vocables avaient été changés depuis leur dédicace, si bien que l'appui tutélaire acquis par tant de siècles n'était plus; c'était le chœur, éreinté, sali, souillé comme à plaisir.

En 1763, l'ancien Chapitre avait jugé bon de déformer les colonnes gothiques et de les faire badigeonner par un chaufournier milanais, d'un rose jaunâtre, truité de gris; puis il avait relégué, dans le musée de la ville, de magnifiques tapisseries flamandes, cernant les contours internes du chœur, et mis à leur place des bas-reliefs de marbre, rabotés par le redoutable margougniat qui avait écrasé sous le groupe géant de la Vierge, l'autel; la malechance s'en était mêlée. En 1789, les sans-culottes avaient eu l'idée d'enlever ce bloc de l'Assomption, et un malencontreux imbécile avait sauvé l'œuvre de Bridan, en lui couvrant le chef d'une carmagnole.

Quand l'on songe que l'on avait détruit d'admirables vitraux, pour mieux éclairer cette masse de saindoux ! si seulement, l'on pouvait se susciter l'espoir d'en être, un jour, débarrassé, mais hélas ! tous ces souhaits sont vains. Il y a quelques années, sous l'épiscopat de Mgr Regnault, il fut question non de jeter dans un fondoir ce bloc pétrifié de pieux oing, mais de supprimer au moins les bas-reliefs.

Alors ce prélat qui chargeait ses oreilles de coton, de peur d'attraper un rhume, s'y opposa ; et, pour des motifs de cette importance sans doute, il faudra subir à jamais la sacrilège laideur de cette Assomption et de ces paravents de marbre !

Mais si l'intérieur de ce sanctuaire était une honte, les groupes qui entouraient les bas-côtés de l'abside et formaient la clôture externe du chœur valaient qu'on s'y attardât.

Ces groupes, logés sous les dais à aiguilles et à clochetons ciselés par Jehan de Beauce, commençaient à droite, à l'entrée du transept Sud, dessinaient le fer à cheval autour de l'autel, finissaient à l'entrée du transept Nord, là où s'érige sur son pilier la Vierge noire.

Le sujet était le même que celui traité par les petits chapiteaux du porche Royal, en dehors de l'église, au dessus du panégyrique des Rois, des Saints et des Reines; il était emprunté aux légendes des apocryphes, à l'évangile de la Nativité de Marie et au protévangile de Jacques le Mineur.

Les premiers de ces groupes avaient été façonnés par

un artiste du nom de Jehan Soulas. Le marché passé, le 2 janvier 1518, entre ce statuaire et les délégués des administrateurs de l'œuvre ecclésiale, existait encore. Il y était dit que Jehan Soulas, maître imagier, demeurant à Paris, au cimetière saint-Jehan, paroisse de saint-Jehan en Grève, s'engageait à exécuter en bonne pierre de la carrière de Tonnerre et mieux que les images qui sont autour du chœur de Notre-Dame de Paris, les quatre premiers groupes dont les sujets lui étaient et imposés et décrits; le marché fait, moyennant le prix et somme de 280 livres tournois que les sieurs du chapitre de Chartres seront tenus de lui payer, au fur qu'il besognera.

Soulas, qui avait certainement appris son métier chez un artiste des Flandres, avait sculpté de petits tableaux de genre dont la franchise et l'entrain déridaient l'âme assombrie par la gravité des vitres; elles semblaient, en effet, dans cet endroit, tamiser le jour au travers de cachemires de l'Inde, n'éclairaient que de scintillements obscurs et de lueurs fumeuses ce bas-côté.

Le deuxième groupe représentant sainte Anne qui reçoit d'un ange qu'on ne voit point, l'ordre d'aller rejoindre Joachim à la Porte Dorée, était une merveille d'observation exacte et de grâce; la sainte écoutait, attentive, debout, devant son prie-Dieu auprès duquel était étendu un petit chien; et une servante levant la tête, de profil, et portant un pichet vide, souriait d'un air un peu entendu, en clignant de l'œil. Et tandis que, dans le tableau suivant, les époux s'embrassent, avec une trépidation de bons vieux balbutiant d'allégresse et s'étreignent avec des mains qui tremblent, la même servante, vue de face, cette fois, était si contente de leur joie qu'elle ne tenait plus en place, se dandinait, en pinçant les bords de sa jupe, commençait presque à danser.

Un peu plus loin, le tailleur d'images avait conçu la Nativité de Marie, en vrai peintre flamand, installant au fond de son cadre un lit à courtines sur lequel sainte Anne était couchée et veillée par une chambrière, pendant que la sage-femme et son aide lavaient l'enfant.

Mais un autre de ces groupes situé près d'une horloge de la Renaissance qui interrompt l'histoire narrée par cette clôture, était encore plus étonnant ; dans celui-là, Marie cousait une layette, en lisant un livre, et saint Joseph endormi, sur un siège, la tête étayée par sa main, apprenait en un rêve la conception immaculée de la Vierge ; et il n'avait pas seulement les yeux fermés, il dormait si profondément, si réellement, qu'on voyait la poitrine anhéler, qu'on sentait le corps s'allonger, se fondre dans tout l'abandon de son être ; et ce que les doigts de la future accouchée cousaient bien, tandis qu'elle était absorbée par la prière, le nez sur son eucologe ! Jamais, à coup sûr, l'on n'avait serré de plus près la vie, exprimé avec autant d'assurance et de justesse la nature saisie à l'improviste, piquée au vol, sur le vif.

Après cette scène d'intérieur et une Adoration des bergers et des anges, venaient la Circoncision de Jésus, revêtu d'un tablier de papier blanc collé sur le ventre par un jocrisse, puis une Adoration des Mages et Jehan Soulas et les élèves de sa maîtrise avaient terminé, de ce côté, leur tâche ; de médiocres ouvriers leur succédaient, François Marchant d'Orléans et Nicolas Guybert de Chartres et derrière eux, l'art allait encore en descendant, baissait avec un sieur Boudin qui avait eu l'aplomb de signer ses misérables poupées, aboutissait à la niaiserie, à la rengaine des Jean de Dieu, des Legros, des Tuby, des Mazières, à la froide et païenne sculpture du XVIIe et du XVIIIe siècle, se relevait dans les huit derniers groupes, en face de la Vierge du Pilier, en des silhouettes découpées par des élèves de Soulas; mais celles-là étaient en quelque sorte perdues, car elles étaient placées dans l'ombre et il était presque impossible, en cette agonie de lumière, de les juger.

Devant ce pourtour si plaisant par places, si malséant par d'autres, Durtal ne pouvait s'empêcher d'évoquer le souvenir d'une œuvre similaire mais plus complète — car celle-là n'avait pas été modelée par plusieurs siècles et déformée par des dissidences de talent et d'âge; — cette œuvre résidait à Amiens et, elle aussi, servait de clôture extérieure au chœur de la cathédrale.

L'histoire de la vie de saint Firmin, premier évêque et patron de la ville, et le récit de l'invention et de l'illation de ses reliques par saint Salve, se déroulaient en des séries de groupes et redorés et repeints; puis suivait, pour achever le contour du sanctuaire, la biographie du second protecteur d'Amiens, saint Jean-Baptiste, et, dans la scène du Précurseur baptisant le Christ, apparaissait, déployant un linge, un ange blond, ingénu et fûté, l'une des plus adorables figures séraphiques que l'art flamand de France ait jamais ou sculptées ou peintes.

Cette légende de saint Firmin était racontée, de même que celle de la naissance de la Vierge à Chartres, en des chapitres scindés de pierre, surmontés, eux aussi, de pyramides gothiques et de clochetons; et, dans celui de ces compartiments où saint Salve, entouré de tout un peuple, aperçoit des rayons qui jaillissent d'un nuage et indiquent la place où le corps perdu du martyr fut inhumé, un homme à genoux, les mains jointes, pantelait, exalté par la prière, ardait, lancé en avant par un bond de l'âme lui sublimant le visage, faisant de ce rustre un saint en extase, vivant déjà loin de la terre, en Dieu.

Cet orant il était le chef-d'œuvre du pourtour d'Amiens, comme le saint Joseph endormi était le chef-d'œuvre du pourtour de Chartres.

Tout bien considéré, se disait Durtal, cette statuaire de la cathédrale de la Picardie est plus explicite, plus complète, plus variée, plus éloquente même que celle de la basilique de la Beauce. Outre que l'imagier inconnu qui la créa était doué, autant que le fut Soulas, d'une finesse d'observation, d'une bonhomie, d'une verve, persuasives et décidées, il possédait, en sus, un je ne sais quoi de plus singulier et de plus noble; puis ses tableaux ne se confinaient pas dans la reproduction de deux ou trois personnages, mais souvent ils mettaient en scène de grouillantes foules où chaque homme, chaque enfant, chaque femme différait par son individualité, par ses traits personnels, tranchait par son air à part, tant la réalité de ces figurines était nette et intense !

Enfin, pensait Durtal, en jetant, avant de s'éloigner, un dernier coup d'œil sur la clôture de Chartres, si Soulas est inférieur à l'imagier d'Amiens, il n'en est pas moins un délicat artiste et un vrai maître, et ses groupes nous consolent au moins de l'ignominie de Bridan et du décor satané du chœur !

Il allait ensuite s'agenouiller devant la Vierge noire,

puis revenu dans le transept du Nord qu'Elle avoisine, il s'ébahissait, une fois de plus, devant la flore incandescente de ses vitres; et toujours il était et remué et repris par les cinq fenêtres en ogive, sous la rose, ces fenêtres dans lesquelles surgissaient autour de sainte Anne la more, David et Salomon se dressant, rébarbatifs, dans une fournaise de pourpre, Melchissédech et Aaron, au teint calabrais, aux faces velues, aux yeux énormes et blancs, se détachant, patibulaires, dans des flots de jour.

La rosace rayonnant au-dessus d'eux, n'avait ni l'extraordinaire diamètre de celles de Notre-Dame de Paris, ni l'incomparable élégance de la rose en étoile d'Amiens; elle était plus massive, plus petite, allumée de fleurs étincelantes poussées telles que des saxifrages de feu dans les trous du mur.

Et, en se retournant, Durtal regardait alors, sous la roue du transept Sud, les cinq grandes croisées qui faisaient vis-à-vis aux cinq du Nord; et il retrouvait, brûlant comme des torchères de chaque côté de la Vierge sise juste en face de la sainte Anne, les quatre Évangélistes portés sur les épaules des grands Prophètes : saint Mathieu sur Isaïe; saint Luc sur Jérémie; saint Jean sur Ezéchiel; saint Marc sur Daniel; tous plus étranges les uns que les autres avec leurs prunelles semblables à des verres de jumelle, leurs cheveux en ruisselets, leurs barbes en racines arrachées d'arbre, sauf le saint Jean que le Moyen Age latin portraiture toujours imberbe pour notifier sa virginité par ce signe; mais le plus bizarre de ces géants était peut-être encore le saint Luc qui, à cheval sur le dos de Jérémie, lui gratte doucement, ainsi qu'à un perroquet, le crâne, en levant des yeux dolents et pensifs au ciel.

Durtal redescendait dans la nef plus sombre coulant en pente, avec l'inclinaison de ses pavés qu'on lavait après le départ des foules qui s'y annuitaient, au Moyen Age ; et il considérait au milieu, tracé sur le sol avec des lignes de pierre blanche et des bandes de pierre bleue se contournant en spirale, ainsi qu'un ressort de montre, le labyrinthe, la lieue que nos pères parcouraient dévotement, récitant, pendant l'heure que durait ce voyage, des prières spéciales, accomplissant ainsi un illusoire pèlerinage en Terre Sainte, pour gagner des indulgences ; et revenu au parvis, se retournant, il embrassait, avant de partir, le radieux ensemble.

Et il se sentait heureux et terrifié, jeté hors de lui par l'aspect formidable et charmant de Notre-Dame.

Était-elle assez grandiose et assez légère cette cathédrale, jaillie de l'effort d'une âme qui l'avait faite à son image, racontant son ascension dans les voies mystiques, montant peu à peu dans la lumière, franchissant la vie contemplative du transept, planant, arrivée au chœur, dans la pleine clarté de la vie unitive, loin de la vie purgative, de la route obscure de la nef ! et cette assomption de l'âme était accompagnée, secondée par la troupe des Anges, des Apôtres, des Prophètes, des Justes, tous debout dans leurs corps glorieux de flammes servant d'escorte d'honneur à la croix couchée sur les dalles, à l'image de la Mère installée à toutes les hauteurs de cette immense châsse dont ils entr'ouvraient les parois pour lui présenter, en un éternel jour de fête, les bouquets de pierreries éclos dans les serres en feu des vitres.

Nulle part, la Vierge n'était ainsi adulée, ainsi choyée, ainsi déclarée maîtresse absolue d'un domaine offert ; et un détail le prouvait. Dans toutes les cathédrales, les rois, les évêques, les Saints, les bienfaiteurs, gisaient, inhumés dans les caveaux du sol ; et à Notre-Dame de Chartres, pas ; jamais on n'y avait enterré un cadavre, jamais cette église n'avait été un ossuaire, parce que, dit l'un de ses historiens, le vieux Rouillard, « elle a cette prééminence que d'être la couche ou le lit de la Vierge ».

Elle y était donc à demeure, trônant au milieu de sa Cour d'Élus, gardant dans le tabernacle de la chapelle réservée devant laquelle brûlent des lampes, le corps sacramentel de son Fils, le veillant ainsi que pendant son enfance, le tenant en son giron, dans toutes les sculptures, dans toutes les verrières, se promenant d'étages en étages, passant entre la haie des Saints, finissant par s'asseoir sur une colonne, par se montrer aux petits et aux pauvres sous l'humble apparence d'une femme basanée au teint cuit par les canicules, hâlé par le vent et par les pluies ; et Elle descendait plus bas encore, allait jusque dans les souterrains de son palais, se reposant dans la crypte pour donner audience aux irrésolus, aux timorés que le luxe ensoleillé de sa Cour intimide.

Comme ce sanctuaire, où l'on perçoit la présence douce et terrible de l'Enfant que ne quitte point sa Mère, vous soulève hors de toute réalité, dans l'allégresse intime des Beautés pures ! Et faut-il que tous deux soient bénévoles pour ne pas partir de ce désert, pour ne pas se lasser d'attendre les visiteurs ! reprit Durtal, regardant autour de lui, constatant qu'il était seul ; s'il n'y avait pas ces braves gens de la campagne qui viennent, eux, à toute heure, baiser le pilier, quel abandon ce serait, même le dimanche, car jamais cette cathédrale n'est pleine ! Soyons juste pourtant ; à la messe de 9 heures, ce jour-là, le bas de la nef s'emplit ; et il souriait, se rappelant cette partie de la cathédrale bondée de petites filles des pensionnats de sœurs et de paysannes qui, ne voyant pas assez clair pour suivre la messe, allumaient tranquillement des bouts de bougie et se serraient, les unes contre les autres, lisant parfois à plusieurs dans le même livre.

Cette familiarité, ce bon enfant de piété étaient si naturels à Chartres, si bien en accord avec l'accueil sans façon, si peu cérémonial de Notre-Dame !

Reste à savoir, fit Durtal, sautant à un autre ordre d'idées, si cette basilique a conservé son épiderme intact ou si elle a été badigeonnée, au XIIIe siècle, de peintures. D'aucuns prétendent que tous les intérieurs de cathédrales furent revêtus de couleurs, au Moyen Age; est-ce véridique ? Et, en admettant que ce renseignement soit exact pour les églises romanes, l'est-il également pour les églises gothiques ? J'aime à me figurer, en tout cas, que jamais le sanctuaire de Chartres ne fut travesti par des bariolages comme ceux que nous devons subir à Saint-Germain-des-Prés, à Paris ; à Notre-Dame-la-Grande, à Poitiers ; à l'église Saint-Sauveur, à Bruges. D'ailleurs, la peinture ne se conçoit — si l'on y tient — que pour de très petites chapelles, mais teinturer de bigarrures variées les murs d'une cathédrale, pourquoi ? car ce système de tatouage rétrécit l'espace, abaisse les voûtes, appesantit les colonnes ; il supprime, pour tout dire, l'âme mystérieuse des nefs, tue la sombre majesté des allées, avec ces vulgaires dessins de frettes, de grecques, de losanges, de croix, semés sur les piliers et sur les murailles englués de jaune de cassonade, de vert de chicorée, de lie de vin, de gris de lave, de rouge brique, de toute une série de nuances fades et sales ; sans compter l'horreur des voûtes constellées d'étoiles qui paraissent découpées dans du papier d'or et collées sur un fond de bleu perruquier, de bleu à laver le linge !

Cela se supporte — si l'on veut — à la Sainte-Chapelle parce qu'elle est minuscule, qu'elle est un oratoire, un reliquaire ; cela se comprendrait encore peut-être pour cette surprenante église de Brou, car celle-là est un boudoir ; ses voûtes et leurs clefs sont polychromées et dorées et le sol était pavé de briques émaillées dont il subsiste près de ses tombeaux de visibles traces. Ce grimage du haut et du bas s'accordait avec les filigranes des murs, les vitres héraldiques et les carreaux lucides, avec la profusion des guipures de pierres armoriées, fleuries de bouquets de marguerites mêlés à des briquets, à des devises, à des chiffres, à des cordelières de saint François, à des entrelacs ; ce maquillage s'assortissait aux albâtres des retables, aux marbres noirs des tombes, aux clochetons à denticules, aux fleurons en chicorée frisée et en feuilles de choux ; très aisément, l'on s'imagine les colonnes et les parois peintes, les nervures et les reliefs gouachés d'or, formant un tout, une harmonie, un ensemble, dans cette bonbonnière qui dépend plus d'ailleurs de la joaillerie que de l'architecture.

Cet édifice de Brou, il était le dernier monument du Moyen Age, la dernière fusée lancée par le style gothique flamboyant, par le gothique déchu mais exaspéré de mourir, luttant contre le retour du paganisme, contre l'invasion de la Renaissance. L'ère des grandes cathédrales avait abouti à ce délicieux avorton qui était un chef-d'œuvre, dans son genre, le chef-d'œuvre du joli, du tortillé, du tarabiscoté, du coquet. Il symbolisait l'âme déjà sans recueillement du XVIe siècle ; le sanctuaire trop éclairé s'extériorisait, se déployait avec elle, ne se repliait, ne se repérait plus. L'on voit bien cet intérieur de châtelaine, peint et doré, sur toutes les coutures, ces petites chapelles où saillent des corps de cheminées pour que Marguerite d'Autriche puisse se chauffer en écoutant la messe, garnies de coussins odorants, de sucreries, de bijoux et de chiens. Brou est un salon de grande dame et non la maison de tous. Dès lors, avec ses affutiaux, les ciselures de son jubé tendu, tel qu'un porche de dentelle, au-devant du chœur, il attend, attire presque, un émaillage savant des traits, des rehauts colorés qui le féminisent, qui le mettent en complète union avec l'élégance de sa fondatrice, la princesse Marguerite dont le souvenir s'impose plus, dans cette petite église, que celui de la Vierge.

Et encore siérait-il de savoir si jamais les murs et les piles de Brou furent peints ; et le contraire semble prouvé ; en tout cas, si une couche de fard ne déparerait pas cet étrange sanctuaire, il ne saurait en être de même à Chartres, car la seule teinte qui lui convienne est la patine grasse et glacée, d'un gris qui s'argente, d'un blond qui tourne au fauve, le culottage que donne le temps, l'âge, aidé par les vapeurs accumulées des prières, par la fumée des encens et des cierges !

Et se ratiocinant ces réflexions, Durtal finissait par se référer comme toujours à sa propre personne, par se dire : qui sait si je ne regretterai pas amèrement, un jour, cette basilique et les douces rêveries qu'elle suggère, car enfin, je ne connaîtrai plus la joie de ces lentes flânes, de ces détentes, puisque je serai soumis au caporalisme des cloches sonnant les gestes monastiques, si je me laisse bloquer dans un cloître !

Qui sait même si, dans le silence de la cellule, les cris éperdus de ces choucas qui croassent sans arrêt ne me manqueront point, reprit-il, considérant, avec un sourire, les nuées de ces oiseaux qui s'abattaient sur les tours ; et il se remémorait une légende narrant que, depuis l'incendie de 1836, chaque soir, à l'heure exacte où le feu prit, ces bêtes fuyaient la cathédrale et n'y revenaient que le lendemain, dès l'aube, après avoir pernocté dans une forêt, à trois lieues de Chartres.

Cette légende est aussi folle que cette autre chère aux bonnes femmes de la ville ; celle-là prétend qu'il sort du sang, lorsqu'on crache, le Vendredi Saint, sur un carré de pierre scellé avec du ciment noir, dans une dalle située à l'arrière du chœur.

— Tiens, Madame Bavoil.

— Oui, notre ami, c'est moi ; je viens de faire une course pour le père et je retourne au logis où je vais apprêter la soupe ; eh bien, et vous, vous préparez vos malles ?

— Mes malles !

— Dame, est-ce que vous ne partez pas dans un monastère ? fit-elle, en riant.

— Fichez-vous de moi ! s'exclama Durtal qui se mit à son tour à rire ; je voudrais bien vous y voir ; quand il s'agit de se résoudre à devenir un soldat assujetti à des exercices de peloton pieux, un pauvre troubade dont tous les mouvements sont comptés, qui, s'il ne doit pas porter les mains sur la couture du pantalon, doit les tenir cachées sous son scapulaire...

— Ta, ta, ta, interrompit la gouvernante; je vous le répète une fois de plus, vous lésinez avec Dieu, vous marchandez...

— Mais il est pourtant nécessaire qu'avant de prendre une semblable décision, je me plaide et le pour et le contre; en pareil cas, un peu de procédure intérieure est bien permis.

Elle haussait les épaules; et il y avait un tel calme sur ce visage et un tel feu couvait sous l'eau noire de ses yeux, que Durtal demeurait devant elle saisi, admirant la franchise, la pureté de cette âme qui s'avançait jusqu'au bord des paupières, qui sortait par ce regard.

— Etes-vous heureuse! s'écria-t-il.

Un nuage couvrit les prunelles qui se baissèrent.

— N'enviez personne, notre ami, dit-elle, car chacun a ses débats et ses peines.

Et, après l'avoir quittée, Durtal pensa, en rentrant chez lui, aux disgrâces qu'elle avait avouées, aux entretiens avec le Ciel cessés, aux visions disparues, à la chute sur le sol de l'âme volant auparavant dans les nues. Ce qu'elle devait souffrir!

C'est égal, fit-il, dans le service du Seigneur tout n'est pas rose! si l'on consulte des biographies de Saints, on voit ces élus torturés par les plus effroyables des maladies, par les plus douloureuses des épreintes; décidément, c'est pas drôle la Sainteté sur la terre, c'est pas drôle, la vie! Il est vrai que pour les Saints l'excessif des souffrances est, ici-bas déjà, compensé par l'extrême des joies ; mais pour le reste des chrétiens, pour le misérable fretin que nous sommes, quelle détresse et quelle pitié ! l'on interroge l'éternel silence et rien ne répond ; l'on attend et rien ne vient ; l'on a beau s'attester qu'Il est l'Incirconscrit, l'Incompréhensible, l'Incogitable, que toutes les démarches de notre raison sont vaines, l'on ne parvient point à ne pas se troubler et surtout à ne point pâtir ! et pourtant... pourtant, si l'on y songe, ces ténèbres qui nous environnent ne sont pas absolument imperméables, car elles s'éclairent par endroits et l'on discerne quelques vérités, entre autres celle-ci :

Dieu agit avec nous comme avec les plantes ; Il est, en quelque sorte, l'année de l'âme, mais une année où l'ordre naturel des saisons est interverti, car les saisons spirituelles commencent par le printemps auquel succède l'hiver et l'automne arrive suivi à son tour par l'été ; au moment de la conversion, c'est le printemps, l'âme est en liesse et le Christ sème en elle ses graines ; puis viennent le froid et l'obscurité ; l'âme terrifiée se croit abandonnée et se plaint, mais sans qu'elle le sente, pendant ces épreuves de la vie purgative, les graines germent sous la neige ; elles lèvent dans la douceur contemplative des automnes, fleurissent enfin dans la vie unitive des étés.

Oui, mais chacun doit être l'aide jardinier de sa propre âme, chacun doit écouter les instructions du Maître qui trace la besogne et dirige l'œuvre. Hélas ! nous ne sommes plus ces humbles ouvriers du Moyen Age qui travaillaient en louant Dieu, qui se soumettaient, sans discuter, aux ordres du patron ; nous, nous avons, par notre peu de foi, épuisé le dictame des prières, le polypharmacon des oraisons ; dès lors, tout nous paraît injuste et pénible et nous regimbons, nous exigeons des engagements, nous hésitons à entreprendre notre tâche ; nous voudrions être payés d'avance tant notre défiance nous rend vils ! Ah ! Seigneur, donnez-nous la grâce de prier, et de ne pas même avoir l'idée de vous réclamer des arrhes, donnez-nous la grâce d'obéir et de nous taire !

Et j'ajoute, murmura Durtal, souriant à Mme Mesurat qui vint, à son coup de sonnette, ouvrir la porte, concédez-moi, mon Dieu, la faveur de n'être pas toujours impatienté par le bourdonnement de cette grosse mouche, agacé par les inépuisables paroles de cette brave femme !

XI

RÉSUMÉ DE LA SYMBOLIQUE ET DE LA CATHÉDRALE. — DÉPART
DE DURTAL POUR SOLESMES

Le jour était venu de boucler sa valise et de prendre, en compagnie de l'abbé Plomb, le train.

Durtal s'énerva dans l'attente des heures; ne tenant plus en place, il sortit pour tuer le temps, mais la pluie qui commençait à tomber le rabattit dans la cathédrale.

Il s'installa, après avoir visité la Madone du Pilier, au fond de la nef, dans un camp de chaises vides et il songea :

Avant de rompre par un voyage le monotone train-train de ma vie à Chartres, ne serait-il pas utile de m'asseoir, ne fût-ce que pendant une minute, en moi-même, et de recenser les acquisitions que j'ai faites avant et depuis mon arrivée dans cette ville ?

Celles de mon âme ? hélas ! elles sont moins des acquisitions que des échanges ; j'ai simplement troqué mes indolences contre des sécheresses et les résultats de cette brocante, je ne les connais que trop ; à quoi bon les énumérer encore ? — celles de mon esprit ? elles me semblent moins affligeantes et plus sûres et je puis en établir un rapide inventaire disposé en trois colonnes : Passé, Présent et Avenir.

Passé. — Alors que je n'y pensais guère, à Paris, Dieu m'a subitement saisi et il m'a ramené vers l'Eglise, en utilisant pour me capter mon amour de l'art, de la mystique, de la liturgie, du plain-chant.

Seulement, durant le travail de cette conversion, je n'ai pu étudier la mystique que dans des livres. Je ne la possédais donc qu'en théorie et nullement en pratique ; d'autre part, je n'ai écouté à Paris qu'une musique plane, affadie, délayée dans des gosiers de femmes ou complètement défigurée par des maîtrises : je n'ai assisté dans la majeure partie des églises qu'à des déteintes de cérémonies, qu'à des décomptes d'offices.

Telle était la situation lorsque je suis parti pour la Trappe; en cet ascétère, je vis alors non plus simplement la mystique, racontée, écrite, formulée en un corps de doctrine, mais bien encore la mystique expérimentale, mise en action, vécue naïvement par des moines. Je pus me certifier que la science de la Perfection de l'âme n'était pas un leurre, que les assertions de sainte Térèse et de saint Jean de la Croix étaient exactes et il me fut également permis dans ce cloître de me familiariser avec les délices d'un rite authentique et d'un réel plain-chant.

Présent. — A Chartres, je suis passé à de nouveaux exercices, j'ai suivi d'autres pistes. Hanté par l'inégalable splendeur de cette cathédrale, j'ai, sous l'impulsion d'un vicaire très intelligent et très instruit, abordé la symbolique religieuse, commenté cette grande science du Moyen Age qui constitue un dialecte spécial de l'Eglise, qui divulgue par des images, par des signes, ce que la liturgie exprime par des mots.

Pour être plus juste, il conviendrait plutôt de dire, de cette partie de la liturgie qui s'occupe plus spécialement des prières, car l'autre, qui a trait aux formes et aux ordonnances du culte, appartient au symbolisme surtout, car c'est lui qui en est l'âme ; la vérité est que la démarcation des deux sciences n'est pas toujours facile à tracer tant parfois elles se greffent l'une sur l'autre, s'inspirent mutuellement, s'entremêlent, finissent presque par se confondre.

Avenir. — En me rendant à Solesmes, j'achèverai mon éducation, je verrai et j'entendrai l'expression la plus parfaite de cette liturgie et de ce chant grégorien dont le petit monastère de Notre-Dame de l'Atre n'a pu, à cause même du nombre restreint de ses officiants et de ses voix, que me donner une réduction, très fidèle, il est vrai, mais enfin une réduction.

En y joignant mes études personnelles sur la peinture religieuse, enlevée des sanctuaires et maintenant réunie dans des musées ; en y ajoutant mes remarques sur les diverses cathédrales que j'explorai, j'aurai ainsi parcouru tout le cycle du domaine mystique, extrait l'essence du Moyen Age, réuni en une sorte de gerbe ces tiges séparées, éparses depuis tant de siècles, observé plus à fond l'une d'elles, la symbolique, dont certaines parties sont, à force de les avoir négligées, presque perdues.

La symbolique ! elle a été l'attrait décidé de ma vie à Chartres ; elle m'a allégé et consolé lorsque je souffrais de me sentir l'âme si importune et si basse. Et il tenta de se la remémorer, de l'embrasser en son ensemble.

Elle jaillissait comme un arbre touffu, dont la racine plongeait dans le sol même de la Bible ; elle y puisait en effet sa substance et en tirait son suc ; le tronc était la symbolique des Ecritures, la préfiguration des Evangiles par l'Ancien Testament ; les branches : les allégories de l'architecture, des couleurs, des gemmes, de la flore, de la faune, les hiéroglyphes des nombres, les emblèmes des objets et des vêtements de l'Eglise ; un petit rameau déterminait les odeurs liturgiques et une brindille, desséchée dès sa naissance et quasi-morte, la danse.

Car la danse religieuse a existé, reprit Durtal ; elle a été, dans l'Antiquité, l'offrande de l'adoration, la dîme des liesses ; David sautant devant l'arche en est une preuve.

Dans les premiers temps du Christianisme, les fidèles et les prêtres se trémoussent pour honorer le Seigneur, croient, en clunagitant, imiter l'allégresse des Bienheureux, la joie de ces Anges que saint Basile nous montre, exécutant des pas dans les redoutes parées du ciel.

L'on en arrive bientôt, ainsi qu'à Tolède, à tolérer des messes dites Mussarabes pendant lesquelles les ouailles gambadent en pleine cathédrale ; mais ces cabrioles ne tardent pas à exclure le caractère pieux qu'on veut bien leur prêter ; elles deviennent un piment pour le ragoût des sens et plusieurs conciles les interdisent.

Au XVIIe siècle, les ballets dévots survivent cependant dans certaines provinces ; on les découvre à Limoges où le curé de Saint-Léonard et ses paroissiens pirouettent dans le chœur de l'église. Au XVIIIe siècle, l'on discerne leurs traces dans le Roussillon. A l'heure actuelle, la danse liturgique persiste encore, mais c'est en Espagne surtout que la tradition de ces saintes fariboles s'est conservée.

Il n'y a pas très longtemps, lors de la fête du Corpus Christi, à Compostelle, la procession était précédée dans les rues par un individu de haute taille qui se démenait en portant un autre homme sur ses épaules. Actuellement encore à Séville, le jour de la fête du Saint-Sacrement, des enfants de chœur se dandinent en une sorte de valse lente et chantent des cantiques devant le maître-autel de la cathédrale. Dans d'autres villes, aux fêtes de la Vierge, l'on déroule une sarabande autour de sa statue, l'on entrechoque des bâtons, l'on joue des castagnettes et, pour clore la cérémonie, les assistants font, en guise d'amen, crépiter des pétards.

Mais tout cela est médiocrement intéressant et je me demande, en tout cas, quels sens peuvent bien être attribués à des entrechats et à des ronds de jambes? je m'imagine difficilement que des farandoles et des boléros puissent feindre des prières; je me persuade mal que l'on récite des actions de grâces, en pilant du poivre avec ses pieds et en virant une illusoire manivelle de moulin à café avec ses bras.

La vérité est que le symbolisme de la danse est ignoré, qu'aucune règle ne nous est parvenue des acceptions que les anciens lui assignèrent. Au fond, la danse liturgique est une joie grossière de gens du Midi. Bornons-nous donc à la citer pour mémoire, et voilà tout.

Quel a été maintenant, au point de vue pratique, l'influence du symbolisme sur les âmes?

Et Durtal se répondit : le Moyen Age qui savait que sur cette terre tout est signe, tout est figure, que le visible ne vaut que par ce qu'il recouvre d'invisible, le Moyen Age qui n'était pas, par conséquent, dupe, comme nous le sommes, des apparences, étudia de très près cette science et il fit d'elle la pourvoyeuse et la servante de la mystique.

Convaincu que le seul but qu'il importait à l'homme de poursuivre, que la seule fin qu'il lui était nécessaire, ici-bas, d'atteindre, c'était d'entrer en relations directes avec le ciel et de devancer la mort, en se versant, en se fondant autant que possible en Dieu, il entraîna les âmes, les soumit à un régime tempéré de cloître, les émonda de leurs préoccupations terrestres, de leurs visées charnelles, les orienta toujours vers les mêmes pensées de renoncement et de pénitence, vers les mêmes idées de justice et d'amour, et, pour les contenir, pour les préserver d'elles-mêmes, il les cerna d'une barrière, mit autour d'elles Dieu en permanence, sous tous les aspects, sous toutes les formes.

Jésus surgit de partout, s'attesta dans la faune, dans la flore, dans les contours des monuments, dans les parures, dans les teintes ; de quelque côté qu'il se tourna, l'homme le vit.

Et il vit aussi, de même qu'en un miroir qui la reflétait, sa propre âme; il put reconnaître, dans certaines plantes, les qualités qu'il devait acquérir, les vices contre lesquels il lui fallait se défendre.

Puis il eut encore devant les yeux d'autres exemples, car les symbolistes ne se bornèrent point à convertir en des cours de catéchisme des traités de botanique, de minéralogie, d'histoire naturelle, d'autres sciences ; quelques-uns, au nombre desquels saint Méliton, finirent par appliquer leur procédé d'interprétation à tout ce qu'ils rencontrèrent ; une cithare se mua pour eux en la poitrine des hommes dévots ; les membres du corps humain se métamorphosèrent en des emblèmes ; ainsi, la tête signifia le Christ ; les cheveux, les Saints ; le nez, la discrétion ; les narines, l'esprit de foi ; l'œil, la contemplation ; la bouche, la tentation ; la salive, la suavité de la vie intérieure ; les oreilles, l'obéissance ; les bras, l'amour de Jésus ; les mains, les œuvres ; les ongles, la perfection des vertus ; les genoux, le sacrement de pénitence ; les jambes, les Apôtres ; les épaules, le joug du Fils ; les mamelles, la doctrine évangélique ; le ventre, l'avarice ; les entrailles, les préceptes mystérieux de Notre Seigneur ; le buste et les reins, les pensées de luxure ; les os, l'endurcissement ; la moelle, la componction ; les cartilages, les membres infirmes de l'Antechrist ;... et ces écrivains étendirent leur mode d'exégèse aux objets les plus usuels, aux outils, aux instruments même qui se trouvaient à la portée de tous.

Ce fut une succession ininterrompue de leçons pieuses. Yves de Chartres nous l'affirme, les prêtres enseignaient la symbolique au peuple et il résulte également des recherches de Dom Pitra, qu'au Moyen Age, l'œuvre de saint Méliton était populaire et connue de tous. Le paysan savait donc que sa charrue était l'image de la croix, que les sillons qu'elle traçait étaient les cœurs labourés des Saints ; il n'ignorait pas que les gerbes étaient les fruits de la contrition ; la farine, la multitude des fidèles ; la grange, le royaume des cieux ; et il en était de même pour bien des métiers; bref, cette méthode des analogies fut pour chacun une constante invite à se mieux observer et à mieux prier.

Ainsi maniée, la symbolique servit de garde-frein pour enrayer la marche en avant du péché et de levier pour soulever les âmes et les aider à franchir les étapes de la vie mystique.

Sans doute, cette science, traduite dans tant de langues, ne fut accessible que dans ses principales lignes aux masses et parfois quand elle se tréfila dans des esprits chantournés tels que celui du bon Durand de Mende, elle eut l'air d'être décousue, pleine de volte-faces d'acceptions et d'aléas de sens. Il semble alors que le symboliste se complaise à découper avec de petits ciseaux à broder un cil; mais, en dépit de ces exagérations qu'elle tolérait, en souriant, l'Eglise n'en réussit pas moins, par cette tactique de l'insistance, à sauver les âmes, à pratiquer en grand la culture des Saints.

Puis vint la Renaissance et la symbolique sombra en même temps que l'architecture religieuse.

Plus heureuse que ses vassales, la mystique, proprement dite, a survécu à cette époque de joyeux opprobres, car l'on peut assurer que si elle a franchi cette période sans rien produire, elle a ensuite épanoui dans l'Espagne ses plus magnifiques touffes avec saint Jean de la Croix et sainte Térèse.

Depuis lors, la mystique doctrinale paraît tarie; mais il n'en est pas de même de la mystique expérimentale qui continue à s'acclimater, à se développer dans les cloîtres.

Quant à la liturgie et au plain-chant, ils ont passé par

les phases les plus diverses. Après s'être éparpillée et décomposée dans les bréviaires les plus variés des provinces, la liturgie a été ramenée à l'unité romaine, par les efforts de Dom Guéranger et l'on peut espérer que les Bénédictins finiront aussi par rappeler toutes les églises à la pleine observance du vrai plain-chant.

Celle-ci surtout, soupira Durtal. Il la regardait sa cathédrale, l'aimait davantage encore, maintenant qu'il devait pour quelques jours s'éloigner d'elle; il essayait, pour mieux graver son souvenir en lui, de la récapituler, de la condenser, et il se disait :

Elle est un résumé du ciel et de la terre ; du ciel dont elle nous montre la phalange serrée des habitants, Prophètes, Patriarches, Anges et Saints éclairant avec leurs corps diaphanes l'intérieur de l'église, chantant la gloire de la Mère et du Fils; de la terre, car elle prêche la montée de l'âme, l'ascension de l'homme; elle indique nettement, en effet, aux chrétiens, l'itinéraire de la vie parfaite. Ils doivent, pour comprendre le symbole, entrer par le portail Royal, franchir la nef, le transept, le chœur, les trois degrés successifs de l'ascèse, gagner le haut de la croix, là, où repose, ceinte d'une couronne par les chapelles de l'abside, la tête et le col penchés du Christ que simulent l'autel et l'axe infléchi du chœur.

Et ils sont alors arrivés à la voie unitive, tout près de la Vierge qui ne gémit plus, ainsi que dans la scène douloureuse du Calvaire, au pied de l'arbre, mais qui se tient, voilée sous l'apparence de la sacristie, à côté du visage de son Fils, se rapprochant de lui pour le mieux consoler, pour le mieux voir.

Et cette allégorie de la vie mystique, décelée par l'intérieur de la cathédrale, se complète au dehors par l'aspect suppliant de l'édifice. Affolée par la joie de l'union, l'âme, désespérée de vivre, n'aspire plus qu'à s'évader pour toujours de la géhenne de sa chair; aussi adjure-t-elle l'Epoux avec les bras levés de ses tours, d'avoir pitié d'elle, de venir la chercher, de la prendre par les mains jointes de ses clochers pour l'arracher de terre et l'emmener avec lui, au ciel.

Elle est enfin, cette basilique, la plus magnifique expression de l'art que le Moyen Age nous ait léguée. Sa façade n'a ni l'effrayante majesté de la façade ajourée de Reims, ni la lenteur, ni la tristesse de Notre-Dame de Paris, ni la grâce géante d'Amiens, ni la massive solennité de Bourges; mais elle révèle une imposante simplicité, une sveltesse, un élan, qu'aucune autre cathédrale ne peut atteindre.

Seule, la nef d'Amiens, se lamine, s'écharne, s'effile, se filise, fuse aussi ardemment que la sienne, du sol; mais le vaisseau d'Amiens est clair, et morne et celui de Chartres est mystérieux et intime et il est, de tous, celui qui évoque le mieux l'idée d'un corps délicat de Sainte, émaciée par les prières, rendue par les jeûnes presque lucide. Puis ses verrières sont sans pareilles, supérieures même à celles de Bourges dont le sanctuaire est cependant fleuri de somptueux bouquets de Déicoles! — Enfin, sa sculpture du porche Royal est la plus belle, la plus extraterrestre qui ait jamais été façonnée par la main de l'homme.

Elle est encore presque unique, car elle n'a rien de l'aspect douloureux et menaçant de ses grandes sœurs. C'est à peine si quelques démons grimacent aux aguets sur ses portails, pour tourmenter les âmes; la liste de ses châtiments est courte; elle se borne à énumérer, en quelques statuettes, la variété des peines; au dedans, la Vierge reste surtout la Vierge de Bethléem, la jeune mère, et Jésus est toujours un peu enfant avec Elle et Il lui obéit lorsqu'Elle l'implore.

Elle avère, du reste, l'ampleur de sa patience, de sa charité, par le symbole de la longueur de sa crypte et de la largeur de sa nef qui surpassent celles des autres basiliques.

Elle est, en somme, la cathédrale mystique, par excellence, celle où la Madone accueille avec le plus de mansuétude les pécheurs.

Voyons, fit Durtal, en consultant sa montre, l'abbé Gévresin doit avoir terminé son déjeuner; c'est le moment de lui faire mes adieux, avant que de rejoindre l'abbé Plomb à la gare.

Il traversa la cour de l'évêché et sonna chez le prêtre.

— Vous voici sur votre départ, dit Mme Bavoil qui ouvrit la porte et le conduisit près de son maître.

— Mais oui...

— Je vous envie, soupira l'abbé, car vous allez assister à de merveilleux offices et entendre d'admirables chants.

— Je l'espère; si seulement, cela pouvait me coordonner et me permettre de me retrouver chez moi, dans mon âme, et non plus dans je ne sais quel logis ouvert à tous les vents.

— Elle manque de serrures et de loquets, votre âme, fit Mme Bavoil, en riant.

— Elle est un lieu public où toutes les distractions

s'accostent et jasent; je suis constamment sorti et quand je veux rentrer chez moi, la place est prise.

— Dame, ça se conçoit; vous n'ignorez pas le proverbe : qui va à la chasse, perd sa place.

— C'est très joli à dire, mais...

— Mais, notre ami, le Seigneur a prévu le cas, lorsqu'à propos de ces diversions qui voltigent dans l'esprit comme des mouches, il a répondu aux plaintes de Jeanne de Matel désolée par ces noises, d'imiter le chasseur dont le carnier n'est jamais vide parce qu'à défaut d'une grosse proie, il s'empare, en chemin, de la petite qu'il rencontre.

— Encore faudrait-il en rencontrer une !

— Vivez en paix, là-bas, dit l'abbé; ne vous occupez pas d'examiner si, oui ou non, votre domaine est clos et écoutez ce conseil. Vous avez coutume, n'est-ce pas, de débiter des oraisons que vous savez par cœur; et c'est surtout pendant ce temps que les évagations se produisent; eh bien, laissez de côté ces oraisons et suivez très régulièrement, dans la chapelle du cloître, les prières des offices. Vous les connaissez moins, vous serez obligé, ne fût-ce que pour bien les comprendre, de les lire avec soin; vous aurez donc moins de chance de vous désunir.

— Sans doute, répliqua Durtal, mais quand l'on n'a pas dévidé les prières que l'on a pris l'habitude de réciter, il semble que l'on n'a pas prié. Je conviens que ce que j'avance est absurde, mais il n'est point de fidèle qui ne la perçoive cette impression, lorsqu'on lui change le texte de ses patenôtres.

L'abbé sourit.

— Les vraies exorations, reprit-il, sont celles de la

liturgie, celles que Dieu nous a enseignées, lui-même, les seules qui se servent d'une langue digne de lui, de sa propre langue. Elles sont complètes et elles sont souveraines, car tous nos désirs, tous nos regrets, toutes nos plaintes sont fixés dans les psaumes. Le Prophète a tout prévu et tout dit; laissez-le donc parler pour vous et vous prêter ainsi, par son intermédiaire auprès de Dieu, son assistance.

Quant aux suppliques que vous pouvez éprouver le besoin d'adresser à Dieu, en dehors des heures réservées à leur usage, faites-les courtes. Imitez les solitaires de l'Égypte, les Pères du Désert, qui étaient des maîtres en l'art d'orer. Voici ce que déclare à Cassien le vieil Isaac : priez peu à la fois et souvent, de peur que si vos oraisons ne sont longues, l'Ennemi ne vienne à les troubler. Conformez-vous à ces deux règles, elles vous sauveront des émeutes intimes. Allez donc en paix et n'hésitez pas d'ailleurs, si quelque embarras vous survient, à consulter l'abbé Plomb.

— Hé, notre ami, s'exclama en riant Mme Bavoil, vous pourriez encore enrayer vos dissipations, en usant du moyen qu'employait l'abbesse sainte Aure, pour psalmodier le psautier; elle s'asseyait dans une chaire dont le dos était percé de cent longs clous et quand elle se sentait s'évaporer, elle s'appuyait fortement les épaules sur leurs pointes; rien de tel, je vous en réponds, pour rallier les gens et ranimer l'attention qui s'endort...

— Merci bien...

— Autre chose, reprit-elle, cessant de rire, vous devriez différer votre départ de quelques jours, car après-demain se célèbre une fête en l'honneur de la Vierge ; l'on attend des pèlerinages de Paris et l'on portera en procession dans les rues la châsse qui contient le voile de notre Mère.

— Ah ! s'écria Durtal, je n'aime guère les dévotions en commun ; quand Notre-Dame tient ses assises solennelles, je m'absente et j'attends pour la visiter qu'Elle soit seule. Les multitudes bramant des cantiques, avec des yeux qui rampent ou cherchent des épingles à terre sous prétexte d'onction, m'excèdent. Je suis pour les Reines délaissées, pour les églises désertes, pour les chapelles noires. Je suis de l'avis de saint Jean de la Croix qui avoue ne pas aimer les pèlerinages des foules, parce que l'on en revient encore plus distrait qu'on y est allé.

Non, ce qui me coûte un peu de quitter, en m'éloignant de Chartres, c'est justement ce silence, cette solitude de la cathédrale, ces entretiens dans la nuit de la crypte et le crépuscule de la nef avec la Vierge Ah ! c'est ici, seulement qu'on est auprès d'Elle et qu'on la voit !

Au fait, reprit-il, après un moment de réflexion, on la voit, dans le sens exact du mot, ou, du moins, l'on peut s'imaginer la voir. S'il est un endroit où je me représente son visage, son attitude, son portrait, en un mot, c'est à Chartres.

— Comment cela ?

— Mais, Monsieur l'abbé, nous ne possédons, en somme, aucun renseignement sérieux sur la physionomie, sur l'allure de notre Mère. Ses traits demeurent donc incertains, exprès j'en suis sûr, afin que chacun puisse la contempler sous l'aspect qui lui plait le mieux, l'incarner dans l'idéal qu'il rêve.

Tenez, saint Epiphane ; il nous la décrit grande, les yeux olivâtres, les sourcils arqués, très noirs, le nez aquilin, la bouche rose et la peau dorée, c'est une vision d'homme de l'Orient.

Prenez, d'autre part, Marie d'Agréda. Pour elle, la Vierge est élancée, a les cheveux et les sourcils noirs, les yeux tirant sur le vert obscur, le nez droit, les lèvres vermeilles, et le teint brun. Vous reconnaissez là l'idéal de grâce espagnole que concevait cette abbesse.

Consultez enfin la sœur Emmerich. Suivant elle, Marie est blonde, a de grands yeux, le nez assez long, le menton un peu pointu, le teint clair et sa taille n'est pas très élevée. Ici, nous avons affaire à une allemande que ne contente point la beauté brune.

Et l'une et l'autre de ces deux femmes sont des voyantes auxquelles la Madone est apparue, empruntant justement la seule forme qui pouvait les séduire, de même qu'Elle se montra, sous un modèle de joliesse fade, le seul qu'elles pouvaient comprendre, à Mélanie de La Salette et à Bernadette de Lourdes.

Eh bien, moi, qui ne suis point un visionnaire et qui dois avoir recours à mon imagination pour me la figurer, il me semble que je l'aperçois dans les contours, dans l'expression même de la cathédrale ; les traits sont un peu brouillés dans le pâle éblouissement de la grande rose qui flamboie derrière sa tête, telle qu'un nimbe. Elle sourit et ses yeux, tout en lumière, ont l'incomparable éclat de ces clairs saphirs qui éclairent l'entrée de la nef. Son corps fluide s'effuse en une robe candide de flammes, rayée de cannelures, côtelée, ainsi que la jupe de la fausse Berthe. Son visage a une blancheur qui se nacre et la chevelure, comme tissée par un rouet de soleil, vole en des fils d'or; Elle est l'Epouse du Cantique : « Pulchra ut luna, electa ut sol. » La basilique où Elle réside et qui se confond avec Elle, s'illumine de ses grâces ; les gemmes des verrières chantent ses vertus ; les colonnes minces et frêles qui s'élancent d'un jet, des dalles jusques aux combles, décèlent ses aspirations et ses désirs ; le pavé raconte son humilité ; les voûtes qui se réunissent, de même qu'un dais, au-dessus d'Elle, narrent sa charité ; les pierres et les vitres répètent ses antiennes ; et il n'est pas jusqu'à l'aspect belliqueux de quelques détails du sanctuaire, jusqu'à cette tournure chevaleresque rappelant les Croisades, avec les lames d'épées et les boucliers des fenêtres et des roses, le casque des ogives, les cottes de maille du clocher vieux, les treillis de fer de certains carreaux, qui n'évoquent le souvenir du capitule de Prime et de l'antienne de Laudes de son petit office, qui ne traduise le « terribilis ut castrorum acies ordinata », qui ne relate cette privauté qu'Elle possède, quand Elle le veut, d'être, « ainsi qu'une armée rangée en bataille, terrible ».

Mais Elle ne le veut pas souvent ici, je crois ; aussi cette cathédrale est-elle surtout le reflet de son inépuisable mansuétude, l'écho de son impartible gloire !

— Ah ! vous, il vous sera beaucoup pardonné, parce que vous L'aurez beaucoup aimée, s'écria Mme Bavoil.

Et, Durtal se levant pour prendre congé, elle l'embrassa affectueusement, maternellement, et dit :

— Nous prierons de toutes nos forces, notre ami,

afin que Dieu vous instruise, vous indique votre vocation, vous guide, lui-même, dans la voie que vous devez suivre.

— J'espère, Monsieur l'abbé, que, pendant mon absence, vos rhumatismes vous laisseront un peu de répit, fit Durtal, en serrant la main du vieux prêtre.

— Oh! il ne faut pas souhaiter de ne plus du tout souffrir, répliqua l'abbé, car il n'est si lourde croix que de n'en point avoir. Aussi, faites comme moi ou plutôt mieux que moi qui geins encore ; prenez gaiement votre parti de vos sécheresses, de vos épreuves. Adieu, que le Seigneur vous bénisse !

— Et que l'Aïeule des Madones de France, que la Dame de Chartres vous protège ! ajouta Mme Bavoil qui, lorsque la porte fut fermée, soupira :

— Certainement, j'aurai bien gros cœur s'il quitte pour jamais notre ville, car il est un peu notre enfant, cet ami-là ; mais ce que je serais tout de même heureuse, s'il devenait un vrai moine !

Et elle se mit soudain à rire.

— Père, fit-elle, est-ce qu'on lui coupera la moustache, s'il entre dans un cloître ?

— N'en doutez pas.

Elle tenta un effort pour se préciser Durtal glabre et elle conclut, en riant :

— J'ai idée que cette rasure ne l'avantagera guère.

— Ces femmes, dit l'abbé, en haussant doucement les épaules.

— Enfin, reprit-elle, que devons-nous augurer de ce voyage ?

— Ce n'est pas à moi qu'il convient de le demander, Madame Bavoil.

— C'est juste ; et elle joignit les mains, murmurant :

Cela dépend de Vous, assistez-le dans sa pénurie, pensez qu'il ne peut rien sans votre aide, bonne Tentatrice, Notre-Dame du Pilier, Vierge de Sous-Terre !

Nous donnons deux préfaces de M. Huysmans; l'une a paru après la 15ᵉ édition d'*En Route* et contient de très intéressants renseignements sur la Trappe de Notre-Dame d'Igny; l'autre précède le « Petit Catéchisme liturgique » de l'abbé Dutilliet, réédité et augmenté d'un catéchisme de chant ecclésiastique, par M. l'abbé Vigourel, directeur de chant et maître des cérémonies au séminaire de Saint-Sulpice.

PRÉFACE D'*EN ROUTE*

JE n'aime ni les avant-propos, ni les préfaces et, autant que possible, je m'abstiens de faire devancer mes livres par d'inutiles phrases.

Il me faut donc un motif sérieux, quelque chose comme un cas de légitime défense, pour me résoudre à dédicacer de ces quelques lignes cette nouvelle édition d'« En Route ».

Ce motif le voici :

Depuis la mise en vente de ce volume, ma correspondance, déjà très développée par les discussions dont « Là-Bas » fut cause, s'est accrue de telle sorte que je me vois dans la nécessité ou de ne plus répondre aux lettres que je reçois, ou de renoncer à tout travail.

Ne pouvant me sacrifier cependant, pour satisfaire aux exigences de personnes inconnues dont la vie est sans doute moins occupée que la mienne, j'avais pris le parti de négliger les demandes de renseignements suscitées par la lecture d'« En Route »; mais je n'ai pu persévérer dans cette délectable attitude, parce qu'elle menaçait de devenir odieuse, en certains cas.

Ils peuvent, en effet, se scinder en deux catégories, ces envois de lettres.

La première émane de simples curieux ; sous prétexte qu'ils s'intéressent à mon pauvre être, ceux-là veulent savoir un tas de choses qui ne les regardent pas, prétendent s'immiscer dans mon intérieur, se promener comme en un lieu public dans mon âme.

Ici, pas de difficultés, je brûle ces épistoles et tout est dit. Mais, il n'en est pas de même de la seconde catégorie de ces lettres.

Celle-là, de beaucoup la plus nombreuse, provient de gens tourmentés par la grâce, se battant avec eux-mêmes, appelant et repoussant, à la fois, une conversion : elle procède souvent aussi de dolentes mères réclamant pour la maladie ou pour l'inconduite de leurs enfants le secours de prières d'un cloître.

Et tous me demandent de leur dire franchement si l'abbaye que j'ai décrite dans ce livre existe et me supplient, dans ce cas, de les mettre en rapport avec elle; tous me requièrent d'obtenir que le frère Siméon — en admettant que je ne l'aie pas inventé ou qu'il soit, ainsi que je l'ai raconté, un saint — leur vienne, par la vertu de ses puissantes oraisons, en aide.

C'est alors que, pour moi, la partie se gâte. N'ayant pas le courage d'écarter de telles suppliques, je finis par écrire deux billets, l'un au signataire de la missive qui me parvint et l'autre, au couvent; plus, quelquefois, si des points sont à préciser, si des informations plus étendues sont nécessaires. Et, je le répète, ce rôle de truchement assidu entre des laïques et des moines m'absorbe, m'empêche absolument de travailler.

Comment s'y prendre alors pour contenter les autres et ne pas trop se déplaire ? Je n'ai découvert que ce moyen, répondre en bloc, ici, une fois pour toutes, à ces braves gens.

En somme, les questions qui me sont le plus ordinairement posées, se résument en celles-ci :

— Nous avons vainement cherché, dans la nomenclature des Trappes, Notre-Dame-de-l'Atre ; elle ne se trouve sur aucun des annuaires monastiques ; l'avez-vous donc imaginée ?

Puis : — Le frère Siméon est-il un personnage fictif, ou bien, si vous l'avez dessiné d'après nature, ne l'avez-vous pas exalté, canonisé, en quelque sorte, pour les besoins de votre livre ?

Aujourd'hui que le bruit soulevé par « En Route » s'est apaisé, je crois pouvoir me départir de la réserve que j'avais toujours observée à propos de l'ascétère où vécut Durtal. Je le dis donc :

La Trappe de Notre-Dame de-l'Atre s'appelle, de son vrai nom, la Trappe de Notre-Dame-d'Igny, et elle est située près de Fismes, dans la Marne.

Les descriptions que j'en rapportai sont exactes, les renseignements que je relate sur le genre de vie que l'on mène dans ce monastère sont authentiques ; les portraits des moines que j'ai peints sont réels. Je me suis simplement borné, par convenance, à changer les noms.

J'ajoute encore que l'historique de Notre-Dame-de-l'Atre, qui figure à la page 321 de cet ouvrage, s'applique, de tous points, à Igny.

C'est elle, en effet, qui, après avoir été fondée en 1127, par saint Bernard, eut à sa tête de véritables saints, tels que les bienheureux Humbert, Guerric dont les reliques sont conservées dans une châsse sous le maître-autel, l'extraordinaire Monoculus que vénérait Louis VII.

Elle a langui, comme toutes ses sœurs, sous le régime de la Commende ; elle est morte pendant la Révolution, est ressuscitée en 1875. Par les soins du Cardinal-Archevêque de Reims, une petite colonie de Cisterciens vint, à cette époque, de Sainte-Marie-du-Désert, pour repeupler l'antique abbaye de saint Bernard et renouer les liens de prières rompus par la tourmente.

Quant au frère Siméon, j'ai pris de lui un portrait net et brut, sans enjolivements, une photographie sans retouches. Je ne l'ai nullement exhaussé, nullement agrandi, ainsi qu'on semble l'insinuer, dans l'intérêt d'une cause. Je l'ai peint d'après la méthode naturaliste, tel qu'il est, ce bon saint !

Et je songe à ce doux, à ce pieux homme que je revis, il y a quelques jours, encore. Il est maintenant si vieux, qu'il ne peut plus soigner ses porcs. On l'occupe à éplucher les légumes à la cuisine, mais le Père Abbé l'autorise à aller rendre visite à ses anciens élèves ; et ils ne sont pas ingrats, ceux-là, car ils se dressent en de joyeuses clameurs lorsqu'il s'approche des bauges.

Lui, sourit de son sourire tranquille, grogne, un instant, avec eux, puis il retourne se terrer dans le mutisme bienfaisant du cloître ; mais quand ses supérieurs le délient, pour quelques moments, de la règle du silence, ce sont de brefs enseignements que cet élu nous donne.

Je cite celui-ci au hasard :

Un jour que le Père Abbé lui recommande de prier pour un malade, il répond : — « Les prières faites par obéissance, ayant plus de vertu que les autres, je vous supplie, mon Très Révérend Père, de m'indiquer celles que je dois dire. »

— Eh bien, vous réciterez trois *Pater* et trois *Ave*, mon frère.

Le vieux hoche la tête et comme l'Abbé, un peu surpris, l'interroge, il avoue son scrupule. « Un seul *Pater* et un seul *Ave*, fait-il, bien proférés, avec ferveur, suffisent ; c'est manquer de confiance que d'en dire plus. »

Et ce cénobite n'est pas du tout, ainsi que l'on serait tenté de le croire, une exception. Il y en a de pareils dans toutes les Trappes et aussi dans d'autres ordres. J'en connais personnellement un autre qui me reporte, lorsqu'il m'est permis de l'aborder, au temps de saint François d'Assise. Celui-là vit, en extase, le chef ceint comme d'une auréole, par un nimbe d'oiseaux.

Les hirondelles viennent nicher au-dessus de son grabat, dans la loge de frère-portier qu'il habite ; elles tournoient gaiement autour de lui et les toutes petites qui s'essaient à voler se reposent sur sa tête, sur ses bras, sur ses mains, tandis qu'il continue de sourire, en priant.

Ces bêtes se rendent évidemment compte de cette sainteté qui les aime et les protège, de cette candeur que, nous les hommes, nous ne concevons plus ; il est bien certain que, dans ce siècle de studieuse ignorance et d'idées basses, le frère Siméon et ce frère-portier paraissent invraisemblables ; pour ceux-ci, ils sont des idiots et pour ceux-là, des fous. La grandeur de ces convers admirables, si vraiment humbles, si vraiment simples, leur échappe !

Ils nous ramènent au Moyen Age, et c'est heureux ; car il est indispensable que de telles âmes existent, pour compenser les nôtres ; ils sont les oasis divines d'ici-bas, les bonnes auberges où Dieu réside, alors qu'Il a vainement parcouru le désert des autres êtres.

N'en déplaise aux gens de lettres, ces personnages sont aussi véridiques que ceux qui se profilent dans mes précédents livres ; ils vivent dans un monde que les écrivains profanes ne connaissent pas, et voilà tout. Je n'ai donc rien exagéré lorsque j'ai parlé dans ce volume de l'efficace de prières inouï dont disposent ces moines.

J'espère que mes correspondants seront satisfaits par la netteté de ces réponses ; en tout cas, mon rôle d'intermédiaire peut, sans léser la charité, prendre fin, puisque maintenant le nom et l'adresse de ma Trappe sont connus.

Il ne me reste plus qu'à m'excuser auprès de Dom Augustin, le T. R. P. Abbé de la Trappe de Notre-Dame-d'Igny, d'avoir ainsi enlevé le pseudonyme sous lequel je présentai, l'an dernier, au public, son monastère.

Je sais qu'il déteste le bruit, qu'il désire qu'on ne le mette, ni lui, ni les siens, en scène ; mais je sais aussi qu'il m'aime bien et qu'il me pardonnera, en pensant que cette indiscrétion peut être utile à beaucoup de pauvres âmes et m'assurer du même coup le moyen de travailler, un peu, à Paris, en paix.

Août 1896.

PRÉFACE

DU *PETIT CATÉCHISME LITURGIQUE* DE L'ABBÉ HENRI DUTILLIET

Que les gens qui ne pratiquent pas la religion catholique ignorent le langage, le costume, le geste, toute la symbolique de l'Église, cela se conçoit, mais ce qui est surprenant c'est que tant de fidèles, assidus aux offices, ne connaissent ni le sens détaillé des cérémonies qu'ils regardent, ni la signification des paroles et des chants qu'ils écoutent, ni même l'acception des divers ornements et des différentes couleurs dont le prêtre se sert, suivant les jours.

Combien en effet, de pieuses personnes auxquelles vous demanderez, par exemple, pourquoi le « Gloria in excelsis Deo » est supprimé dans la messe qu'elles viennent d'entendre ou pourquoi le prêtre porte, à certains moments de l'année, une chasuble verte, vous répondront en ouvrant de grands yeux, qu'elles n'en savent rien ; combien même sont capables de saisir, d'expliquer telle ou telle attitude de l'officiant alors qu'il célèbre le pacifiant mystère ; combien sont aptes à suivre en la méditant, la marche processionnelle des prières qui précèdent la consécration et qui, après le silence prosterné des ouailles, se relèvent avec elles pour accompagner le Sauveur en le remerciant, en le glorifiant, jusqu'à la fin du sacrifice ? Peu, je le crains. En somme, on peut l'avérer, l'ignorance de la Liturgie est chez presque tous les croyants des diocèses, complète.

Et pourtant cette question ne saurait être d'une vaine importance pour les catholiques.

Ainsi que Dom Guéranger l'a justement défini : « La Liturgie est l'ensemble des symboles, des chants et des actes au moyen desquels l'Église exprime et manifeste sa religion envers Dieu. » Ajoutons que l'ancien abbé de Solesmes la qualifie également de « prière considérée à l'état social ».

Et, en effet, après la prière individuelle, spéciale, comme celle que nous proférons chez nous ou en dehors des heures assignées, dans les chapelles, il existe la prière commune, générale, celle dont l'Église a précisé le moment et déterminé le texte. Celle-là ne doit pas être confondue avec l'autre et le catholique doit s'y associer, doit, lui aussi, la dire.

Or, s'acquitte-t-il de cette indispensable tâche celui qui, à l'église, ne sait ce que récite le prêtre dont la voix s'élève en son nom et au sien ? je ne le crois pas. Ne peut-on dès lors prétendre que tout fidèle qui se confine dans des exorations purement privées et qui, faute d'avoir appris les rudiments nécessaires, se borne à répéter, sans y comprendre un seul mot, le texte français ou latin des offices, ne remplit qu'une partie de ses devoirs et se soustrait à l'autre ?

Puis, sans cette préalable étude, forcément les exercices souvent longs du culte sont dénués d'intérêt pour ceux qui les écoutent. De là, vient que, pendant les services, tant de personnes ont l'air indifférent ou ennuyé, que d'autres se livrent à des oraisons personnelles dont ce n'est ni le temps, ni l'heure. Et il ne saurait en être autrement. Comment, en effet, se sentir l'âme étreinte, l'âme prise par un spectacle qui n'est plus qu'oculaire, par des suppliques devenues toutes labiales? l'on n'est pas chez soi en somme dans le sanctuaire, si l'on s'y trouve comme un étranger dans un pays dont il n'entend pas la langue.

Vraiment, ils ne soupçonnent guère le durable enchantement et la persistante émotion qu'ils éprouveraient à suivre l'au jour le jour admirable de l'Église, ceux qui, pour n'avoir pas tenté un léger effort, demeurent ignorants de la science des prières et des rites, car il faut pourtant bien qu'ils l'apprennent : il n'existe aucune monotonie dans les œuvres de notre Mère. Tout chez elle a un sens ; rien n'est laissé à l'imprévu ; aucun détail, si minime qu'il soit, n'est inutile. Ah! l'Église! elle a su résumer des symboles entiers dans un signe, et elle a su développer aussi dans les plus amples périodes, dans les plus éloquentes proses, le moindre geste du Fils que nous ont conservé les Évangiles. Elle est immuable et elle est variée! Voyez son Propre du Temps, la surprenante diversité de ses séquences et de ses hymnes et songez à cette possibilité qu'elle nous donne, si nous la comprenons, de vivre avec elle, minutes par minutes, la vie du Christ, de marcher à ses côtés, de devenir, si misérables que nous soyons, les compagnons diligents d'un Dieu!

Puis, n'est-elle pas, l'admirable Liturgie, l'âme des édifices consacrés qui ne seraient sans elle que des corps inanimés de pierre ? N'est-elle pas encore l'encens mélodique et le parfum vocal de l'Église même; n'est-elle pas enfin pour Notre Seigneur l'écho de sa propre voix ?

Aussi, quelle puissance elle peut départir à nos prières, en nous prêtant, dans la plupart de ses offices, les paroles inspirées par Dieu même. Elle sait extraire du Psautier tous les accents de nos douleurs et de nos joies, de nos adorations et de nos craintes : elle sait enrober, en quelque sorte, nos souhaits personnels dans les vœux que formula pour l'humanité tout entière le Roi David; elle nous fait parler au Tout Puissant sa langue, traduit magnifiquement nos pensées, les épure par ses moyens d'expression, exhausse, agrandit par son verbe, nos plaintes. Enfin elle touche Jésus en lui rappelant les phrases mêmes dont celui qui le préfigura dans l'Ancien Testament, se servit. Et à nos oraisons ainsi présentées, s'allie, forcément, virtuellement, un amour, un respect infinis que nos supplications particulières, énoncées selon nos seules ressources, dans notre pauvre langage, ne sauraient atteindre !

Mais alors, direz-vous, si la prière liturgique est si influente, si forte auprès de Dieu, pourquoi tant de chrétiens se privent-ils d'y participer utilement, alors qu'ils n'auraient qu'à ouvrir un livre qui les renseignerait, avant de se rendre à la Messe ou aux Vêpres ?

Ils seraient, en une seconde, instruits sur les symboles, sur le sens, sur le but des offices qu'ils vont suivre.

Ici, nous devons bien en faire l'aveu : les fidèles sont

presque excusables de ne rien savoir ; car les volumes qui traitent de la Liturgie sont, pour la plupart, de gros livres bordés de manchettes, bourrés de renvois et de notes, difficiles à comprendre pour des gens sans grande instruction et, qui plus est, ils valent fort cher.

D'autre part, les quelques abrégés qui traitent de cette science sont si indigents qu'ils ne valent même point qu'on les lise.

Ce qu'il faudrait, ce serait un petit ouvrage de format commode, coûtant très bon marché, écrit dans un style lucide et presque naïf, et contenant et expliquant par le menu, très clairement, très nettement, les cérémonies de l'Église, divulguant chacune de leurs allégories, chacun de leurs emblèmes, définissant les termes techniques, indiquant les causes et le sens des antiennes et des proses prescrites à certains jours, publiant la signification même des objets qui servent aux besoins du culte; il faudrait, en un mot, un livre très substantiel et très court, permettant au lecteur de trouver, en une minute, la réponse aux questions qu'il voudrait résoudre.

Or, ce livre existe; c'est celui-ci.

Je le découvris, un jour de flâne, sur les quais. J'étais las de pêcher avec mes doigts des épaves de papier dans la poussière des boîtes; tout ce que je rapportais n'était qu'un affligeant fretin; j'allais partir quand une plaquette enfouie sous un tas de tomes dépareillés m'attira. Elle était imprimée avec des caractères sans gloire sur un papier sans faste et elle portait ce titre : « Petit Catéchisme Liturgique » par l'abbé Henri Dutilliet.

Je l'achetai, ne comptant guère avoir profité d'une aubaine, mais réjoui par cette satisfaction que tout bouquineur éprouve lorsqu'il ne rentre pas au logis, les mains vides.

Une fois installé chez moi, j'ouvris ce petit livre et, à mesure que je le lisais, je m'émerveillais de la science condensée en ses minuscules pages. Je voyais, se déroulant, en un ordre méthodique, les explications les plus complètes et les plus aisées à comprendre, même pour un enfant, de toutes les observances pieuses. Il y avait comprimée, sous un mince volume, à l'état de pâte essentielle, de pulpe, la matière d'énormes in-folios et vraiment j'admirai le travail de l'excellent prêtre qui avait osé entreprendre et réussi à mener à bonne fin une pareille tâche.

Je montrai ce catéchisme à des ecclésiastiques experts en ces questions et, eux aussi, l'admirèrent. D'autres personnes à qui j'en parlai voulurent l'acquérir; mais il était épuisé depuis des années, introuvable.

L'auteur était mort; l'éditeur ne possédait aucun exemplaire; l'on ne savait à qui s'adresser pour dénicher des restes de tirage peut-être égarés dans des fonds de province ou perdus dans les étalages au rabais des villes.

En désespoir de cause, et convaincus que ce volume était appelé à rendre service aux fidèles et même aux simples curieux de la liturgie et de l'art, nous résolûmes de le faire reparaître.

La nouvelle édition que nous en donnons a été revue par le savant professeur de Liturgie et de plain-chant du séminaire de Saint-Sulpice. Il y a ajouté un petit catéchisme de plain-chant qui manquait dans les éditions précédentes et dont la nécessité s'impose, maintenant que les Bénédictins ont ressuscité cette véritable musique de l'Église, si malheureusement altérée parfois par de fausses notations et, plus malheureusement encore, si souvent remplacée, dans tant d'églises, en France, par de la musique de théâtre et des chants profanes.

Ce petit livre est donc aussi complet qu'il peut être. Tel qu'il se présente, il me paraît, en tout cas, amplement suffire aux besoins des personnes qui, n'ayant ni le désir, ni le temps de se livrer à des études spéciales sur la Liturgie, veulent au moins être assez renseignées pour pouvoir intelligemment suivre des offices auxquels l'Église leur enjoint d'assister.

TABLE DES MATIÈRES

Préface 5

EN ROUTE

En Route 25

I.	— L'art de l'Eglise. — Le plain-chant. — Le De Profundis. — Le Dies iræ. — La Musique religieuse	29
II.	— La psychologie d'une conversion. — L'église hôpital des âmes. — L'église Saint-Séverin	40
III.	— Le couvent des franciscaines de la Glacière . . .	61
IV.	— Eglises de Paris, le soir	73
V.	— Prise d'habit chez les bénédictines de la rue Monsieur. — L'abbé Gévresin propose à Durtal d'aller dans une trappe	77
VI.	— La trappe de Notre-Dame de l'Atre. — Arrivée de Durtal. — Dîner. — Le Salve Regina.	99
VII.	— La chapelle du monastère au point du jour. — Les frères convers. — Le petit étang en croix — Essai de confession de Durtal	126
VIII.	— Confession de Durtal. — La maladie du scrupule — Le chapelet	141
IX.	— Communion de Durtal. — Le grand étang. — Les trappistes, le frère Siméon, le porcher	172
X.	— L'eucharistie. — Le salut de la nature	196
XI.	— Grandeur de l'Eglise. — Beauté de la liturgie . .	204
XII.	— Départ de Durtal de la trappe	214

LA CATHÉDRALE

La Cathédrale 229
I. — Lever de soleil dans la cathédrale de Chartres . . 233
II. — Installation de Durtal à Chartres 246
III. — Origine du roman et du gothique. — Intérieur de l'abbé Gévresin. — Madame Bavoil. — Aperçu sur la cathédrale de Chartres 263
IV. — La messe du matin dans la crypte de la cathédrale. — Le jardin de l'évêché. 286
V. — Symbolisme de l'intérieur des cathédrales . . . 306
VI. — Etat d'âme de Durtal. 329
VII. — Le porche royal de Chartres. — Les statues des reines. — La construction de la cathédrale . . 330
VIII. — Les abbayes de Solesmes 354
IX — La crypte dans l'après-midi. — Le carmel de Chartres — La Vierge du Pilier. 362
X. — Intérieur de la cathédrale. 380
XI. — Résumé de la symbolique et de la cathédrale. — Départ de Durtal pour Solesmes 407

Préface de la 15ᵉ édition d'*En Route* 425

Préface du *Petit Catéchisme liturgique* de l'abbé Henri Dutilliet 433

Dijon. — Imprimerie Darantiere.

www.ingramcontent.com/pod-product-compliance
Lightning Source LLC
Chambersburg PA
CBHW071059230426
43666CB00009B/1761